마음의 역설

왜 항상 싫다면서 같은 행동을 반복하는가

마음의 역설

이재진 지음

카시오페아
Cassiopeia

진료를 하면서 환자의 몸뿐만 아니라 마음을 함께 다뤄야 하는 사례를 자주 접한다. 야뇨증, 불면증 같은 각종 스트레스 질환이 늘고 있는 것은 스트레스에서 벗어날 수 없는 사회 분위기가 한몫하는 것일 테다. 그래서 의료도 몸뿐만 아니라 마음을 함께 다루는 추세로 가고 있다. 나 또한 이런 흐름에 올라탄 의료인 중 한 명이다.

이재진 선생을 만난 것은 마음공부를 하는 과정 중에서였다. 나는 환자의 무의식을 다루는 법을 공부하고 있으며, 현장에서 실천하고 있다. 간혹 진료 중 무의식의 변화가 크게 필요한 환자를 만나곤 한다. 언젠가 지인의 간절한 부탁으로 조현병 환자를 진료하게 되었다.

환자를 만났다. 마주하니 한눈에도 자아가 완전히 망가져 있는 것이 보였다. 눈동자는 초점이 없었고 희멀건 했다. 대화를 시도했으나 대화가 되질 않았다. 그는 문장을 구사하지 못했다. 가끔 물건 이름 정도만 나열하는 수준이었다. 답답했다. 그때 이재진 선생이 떠올랐다. 나는 생각했다.

'이재진 선생이라면 이 환자의 삶을 어떻게 변화시킬까?'

이 선생에게 전화를 했고, 그는 흔쾌히 응했다. 그는 조현병 환자와 어머니의 마음을 동시에 들여다보았다. 환자의 마음을 점검해나가고, 환자의 무의식을 차근차근 복구해나갔다. 무려 3시간의 심리치료 후, 환자는 대화를 할 수 있을 정도로 변화되었다. 짧은 문장을 구사하기 시작했다. 완벽하진 않지만 소통이 가능해졌다. 환자의 눈동자엔 빛이 돌아왔다. 그는 치료의 결과를 알리려는 듯 우리에게 함박웃음을 지으며 집으로 돌아갔다. 이 지극한 아름다움에 흥분하여 나는 일주일간 잠을 이루지 못했다. 무의식을 변화시키면, 조현병도 회복된다는 것을 눈으로 확인했다.

나는 종종 이재진 선생에게 도움을 요청하곤 한다. 그러면 그는 만면에 미소를 띠고 수호천사처럼 나타나 환자의 문제를 멋지게 해결하고 사라진다. 아무리 복잡하고 오래된 무의식의 작동 결함도 단칼에 정리한다. 그가 상담하는 모습은 지극히 아름답다. 그의 언어에서는 나비들이 춤을 춘다. 환자들의 무의식은 화사한 표정으로 상담 결과를 알린다.

무의식과 의식이 같은 방향으로 공명할 때 작품이 탄생한다. 작게는 아이의 미소이고, 크게는 인류의 문화유산이다. 이 책은 바로 그렇게 탄생한 작품이라 확신한다. 이재진 선생은 무의식의 작동원리를 이해한 마음치료 분야의 이순신 장군이며, 이 책은 그의 수많은 임상 사례를 담고 있다. 내담자들이 감동하고, 그들의 무의식이 성장하는 이야기를 담고 있다.

무엇보다 이 책은 무한한 무의식의 작동원리를 명쾌하게 보여준다. 우리는 무의식의 작동원리를 이해하는 순간 인간관계를 이해할 수 있다. 복원하고 더 나은 방향으로 재구축할 수 있다. 폭발적인 리더십을 획득할 수 있다. 삶은 풍요로워지고, 원하는 미래로 향할 수 있다. 무의식의 작동원리를 이해하고 싶은 사람들에게 이 책을 적극 추천한다.

삼성이영준비뇨기과의원 원장 이영준

추천의 글 2

환자의 마음을 다독이고 거기에 관심을 가지는 의사들이 많다. 하지만 의사에게 '마음'이란 관심을 기울여야 하나 큰 관심을 기울일 수 없는, 그래서 신경 쓰이는 부분이다. 특히 나처럼 눈에 드러나는 상처를 치료하거나 혹 덩어리를 치료하는 외과의사에게는 더욱 그렇다.

예전에 내가 알고 있던 '마음'은 환자와의 관계를 좋게 해주는 도구 정도였다. 진료실에 들어오는 환자를 반겨주고, 다쳐서 놀란 환자를 진정시키고, 수술을 앞두고 긴장한 환자를 안심시키고, 적극적인 치료에도 반응이 더딘 환자에게 신뢰를 주고, 떠나간 이를 그리워하는 보호자를 다독거리는 행위의 도구로만 여겼다. 돌이켜보면 참으로 부족했음을 절실히 느낀다.

이제는 어렴풋이 마음을 이해하는 입장이다. 그래서 마음을 외면할 수 없다. 의료 현장에서 겪은 나의 경험상, 갑작스러운 사고로 인한 질환을 제외한다면 대부분 질병은 마음에서 시작됨을 확신한다. 마음을 외면한 치료는 상처를 반만 봉합하거나, 혹을 대충 제거하거나, 수술을 허술하게 마무리하는 것과 같다. 마음은 그만큼 중요하다.

인체가 건강하려면 9대 영양소를 적절히 보충하고 대사해야 한다. 하지만 마음에 문제가 생기면 영양소의 대사 과정에 문제가 발생한다.

문제가 커지면 병으로 이어진다. 이때 병원에서는 약을 처방한다. 하지만 약이란 무너진 대사 과정을 일시적으로 교정하기 위한 수단에 불과하다. 약만으로 병을 완벽히 고칠 수 없음을 명심해야 한다.

병이 생기면 약과 함께 좋은 음식을 먹어야 하고 충분히 쉬어야 한다. 하지만 약, 음식, 휴식이 충분했음에도 완쾌로 이어지지 못한다면, 마음의 치료가 아직 덜 되었기 때문이다. 이런 시각에서 마음을 치료하는 능력이란 얼마나 대단한가?

이재진 소장과 대화할 때면 마음치료의 철학, 방법론, 기법 등을 깨닫게 된다. 이 소장이 저술한 책을 읽고, 그를 직접 만나 마음을 배우고 있다. 그는 마음의 많은 부분을 이해하고 있다. 고장 난 마음을 치료한 많은 사례를 가지고 있다. 그의 치료는 매우 강력하고 효과적이다. 이제까지 저술한 책에 수록된 사례만으로도 대단하다. 그런데 새로운 사례들을 모아 이렇게 출간한다니, 의사로서 또 다른 경험을 엿볼 수 있고 마음의 질병을 공부할 좋은 기회가 생겼다.

이 책에 실린 사례들은 마음을 모르던 이들에게 큰 도움이 될 것이다. 마음을 이해하고 싶은 이들에게 답이 될 것이다. 또한 마음을 상담하고 마음을 치료하는 이들에겐 교과서로서의 가치를 지닐 것이다. 본인의 마음을 치료하길 원하는 사람들과 타인의 마음을 치료하는 사람들에게 이 책을 추천한다. 이 책은 마음을 어떻게 다루어야 하는지 그 해법을 보여줄 것이다.

연세유외과 원장 김준영

왜 항상 싫다면서 같은 행동을 반복하는가?

"그렇게 쉽게 말씀하지 마세요. 선생님은 몰라요. 전 지금 죽을 만큼 힘들다고요."

"네, 당신이 얼마나 힘든지 알고 있습니다. 저 또한 죽음의 문턱을 넘어본 사람이라 그 고통이 무엇인지 너무 잘 알고 있습니다. 그리고 그 고통이 당신에게 도움을 주고 있다는 걸 당신은 알고 있을 거예요."

나는 한때 극심한 우울증에 시달렸다. 지금이야 추억이지만, 당시엔 죽음의 문턱을 왔다 갔다 했다. 하루에도 몇 번씩 차도로 뛰어들고 싶은 욕구를 참아야 했고, 창문 밖으로 뛰어내릴 결심을 견뎌야 했다. 우울증이 심했던 만큼 알코올 중독도 중증이 되었다. 살기 위해 상담을 받았다. 누군가의 내담자로 꽤 오랜 시간 상담을 받았다. 점차 우울증은 개선되었고, 알코올 중독도 개선되었다. 하지만 문제는 완벽히 해결되지 않았나 보다. 신발 속 모래알 같은 느낌이 찜찜하게 나를 괴롭혔다.

어느 정도 회복된 후 나를 돌아보았다. 나는 왜 싫다면서 고통에서 완벽히 벗어나지 못하는가? 나는 왜 싫다면서 같은 행동을 반복하는가? 그것에서 벗어나는 가장 빠르고 효과적인 방법은 무엇인가? 나를 돌아보며 이 질문들에 명쾌한 답을 찾고 있었다.

상담가가 된 후에도 이 질문들의 답을 쉽게 찾지 못했다. 끊임없이 찾고, 고뇌했다. 새벽녘에 일어나 각종 심리학, 철학, 종교 서적을 뒤적거리기 수백 번이었다. 프로이트도, 융도, 아들러도 나에게 명쾌한 답을 주지 못했다. 인본주의 심리학도, 인지행동치료도 내 질문에 답이 될 수 없었다. 탐구의 시간이 길어졌고, 갈증은 깊어졌다. 그러던 중 NLP(Neuro-Linguistic Programming, 신경언어프로그래밍)를 만나게 되었다. 그곳에서 답을 찾았다. NLP는 기존 심리학과 반대의 프레임으로 고통의 원인을 설명한다.

"우리의 무의식은 오롯이 우리를 위해 일하고 있으며, 우리에게 어떤 이득을 주기 위해 일하는 중이다."

NLP의 시각에서 우울증이란, 무의식이 우울증의 형태로 이득을 주고 있다는 것을 의미한다. 공황장애란, 무의식이 공황장애의 형태로 이득을 주고 있는 것을 의미한다. 트라우마란, 무의식이 트라우마의 형태로 이득을 주고 있음을 의미한다. 무의식은 고통의 형태로 우리에게 이득을 주고 있다. 우리가 고통에서 벗어나지 못하는 이유다. NLP는 증상은 감사한 것이라 한다. '마음의 역설'을 주장한다.

이렇게 마음의 역설을 통찰하자 나에게도 변화가 생겼다. 잔존했던 우울감, 외로움, 알코올 중독 등의 문제가 마법처럼 사라졌다. 순식간에 사라졌다. 내 몸과 마음을 제어하는 능력이 생겼다. 삶의 방향, 목적, 수

단도 함께 바뀌었다. 마음의 역설을 통찰하고 증상에 진심으로 감사하며 변화의 첫 단추를 다시 끼웠다.

현재까지도 알프레드 아들러(Alfred Adler)의 '목적론'은 혁명적이다. 하지만 NLP의 '이득론' 앞에선 힘을 잃는다. 열등감도, 우월감도, 트라우마 유무에 관한 논쟁도 이득론 앞에서는 의미가 사라진다. 이득론의 시각에서 열등감은 이득을 주기 위해 무의식이 일한 결과일 뿐이다. 우월감도 이득을 주기 위해 무의식이 일한 결과일 뿐이다. 트라우마 또한 이득을 주기 위해 무의식이 일한 결과일 뿐이다. 이득론의 시각에서는 증상이 원인 때문인지 목적 때문인지는 중요치 않다. 모든 마음은 이득을 주기 위해 일하고 있다는 사실만이 중요하다. 그래서 NLP는 다음과 같이 말한다.

"증상에 감사하라."

심리상담은 다양한 계보와 학파가 있다. 나는 NLP 기반의 상담을 하며, 누구보다 철저하게 이득론에 입각하여 상담한다. 이득론 상담은 위로와 공감보다는 해결을 목적으로 한다. 내담자는 고통이 싫다지만 고통을 지닌 분명한 이유가 있다. 나는 이를 밝혀내기 위해 무의식의 지층을 흔든다. 증상을 새로운 프레임으로 규정한다. 마음의 역설을, 고통이 주는 이득을 분석한다.

그 과정은 집요하다. 그렇기에 어떤 이론보다 명쾌하며, 어떤 방법보다 효과적이다. 그래서일까? 수많은 심리상담센터를 전전하던 사람들이 미해결 과제를 들고 이곳을 찾는다. 다른 이들을 상담하는 다양한 분야의 심리치료사들도 이곳을 찾는다. 비행기를 타고 유럽과 북미에서 날아오는 경우도 있다. 의료인, 법조인, 기업인, 연예인들도 권위를 내려놓고 이곳을 찾는 경우가 자주 있다. '마음의 역설'이 전달하는 명쾌함, 빠른 해결, 증상의 원인과 해법을 설명하는 속 시원한 프레임이 그들을 이끌었다.

나는 이 책에서 실제 상담사례를 통해 마음의 역설과 해결법을 보여주려 한다. 총 4장으로 구성되어 있으며, 각 장의 주제는 다음과 같다. 1장은 사랑과 대인관계의 문제다. 2장은 성공과 직업의 이야기를 담았다. 또한 돈의 문제는 성공에서 빠질 수 없는 주제이기에 함께 다뤘다. 3장에선 마음과 건강을 주제로 담았다. 사회적 이슈인 공황장애를 비롯하여 우리가 심리적, 신체적 고통을 겪는 이유를 보여준다. 4장은 미래와 방향의 주체성을 회복하는 방법을 담았다.

우리는 흔들리는 자신의 모습을 알아야 한다. 그리고 그 모습이 어떤 욕구를 충족시키기 위한 것이었는지 깨달아야 한다. 그들이 무엇 때문에 고통에서 벗어나지 못했는지 함께 들어보라. 그들에게 제시한 해법을 함께 바라보라. 그들이 어떻게 고통에서 벗어나는지 함께 공감하라. 그러면 그들의 방향에서 당신의 문제가 보일 것이고, 그들의 변화에서 당신의 방향이 보일 것이다.

변화된 삶, 평안한 마음, 높은 자존감을 원하는가? 당신은 이미 답을 알고 있다. 지금 풀리지 않는 문제가 있다면 풀기 싫은 것이지 풀지 못하는 것은 아니다. 당신의 증상에 질문하라. '날 어떻게 도와주고 있는가?'를 말이다. 당신의 무의식에 질문하라. '난 어떻게 해결하지 못했는가?'를 말이다. 마음의 역설을 명확히 인지하고, 해결하지 못한 방법을 명확히 인지하라. 그래야 해결법이 명쾌하게 나타난다. '마음의 역설'은 당신의 삶을 더 주체적으로 이끌 것이다.

치유하고 성장하고 변화하고 있는 당신에게

변화심리학자 이재진

차례

1장. 사랑과 대인관계의 역설

2장. 성공과 직업의 역설

3장. 마음과 건강의 역설

4장. 미래와 방향의 역설

1장
사랑과 대인관계의 역설

"사랑이란, 결핍을 채우고 안정을 얻으려는
욕구에서 생겨난다."

-에이브러햄 매슬로(Abraham Maslow), 인본주의 심리학자

잡히려는 욕구가
도망치게 만든다

나는 매일 아침 글을 쓴다. 오래된 버릇이다. 아침이면 편안하게 담배 한 대를 태우며 커피 물을 끓인다. 담배를 다 태우면 물은 끓어있다. 머그컵 한가득 커피를 탄다. 김이 오르는 머그컵을 컴퓨터 옆에 두면 나의 글쓰기는 모두 준비된 것이다. 이 습관 덕분에 '나'란 사람이 만들어졌으니, 아침 행사는 나에게 중독에 가깝다. 일련의 절차를 거친 후 컴퓨터 앞에 앉았을 때, 나는 편안하다.

아침은 아이들은 학교에서, 직장인은 직장에서, 주부는 집안일에 가장 바쁠 시간이다. 그만큼 나를 찾는 사람이 적은 시간이기도 하다. 그래서 아침은 나에겐 가장 편한 시간이다.

보통 내담자에게 전화가 오는 시간은 오전 11시부터 오후 2시, 저녁 6시부터 9시까지가 일반적이다. 그들도 그들이 편한 시간에 찾는 것이다. 아침 일찍 상담 때문에 전화하는 사람은 거의 없다. 그런데 그날은 달랐다. 이른 아침 그녀에게 전화가 왔다.

"상담하는 곳이죠? 꼭 상담을 받고 싶은데 가장 빠른 시간이 언제인가요?"

많은 사람들에게 전화가 온다. 심리상담이 무엇인지 묻는 사람도 있고, 상담료와 상담 과정을 묻는 사람도 있다. 그런데 이런 식으로 무조건 상담을 받겠다는 사람은 절실한 경우다. 그녀는 자세한 사연은 만나서 이야기하겠다며 상담 일정을 잡았다.

상담사는 내담자를 처음 만나는 순간부터 상담을 시작한다고 볼 수 있다. 내담자를 만나는 순간부터 모든 것을 관찰한다. 내담자의 행동, 옷차림, 표정, 눈빛, 말투, 손 모양, 찻잔을 드는 행동, 펜을 잡는 모습 등은 마음을 읽는 좋은 단서가 된다.

그녀가 나를 찾았을 땐 힘든 내색이라곤 보이지 않았다. 말쑥한 차림에 밝은 얼굴을 하고 있었다. 웃으며 인사하는 그녀의 행동에선 당당함도 보였다. 상담을 요청하는 방식도 그녀의 성격을 엿볼 수 있는 좋은 지표가 되었다. 당당함. 그녀는 당당했다.

20대 후반의 그녀는 평범한 직장인이었다. 대학을 졸업하고 IT 기업에서 평범한 직장 생활을 하고 있었다. 업무적으로 문제는 없지만 퇴사를 고민하고 있었다. 그녀를 가장 힘들게 하는 것은 남자친구 문제였다. 나를 찾은 이유도 남자친구와의 관계 때문이었다.

"헤어진 남자친구 때문이에요. 그 친구는 하루에도 수십 번 전화를 했어요. 제가 받지 못하면 계속했고, 직장에도 전화를 했죠. 그래서 회의시간에도 전화를 받을 수밖에 없었어요. 다른 동료들과 말도 하지 말라고 하고…. 회식에 참석하는 건 불가능한 일이었어요. 퇴근이 늦은 날이면 꼭 찾아왔습니다. 그리고 절 집에까지 데려다주고요. 이런 남자친구 때문에 회사 생활을 할 수 없었습니다. 지금은 헤어져서…."

"그런 남자친구의 행동에서 무엇을 느꼈나요?"

"처음엔 좋았어요. 절 정말 사랑하는 것 같았거든요. 그런데 점점 숨이 막히더라고요. 도망치고 싶었어요. 헤어지기도 여러 번이에요. 제가 헤어지자면 뒤도 안 돌아보고 가더라고요. 그런데 제가 문제예요. 그 사람이 연락하면 다시 만나게 됩니다. 지금도 그럴 것 같아요."

"그분에게 자꾸 끌려다니는군요. 그런데 무엇 때문에 상담을 받고 싶으시죠? 상담을 받으려는 목적이 있을 것 같은데요."

"그 남자와 헤어지고 싶어요."

"헤어졌다면서요? 아닌가요?"

"네, 헤어졌어요. 그런데 그 사람이 또 만나자고 하면 다시 만날 것 같아 두려워요."

"그럼 다시 만날 것 같다는 마음을 자세하게 설명해주시겠습니까?"

"우선 불안해요. 그 사람이 다시 만나자고 하면 분명히 만나게 될 거예요. 예전에도 그랬어요. 그 사람과의 이별이 벌써 몇 번인지 몰라요. 제가 이별을 통보하면, 그 사람은 잘해주려는 노력도 하지 않고 뒤돌아갑니다. 하지만 얼마 뒤 그 사람에게 연락이 와요. 그럼 전 다시 그 사람과 만나게 되고요. 또 그렇게 될 것 같아 불안합니다."

"그분은 어떤 성격인가요?"

"상남자 스타일이에요. 강해요. 자기 고집도 세고요. 그래서 그런지 저에게 폭력을 쓴 적도 있어요. 얼굴에 멍도 들었고, 팔도 심하게 다쳤어요. 전 그 사람이 제 팔을 비틀었다고 생각하는데, 남자친구는 아니라고 하더라고요. 제 얼굴을 때려 멍든 건 분명한 사실인데, 저 때문에 그렇게 되었다고 했어요."

그녀는 큰 한숨을 내쉬었다. 무언가를 체념한 듯 고개를 숙이고 골똘히 생각하는 표정을 보였다. 나는 그녀가 다시 입을 열 때까지 아무 말도 하지 않고 기다렸다. 그녀는 나름대로 자신을 설명하기 위해 고민하는 중이었다. 사람이라면 그렇다. 이야기하며 자신을 돌아보고, 자신을 설명하며 자신을 이해한다. 그녀 또한 지금 자신을 이해하는 중이다. 그녀가 다시 말을 꺼냈다.

"이건 그 사람 문제가 아니라 분명히 제 문제예요."

"문제라는 것이 구체적으로 어떤 의미지요?"

"그런 남자들만 만나게 되는…."

"그런 남자라는 건 어떤 남자를 의미하나요?"

"집착하고, 구속하고… 전 이상하게 그런 남자들만 만난 것 같아요. 좋은 사람도 만난 적이 있어요. 배려도 잘해주고 이해심도 깊고요. 그런데 그런 사람은 절 떠납니다. 꼭 구속하는 사람들만 절 찾아요. 대학 때도 그랬고, 이 남자를 만나기 전 남자친구도 그랬고요. 저에게 집착하는 사람들만… 답답하고 싫은데, 왜 그런 사람들만 만나게 되는 걸까요? 왜 그런 사람들만 절 좋아할까요?"

"당신에겐 집착이 필요할 겁니다. 그러니 집착하는 사람만 만나게 되지요. 언제부터 집착이 필요했을까요?"

"잘 모르겠어요. 전 구속당하는 게 싫어요."

"그럼 반대로 도망치고 싶은 마음이 필요할까요?"

"네, 그런 것 같아요. 도망치고 싶어요."

"당신은 언제부터 도망치고 싶었을까요? 최초에…."

"어릴 때, 초등학교도 입학하기 전에…."

그녀는 무언가 깨달았는지 눈물을 흘렸다. 당당해 보이는 그녀의 행동은 마음속 상처를 숨기기 위함이었을까? 어금니를 꽉 깨물고 있었지만, 흐르는 눈물을 멈추지는 못했다.

"전 집이 싫었어요. 특히 엄마를 싫어했어요. 엄마는 동생과 절 무척 차별하셨습니다. 그런 집에서 늘 도망치고 싶었어요. 절 키워주신 분은 할머니였어요. 할머니는 집 근처에 사셨는데 절 엄마처럼 보살펴주셨죠. 할머니가 아니었으면 전 비뚤어졌을지도 모르겠어요."

"혹시 가출 경험이 있나요?"

"가출은 아닌데, 집에서 도망치고 싶어 그랬는지 고등학교는 기숙학교로 갔습니다. 그런데 기숙사 생활을 하니 너무 외롭더라고요. 그때부터 엄마가 그리웠어요. 제가 너무 힘들어하니 엄마가 자주 찾아오셨고, 그런 엄마가 고마웠습니다."

"고등학교를 졸업한 이후는요?"

"대학에 입학했어요. 집이 지방이었는데 좋은 학교에 다니고 싶었어요. 지방이라는 사실이 너무 싫었습니다. 그래서 무조건 서울에 있는 대학에 입학하기로 했죠."

"어린 시절부터 도망치고 싶었네요. 엄마에게서 할머니에게로, 집에서 기숙사로, 지방에서 서울로, 그리고 남자친구도…."

"그랬던 것 같네요. 지금 생각해보니 그렇군요."

"지금 직장 생활은 어떤가요? 도망치고 싶은 마음이 있나요?"

"네, 조금 있어요. 입사한 지 몇 년 되었는데 제 능력을 발휘하지 못하는 것 같아서요."

"회사에선 뭐라고 합니까?"

"인정받는 편이에요. 하지만 그만두고 저에게 맞는 곳으로 이직하고 싶은 마음은 있어요."

"직장에서도 도망치고 싶군요."

"하아, 전 왜 그렇지요?"

인간은 생각대로 행동하지 않는다. 나도 모르게 그렇게 된다. 컴퓨터 자판을 누를 때 위치를 생각하며 누르지 않듯 말이다. 인간의 행동을 지배하는 것은 '의식'이 아니라, 우리 몸에 저장된 '무의식'이다.

"어린 시절 할머니를 찾던 당신을 두고 어머니는 뭐라고 하시나요?"

"미안해하세요. 기숙사 생활하고 대학 생활하면서 떨어져 있던 것도 그렇고요. 지금은 엄마와 많이 친해졌어요. 보이지 않는 벽이 있긴 하지만요."

"만약 당신이 할머니에게 가지 않고, 기숙사에 들어가지 않고, 서울로 올라오지 않았다면 어머니께선 미안해하실까요? 어머니와 친해졌을까요?"

"그렇지 않았을 것 같아요. 엄마는 지금도 동생을 더 챙기니까요."

"만약 직장에서 더 좋은 곳으로 가려 하지 않는다면, 어떤 대접을 받을 것 같습니까?"

"글쎄요. 일을 잘 안 할 것 같아요. 그래서 성과도 나지 않겠죠. 제가 그런 느낌을 많이 풍기긴 해요. 조만간 떠날 거란 느낌을요."

"남자친구와 교제 중에도 그런 느낌을 풍겼을까요? '난 널 떠날 것이다'란 느낌이요."

"네, 사실 즐겼어요. 처음엔 일부러 전화를 안 받기도 하고, 다른 남자들과 친한 모습도 보여주고요. 일부러 남자친구가 있는 자리에서 옆 남자에게 스킨십을 하기도 했어요."

"그러니 남자친구가 어떻게 하던가요?"

"집착하고, 구속하고…."

"그럼 도망치고 싶은 마음에 감사하지 않나요? 도망치니 주변 사람들이 더 잡아주잖아요. '난 네가 필요해'라면서요. 엄마도, 남자친구도, 직장도요."

나는 이런 유형의 사랑법을 '이탈자'라고 부른다. 도망치는 사람에겐 상대적 이득이 따르기 마련이다. 술래가 나타난다. 자신을 잡아주는 사람이 나타난다. 필요하다고 하는 사람이 나타난다. 도망치고 잡아주는 사람이 나타나길 기다리는 행동이 그녀의 사랑법이다. 그녀가 말을 이었다.

"맞아요. 전 늘 필요한 사람이 되고 싶었어요. 집에서도 무가치한 사람 같았고, 지금도 그런 사람인 것 같아요. 직장에서도 그런 느낌을 많이 받아요. 제 직급에 잡무를 해야 하는 건 당연한 일인데, 그런 일을 할 때마다 저 자신이 무가치하게 느껴져요. 전 필요한 사람이 되고 싶었어요."

"지금 헤어진 남자친구에게도 그런 사람이 되고 싶은 거 아닌가요? 그리고 '난 네가 필요해'라는 말을 들으면 못 이기는 척 다시 만나게 될까요?"

"네, 정확합니다. 그렇게 될까 봐 무서워요."

잡아주길 바라는 마음을 끊어야 사랑이 안정된다

이탈자는 집 밖으로 도는 성장 과정을 가지고 있다. 주 양육자(부모)가 아닌 친척과 애착을 유지하거나 주 양육자와 떨어져 지낸 시간이 관찰된다. 집에서 멀리 떨어진 학교에 보내지거나 스스로 집을 떠나기도 한다. 가출이 관찰되는 경우도 있다. 성인이 되어서도 이들은 한곳에 정착하지 못한다. 잦은 이직을 하거나 자주 직업을 바꾸기도 한다.

이들은 주 애착 대상(미혼이라면 가족, 기혼이라면 배우자)보다 제3자와 더 친밀하다. 만약 내 엄마보다 옆집 엄마, 내 아내보다 옆집 아내에게 애착한다면 이탈자로 보아도 무방하다. 또는 '사람' 이외의 것에 애착기도 한다. 일, 알코올, 운동, 동물, 취미 등에 애착하며 중독으로 발전한다.

이들은 타인의 구속에 극도의 거부반응을 보인다. 답답하다, 숨 막힌다, 피가 마른다 등의 표현을 사용하며 도망치려 한다. 일상적인 관심, 보호, 애착 표현에도 거부반응을 나타내고 도망치려 한다. 이들의 거부반응은 이탈을 합리화하기 위함이다. 홀로 지내야 하는 근거를 찾기 위함이다. 보통은 타인의 구속, 폭력성, 소외 등을 이유로 거론

한다. 하지만 현 상황에서 이탈의 근거가 마땅치 않다면 어떻게 행동할까? '나도 모르게' 타인의 구속을 유도한다.

이들은 자신의 도피를 자유로워지고 싶다는 욕구로 설명한다. 하지만 합리화에 불과하다. 현 상황을 감옥으로 여기기에 탈옥을 꿈꾸는 것이다. '자유를 찾아서'는 이탈의 그럴싸한 포장일 뿐이다. 사실 이들이 탈옥을 통해 바라는 것은 자유가 아니다. 경찰의 추격이다.

우리의 마음은 우리를 위해 일하고 있으며, 인간의 모든 행동은 목적을 지닌다. 따라서 이탈자의 사랑도 목적이 있으며, 어떤 이득을 주고 있음이 분명하다. 이탈자는 마치 애인으로부터 '나 잡아봐라' 하고 뛰어가는 여자아이처럼 도망을 즐긴다. 술래의 구속을 유도한다. 구속은 외로움을 상쇄시키고, 혼자라는 사실을 잊게 한다. '너 없으면 죽어버리겠어'라는 타인의 집착에서 강한 존재감을 확인한다. 술래의 집착에서 이탈자는 자신의 가치를 느낀다.

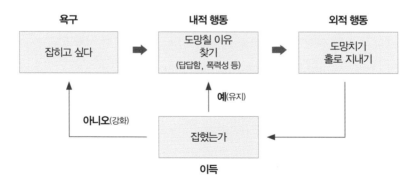

〈이탈자의 심리적 흐름과 이득〉

끊어질 위험이 없는 사랑을 바라기에 구속을 찾는다. 구속되는 좋은 방법은 이탈하는 것이다. 따라서 도망칠 이유를 나도 모르게 찾게 된다. 그리고 행동으로 옮긴다. 애착 대상과 멀어지거나 혼자 지내려 애쓴다. 이때 애착 대상이 구속한다면 이들의 계획은 성공한 것이다. 한편으론 답답하지만, 다른 한편으론 단단한 사랑을 얻었으니 말이다.

하지만 애착 대상이 이탈자를 구속하지 않을 수도 있다. 그렇다면 이들의 계획은 실패한 것이다. 따라서 더 잡히고 싶어 하고, 더 강한 사랑을 바라며, 더 단단한 애착을 바란다. 도망칠 이유를 더 많이 찾는다. 이전의 행동은 훈방조치로 끝났기에, 이젠 실제 구속될 수 있게 행동한다. 보통은 사고를 친다. 외도, 가출, 도박, 게임 중독, 알코올 중독, 유흥 중독, 운동 중독, 일 중독 등으로 애인의 구속을 유도한다.

하지만 "긴 병에 효자 없다"는 우리말이 있다. 술래도 지치기 마련이다. 술래는 지쳐 자신의 역할을 포기한다. 잡지 않는다. 결국 혼자 남는 것은 술래가 아니라 이탈자다. 당연히 도망칠 사람을 왜 붙잡겠는가? 또 도망칠 것이 분명한데 말이다. 이탈자는 버림받고 또 다른 술래를 찾아 나선다. 지루한 이탈과 유도의 패턴은 다시 시작된다.

이들이 도망치려는 이유는 잡히려는 마음 때문이다. 이들도 도망치고 싶지 않고 안정되길 원한다. 하지만 잡히길 바라기에 도망칠 수밖에 없다. 알코올 중독처럼 사랑도 중독으로 바라보면 해결에 큰 도움이 된다. 이탈자는 잡히려는 마음에 중독되었다고 해석하면 해법이 쉽게 나온다.

변화에 많은 노력은 필요 없다. 단 하나에 집중하라. '잡히려는 마음'

을 끊는 것이다. 자신의 행동과 마음을 관찰하라. 잡히려는 마음이 들 때마다 '아차!' 하고 알아차려라. 마치 담배를 끊듯, 잡히고 싶은 마음을 끊는 것이다.

잡히려는 마음이 없다면 어떤 결과가 나타날까? 술래잡기 자체가 무의미해진다. 술래도 없고 도망치는 사람도 사라진다. 설사 자신을 잡는 사람이 나타나도 그는 더 이상 당신의 술래가 아니다. 그에게 붙잡힐 이유는 사라지고, 도망칠 이유도 사라진다. 당신의 사랑에 더 이상 술래는 필요 없다. 당신의 사랑은 더 안정적으로 변할 것이다.

칭찬받고 싶어서
희생하는 것은 아닌가

1992년 MBC에서 방영된 〈아들과 딸〉(장수봉 연출, 박진숙 극본)이란 드라마가 있다. 극 중 귀남(최수종 분)과 후남(김희애 분)은 이란성 쌍둥이로 태어난다. 그들의 이름에서 드러나듯 둘은 지독한 차별 속에서 살아간다. 귀남은 어머니의 모든 지지와 기대를 독차지하고 귀하게 자란다. 후남은 궂은 집안일을 도맡아 하며 마치 하녀처럼 성장한다.

공부는 귀남보다 후남이 더 잘했다. 하지만 부모는 딸이라는 이유만으로 후남이 대학에 진학하는 것을 반대한다. 후남은 포기하지 않는다. 출판사 일을 하며 공부를 이어나간다. 몸도 마음도 지쳐서일까? 후남은 폐병에 걸려 죽을 고비를 넘긴다. 후남의 어머니는 이런 그녀를 구박한다. 후남 때문에 귀남이 성공하지 못한 것이라며 말이다. 그래도 후남은 이루고 만다. 방송통신대학을 졸업하고 국어교사와 작가가 된다. 기사도 강한 법조인 남편을 만나 평화로운 결혼 생활을 한다. 어머니는 후남과 귀남의 차별을 깊이 후회한다. 그리고 후남과 화해하며 극은 끝난다.

해피엔딩은 극 중에만 있는 일일까? 마치 후남과 같은 20대 후반 여성이 파혼 후 나를 찾았다.

"지독한 차별 속에서 살았습니다. 부모님은 제 동생과 저를 부를 때 말투부터 다릅니다. 동생은 변변치 않은 대학을 졸업했고, 전 명문대를 나왔습니다. 직업도 제가 더 좋고요. 그래도 아들, 아들, 아들… 동생은 집안일 한 번 한 적이 없습니다. 다 제 몫이었습니다. 밥 차리는 일부터 청소며, 빨래며, 설거지며 다 제가 했습니다. 지금 말하다 보니 기억나는 일인데, 집안일을 똑바로 못 한다고 어머니한테 혼난 적도 있어요. 부모님은 왜 그렇게 차별하셨을까요? 전 왜 사랑받지 못했을까요? 제가 불쌍해요."

그녀는 파혼 후 남자친구를 잊지 못하겠다며 찾아왔다. 파혼 후 심경을 물었을 때 부모님과의 관계부터 털어놓은 이유가 무엇일까? 때론 두서없이 하는 이야기가 자신을 정리하는 데 도움을 준다. 그녀의 두서없는 하소연은 자신을 정리하고 자신의 모습을 찾는 과정이다. 나는 더 들어보기로 했다.

"세상에 절 알아주는 사람은 아무도 없어요. 부모님도 무시하고, 주변 사람들도 결국 무시합니다. 제가 왜 이렇게 사는지 모르겠어요. 직장에서도 처음에는 인정하는 듯하다가 결국 무시합니다. 이런 느낌을 지울 수 없어요."

"직장에서 무시한다는 건 구체적으로 어떤 상황인가요?"

"원래 제 성격이 좋지는 않아요. 하지만 직장에선 상사들의 비위를

다 맞췄어요. 그들의 잔심부름도 다 들어주었고, 요구하는 걸 어기지도 않았어요. 그런데 결국 옆 사람이 이득을 봐요. 저에게 돌아오는 것은 없고요. 그런 일이 많았어요. 전 고생만 하고, 성과는 옆 사람에게 돌아가는. 말로는 다 저에게 일 잘한다고 하는데, 회사를 위해 정말 열심히 일했는데… 부족한 것 없이 했는데도 결정적일 땐 저에게 돌아오는 것이 없습니다."

사실 이런 현상은 주변 사람들을 탓할 일이 아니다. 성격상 자기 몫을 잘 챙기는 사람이 있고, 그렇지 못한 사람도 있다. 이득을 잘 취하는 사람이 있는가 하면, 이득을 취하지 못하는 사람도 있다. 손해 보길 끔찍하게 여기는 사람도 있으며, 손해를 미덕으로 여기는 사람도 있다. 대부분의 상황은 내 성격에 맞춰 결정된다.

정신분석에서는 나도 모르게 익숙한 상황을 유도하는 심리를 두고 '투사적 동일시'라 부른다. 가정폭력이 난무하는 집안에서 성장한 여성이 폭력적인 남성을 만나거나, 순한 남성을 만나도 "때려봐!"라며 폭력을 유도하는 행동이 '투사적 동일시'의 대표적인 예다.

현재 상황은 인간의 심리를 확인하는 좋은 지표가 된다. 내가 그런 사람이면 상황은 그렇게 움직인다. 그녀가 '돌아오는 것이 없다'고 느낀다면, 그녀는 손해에 익숙하다는 의미가 된다. 성과에 대한 부정적 정서가 영향을 줄 수도 있고, 손해에 대한 긍정적 정서가 영향을 줄 수도 있다. 성장 과정에서 있었던 차별 때문일지도 모르고, 다른 이유일지도 모른다. 그녀의 이야기를 더 들어보자.

"남자친구와는 어떤 관계를 가져왔나요?"

"어떻게 보면 절 유일하게 인정하는 사람이었어요. 제가 많은 것을 해주었거든요. 저에게 많이 의지했고… 하나부터 열까지 저에게 많이 의지했던 사람이에요."

"남자친구가 당신에게 의지한 사례를 들려주시겠습니까?"

"대학 때 그 사람이 많이 외로워했는데 제가 옆에 있어 주었어요. 직장도 선택해주었고요. 군대에 갈 때쯤엔 정말 많이 불안해했어요. 그래서 공부를 마치고 장교로 임관하라고 하면서 제가 인터넷에 들어가 지원방법을 알아봐 주었어요. 지방에서 군 복무를 했는데 매주 찾아갔습니다. 그의 자취방 살림이며 빨래며 모두 해주었고, 그런 저에게 많이 고마워했어요."

"그런데 무엇 때문에 파혼했나요?"

"남자친구는 직장을 자주 옮겼어요. 불만이 많은 사람이에요. 한곳에 오래 근무하지 못하고 자주 그만두었어요. 술을 좋아하는 사람은 아니었는데, 어느 날부터 술에 취해 살더라고요. 자기비하도 심했어요. 넉넉지 않은 가정형편 때문에 열심히 살아야 하는데 그렇지도 못했죠. 군 복무 때 아버지가 돌아가시고, 홀어머니와 함께 살고 있었어요. 그래서 제가 결혼을 서둘렀어요. 저라도 그를 잡아주고 싶었거든요."

"군 생활도 힘들게 했겠네요."

"네, 제가 아니었으면 탈영했을지도 모르겠어요. 그나마 장교로 복무해서 출퇴근을 하니 다행이었는지도 몰라요."

이타주의는 사회 통념상 좋은 의미로 들린다. 이타주의적 사랑은 엄마가 아이에게 느끼는 사랑과 같다. 자신을 필요로 하는 사람을 사랑하고, 상대에게 지극히 헌신한다. 그래서 조금은 무능하며 자신에게 의존하는 사람과 이어지기 마련이다. 그녀의 경우가 꼭 그렇다. 수년간 아들 돌보듯 남자친구를 양육한 것이다.

"그런데 그런 사실과 파혼과는 결정적으로 어떤 관련이 있는 겁니까?"

"어느 순간 이건 아니라는 생각이 들더라고요."

"'어느 순간'이란 구체적으로 무엇인가요?"

"그 사람 어머니를 생각하니 그런 생각이 들었어요. 경제적으로 무능한 아버지를 평생 뒷바라지하며 사셨거든요. 알코올 중독도 있었고요. 그런데 그의 어머니 모습이 꼭 제 모습 같더라고요. 자기 아버지를 똑 닮은 남자친구, 그리고 미래의 나. 아니라는 생각이 들었어요."

"남자친구분이 잡지 않나요?"

"잡지 않아요. 그래서 더 화가 납니다. 자신은 결혼과 어울리지 않는 사람이라고 하면서 연락을 끊더라고요. 제가 그렇게 노력했는데… 그간의 노력이 다 물거품이 된 것 같아요."

"헤어지자는 얘기는 본인이 하셨나요?"

"아니요. 헤어지고 싶은 마음은 있었는데, 먼저 꺼내진 않았어요. 이야기를 꺼낸 건 남자친구예요. 자주 헤어지자는 얘기를 했어요. 전 그러자고 했고요. 주변에서 헤어지라는 조언도 이별에 도움이 되었던 것 같아요."

"당신도 사실은 헤어지고 싶었군요. 그런데 무엇 때문에 남자친구를 잊지 못하는 건가요? 겉모습으론 본인에게 도움이 될 분은 아닌데요."

"글쎄요, 잘 모르겠어요. 그래서 찾아왔어요. 제가 왜 그를 잊지 못하는지, 왜 힘들어하는지를 알고 싶어요. 그리고 잊고 싶습니다. 지금도 그를 걱정하는 제가 이상해요."

"헌신에 중독되어 있어요."

"예?"

"헌신하는 데 중독되어 있다고요. 집에서는 하녀처럼 집안일 하고, 직장에서는 뒤치다꺼리하고, 남자친구에겐 엄마 노릇 하고… 무척 헌신하며 사셨습니다. 그렇죠?"

"…"

"무엇 때문에 그렇게 헌신하셨을까요? 바라는 바가 있었을 것 같습니다."

자신의 고통을 설명하는 퍼즐을 맞추었을까? 그녀는 울기 시작했다. '그깟 칭찬이 뭐라고…' 하며 푸념했다. 그간 참았던 서러움을 토해내는 듯 한참 말없이 울기만 했다. 휴지 한 장만으로 많은 눈물을 훔쳤다. 새 휴지를 그녀에게 건넸으나 사용하지 않았다. 휴지 한 장도 아끼는 습관이 있는 것 같았다.

"인정받고 싶었어요. 좋은 사람이란 이야기 듣고 싶었고… 그래서 그렇게 살았어요. 좋은 부분도 있어요. 실제 좋은 사람이란 평가를 많이 받거든요. 직장에서도 그렇고, 남자친구에게도 그랬고요. 그런 부분이 좋았어요."

"집에서도 그랬나요?"

"그랬던 것 같아요. 부모님이 직접 그런 표현을 해주신 적은 없어요. 그런데 삼촌이나 고모들은 절 많이 예뻐하셨어요."

"당신의 헌신하는 마음에 감사해야 합니다. 좋은 사람이란 평가를 듣게 해준 마음이에요. 힘들게 남들에게 맞춰가며 과도한 이타주의로 살았지만, 결국 원하는 걸 얻게 도와주었어요."

"그렇긴 하네요. 그런데 힘든 건 사실이에요."

"당신이 좋은 평가를 바라는 마음과 남자친구를 잊지 못하는 마음은 어떤 관련이 있나요?"

"그가 절 잊지 않았으면 좋겠어요. 끝까지 좋은 사람으로 기억되고 싶어요."

"그래서 그를 매몰차게 거절하지 못하는군요. 그를 버리면 당신은 나쁜 사람이 되잖아요. 당신이 좋은 사람이 되고 싶었던 것만큼, 나쁜 사람이 되는 걸 피하고 싶을 거예요."

"맞아요. 그에게 끝까지 좋은 사람으로 기억되고 싶어요."

이별에는 전제조건이 있다. 양쪽 모두 이별에 동의해야 한다. 그리고 상대방에게 바라는 것이 없어야 한다. 무언가를 바란다면 이별이라 할 수 없다. 그녀는 어떤가? 헤어진 후에도 긍정적 평가를 기다리고 있었다. 그녀는 긍정적 평가에 '중독'된 것이다. 그녀는 지금 금단현상을 겪고 있다.

찬사를 끊어야 나만의 삶을 이룰 수 있다

이 유형의 사랑법을 이타주의라 부른다. 최근 '거절장애'란 유행어가 생겼다. 거절장애는 이들을 두고 하는 말이다. 이들은 자기 능력을 벗어나거나 불합리한 요청이라도 거절하지 못한다. 주변 사람들에게 끌려다닌다. 누군가 자기를 비난할 가능성이 있기에 '거절'은 이들의 금기 사항이다.

이타주의자는 가족에게 무척 헌신적인 모습을 보인다. 업무는 업무대로, 집안일은 집안일대로 열심히 한다. 퇴근 후 지친 몸을 이끌고 들어와서 부모님을 챙기고, 설거지하고, 아이들을 돌보고, 형제를 챙기고, 빨래를 한다. 집안의 경조사를 모두 나서서 챙긴다. '가족을 위해 무엇을 해줄까?'가 이들의 주된 고민이다. 요구하지 않은 일도 먼저 나선다. '나 아니면 할 사람이 없다'는 생각으로 주변에 헌신한다. 직장 동료, 선후배, 친구 사이에서도 마찬가지다. 그들을 위해 일하고, 그들을 위해 희생하며 손해를 감수한다.

이타주의자는 욕구를 잘 드러내지 않는다. 하지만 이들도 왜 바라는 것이 없겠는가? 이들은 욕구와 반대로 행동한다. 자신의 욕구를 타인에게 주려 한다. 보호받길 원하면 타인을 보호한다. 대접받고 싶으면 타인을 접대한다. 때로는 자신의 희생을 타인에게 억지로 받으라고 강요한다. 내가 필요한 것을 주변 사람들에게 해주면서, 그들도 자신에게 그러한 대접을 '알아서 해주길' 바란다. 그래서 "내가 너한테 어떻게 해주었는데!"란 호소가 이들의 주된 불평이다. 하지만 생각해보면 자승자박 아닐까? 우는 아이 떡 하나 더 주는 것이 인지상정인데, 울지 않고 어떻게 떡을 얻을 수 있는가?

'도움 주는 사람'이 있다면 상대적으로 '도움받는 사람'이 필요하다. 따라서 이타주의자는 자연스레 유약한 사람과 사랑에 빠진다. 경제적 무능함, 심리적 나약함, 신체적 유약함 등을 보이는 사람을 보면 '날 필요로 하는 사람이야'라는 착각에 빠진다. 그리고 그들을 위해 헌신한다. 애인이 평가하는 "당신은 나에게 꼭 필요한 사람이야"라는 찬사에 이타주의자들은 모든 걸 바친다. 타인의 부족한 점을 찾고, 타인의 부족한 점을 채워주려 한다.

사랑에서 희생과 의존은 당연하다. 하지만 성인의 사랑이라면 서로가 희생하고 서로가 의존하는 것이 맞다. 일방적 희생, 일방적 의존이라면 어느 한쪽은 분명 지친다. 일방적인 희생과 의존은 어린 자녀와 부모 사이의 사랑이다. 그래서 이타주의자의 사랑은 부모와 자녀 관계처럼 보인다. 이들은 자신의 몫을 손해 보면서 희생하고, 상대방은 완벽하게 의존한다. 이타주의자도 이런 관계가 좋지만은 않다. 결국 몸도 마음도 지치게 된다. 떠나고 싶지만 자신을 필요로 하는 그들을 두고 떠나지 못한다. 이타주의자니까.

긍정적인 평가를 바라기에 자신보다 못난 사람, 자신의 도움이 필요한 사람, 자신의 역량보다 낮은 집단에 애착하게 된다. 그리고 그들의 부족한 점을 찾는다. 그들을 위해 희생하고, 헌신하고, 노력한다. 긍정적인 평가가 돌아온다면 계획은 성공한 것이다. 그래서 타인의 부족함을 찾는 일을 멈추지 않는다.

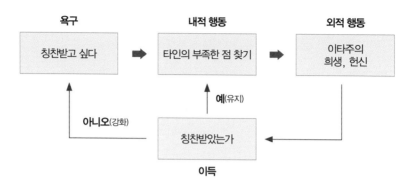

〈이타주의의 심리적 흐름과 이득〉

하지만 찬사가 돌아오지 않을 수도 있다. 더는 자신의 헌신과 희생이 필요 없는 경우가 그렇다. 이런 경우라면 칭찬받으려는 마음이 강화된다. 찬사에 더 목마르다. 따라서 자신의 애착 대상[이성, 배우자, 자녀, 집단, 직장 등]을 더 부족하게 만든다. 자신의 헌신으로 애착 대상이 성장할 기회를 빼앗는다. 다친 자녀의 재활훈련을 돕는 것이 아니라, 장애를 유지시켜 엄마를 찾도록 한다. 극단적으로 '뮌하우젠 증후군'으로 발전하기도 한다.

뮌하우젠 증후군이란 주변의 관심과 동정을 받으려고 의도적으로 환자, 희생자 연기를 하는 것을 의미한다. 만성적인 희생자 코스프레, 환자 코스프레, 피해자 코스프레라 이해하면 쉽다. 이들은 '고생하는 내 모습'을 의도적으로 주변 사람들에게 보이기 위해 고통의 상황을 연출한다. 아이의 병을 치료하지 않거나, 배우자의 알코올 중독 갱생을 돕지 않거나, 배우자에게 폭력을 유도하여 피해자 또는 희생자의 모습을 연기한다. 고통받고 있으며, 고통에서 벗어나기 위해 애쓰는 삶을 연출

함으로써 주변의 찬사, 관심, 동경을 얻어낸다.

타인을 위한 삶은 많은 이득을 준다. 대중매체를 통해 등장하는 이타주의자들은 어떤 모습인가? 사랑하는 사람의 성공, 소외된 사람들의 안정, 자녀의 성공을 위해 자신을 포기하고 모든 것을 바친다. 우리는 그들의 희생을 숭고하게 바라본다. 이타주의자는 자신을 버리면서 찬사를 얻을 수 있다.

하지만 이들은 주변인을 돌봐야 하기에 늘 바쁘다. 체력은 달릴 수밖에 없고 만성 통증을 달고 산다. 이들의 만성 통증에도 이득이 있다. 생각해보자. 100kg의 짐을 나른 두 사람이 있다. A는 일을 마치고 여기저기 아프다고 한다. B는 힘들지 않다고 한다. 그럼 누구의 노력이 더가치 있게 보일까? 당연히 힘들어 죽겠다는 A다. 지친 몸은 찬사를 얻는 좋은 도구가 된다.

이들이 바라는 것은 찬사라는 정신적 보상이지 물리적 이득이 아니다. 따라서 이타주의자에게 손해란 필연적이다. 숭고한 모습을 유지해야 하기에 세속적인 모습을 포기한다. 찬사를 유지해야 하기에 금전적 이득은 양보해야 한다. 그래서 이들은 늘 공허할 수밖에 없고, 정신은 지칠 수밖에 없다. 손에 쥔 것이 없으니 말이다.

이제 선택만이 남아 있다. 주변의 찬사를 바라는가? 그렇다면 나 자신을 버리고, 나의 욕구를 애써 무시하는 노력도 필요하다. 손해 보는것은 당연한 일이며, 찬사를 얻기 위한 부단한 노력도 당연한 일이다. 때론 타인의 기준에 맞추려는 필사적인 노력도 따라야 한다. 주변이 당신을 이용하더라도 미소로 답해야 한다.

반대로 나만의 삶을 원하는가? 그렇다면 찬사에 중독된 마음을 끊어라. 찬사를 바라지 말라. 타인의 평가를 바라는데 어떻게 나만의 삶이 있을까? 타인의 기준에 따른 삶일 뿐이다. '나만의 삶'에는 타인의 기준을 따르지 않는다는 전제조건이 있다. 찬사 중독을 끊으면 된다. 그것만으로도 당신만의 삶을 살아갈 준비는 충분하다.

타인의 헌신을 끊어야
사랑이 남는다

공포는 우리를 지키는 수단이다. 높은 곳이 두렵다면 살고 싶은 것이다. 고소공포가 없는 사람은 20층 빌딩에서 어떻게 내려올까? 계단과 엘리베이터보다는 뛰어내리는 편을 선택할 것이다. 하지만 만화 속 히어로가 아닌 이상 그는 죽는다. '높은 곳은 위험하다'는 고소공포는 추락을 방지한다. 그것은 생명을 유지하기 위한 마음이다.

이와 유사하게 대부분 사람들은 '이별은 위험하다'는 두려움을 가지고 있다. 성장 과정에서 양육자와 이별(분리)한다면 어떻게 살 수 있겠는가? 이별의 공포는 진화론적 관점이든, 심리학적 관점이든 분리로부터 인간을 보호하기 위한 도구임이 분명하다. 그래서 이별의 두려움으로부터 자유로운 사람은 없다. 특히 사랑하는 사람과의 이별이라면 더욱 그렇다. 이런 두려움을 '분리불안'이라 한다. 그렇지만 모든 사람이 분리불안이 높은 것은 아니다. 모든 사람이 극도의 고소공포가 있는 것은 아니듯 말이다.

교직에 몸담고 있는 그녀는 높은 수준의 분리불안이 있었다. 자신의 문제를 해결하기 위해 이미 심리상담을 여러 곳에서 받았고, 정신과를 찾기도 했지만 효과가 없었다고 했다. 나를 찾았을 때는 의부증을 해결하고 싶다고 했다. 미혼 여성이 자신에게 의부증이 있다고 말할 정도라면, 애인에게 집착이 대단했던 건 분명하다.

"처음에 남자친구와의 이별이 너무 힘들어 상담을 받기 시작했습니다. 지금도 남자친구를 붙잡고 싶은 마음이 크고요. 전 저에게 아무런 문제가 없다고 생각했어요. 그런데 남자친구가 제 성격이 너무 이상하다고 하더라고요. 그때는 인정하지 않았는데, 상담을 받다 보니 제가 너무 이기적이었어요. 남자친구를 너무 힘들게 한 것 같아요."

"이기적이다, 그리고 힘들게 했다, 구체적으로 어떤 행동을 의미하는 건가요?"

"전 남자친구가 전화를 받지 않으면 너무 불안해져요. 일이 손에 잡히지 않아요. 그럼 남자친구가 전화를 받을 때까지 계속 전화해요. 휴대전화를 뒤지는 건 예삿일이고, 계속 그 사람이 다른 여자를 만난다고 생각해요. 아닌 줄 알면서요. 집에 무작정 찾아가기도 여러 번 했어요. 이런 제가 힘들다 하더라고요."

"불안하다는 건 무언가를 피하고 싶단 의미인데, 어떤 상황을 피하고 싶은가요?"

"남자친구가 절 떠날 것 같아요. 지금은 그렇게 됐지만…. 남자친구가 제 전화를 받지 않으면 전 이상하게 그가 바람피우고 있을 거란 생각이 들어요. 거의 확신에 가까워요. 저도 제가 왜 그런지 모르겠어요. 아니란 걸 아는데도 그가 절 배신할 것 같아 자꾸 집착하게 됩니다."

"스스로 집착이 심하다 생각하시는군요. 그런데 당신이 상담을 통해 해결하고 싶은 건 무엇인가요?"

"그 문제 그대로예요. 남자친구에게 집착하지 않았으면 좋겠어요. 그와 헤어져야 할 것 같은데 아직도 집착하는 제 모습이 싫어요."

"그럼 거꾸로 생각해봅시다. 집착하지 않는다는 걸 당신 스스로 어떻게 알 수 있을까요?"

"…."

"조금 전에 '배신'이란 단어를 사용하시던데, 배신과 집착과 관련이 있을까요?"

"네, 있는 것 같아요."

"배신… 누구나 싫습니다. 하지만 정도는 달라요. 당신이 배신을 싫어하는 정도를 수치화해봅시다. 0이라면 그냥 담담한 것이고, 10이라면 죽을 만큼 싫은 거예요. 배신, 얼마나 싫지요?"

"9 또는 10 정도…."

"집착은 어느 정도인가요? 0에서 10이라면?"

"그것도 9에서 10 정도…."

"배신감을 무척 크게 느끼시네요. 배신감은 일종의 분리불안이에요. 아이가 '엄마, 나 두고 나가지 마' 하면서 우는 마음과 같아요. 외로움, 이별, 무시에 대한 알레르기도 모두 분리불안이고요. 모두 비슷하게 높지요?"

"네, 모두 다 끔찍이 싫어요."

"그럼 분리불안이 사라졌다고 가정해봅시다. 그럼 집착할 필요가 있을까요?"

"없을 것 같아요."

"조금 전에 집착하지 않았으면 좋겠다고 하셨죠? 그럼 분리불안도 함께 없애야 합니다. 동의하십니까?"

"…"

급부가 있으면 반대급부가 있고, 득이 있으면 실이 따른다. 우리의 마음도 그렇다. 배가 10만큼 고프다면 밥도 10만큼 필요하다. 배가 5만큼 고프다면 밥도 5만큼 필요하다. 하지만 배가 고프지 않다면 밥도 필요 없다. 분리가 10만큼 두렵다면 10만큼 집착하게 된다. 따라서 분리불안이 사라져야 집착도 사라지며, 집착을 해결하기 위해선 분리불안을 해결해야 한다.

그녀가 집착을 끊으려면 분리불안, 즉 '이별 공포'를 포기해야 한다. 하지만 분리불안은 그녀를 지키고 있는 방패임이 틀림없다. 분리불안이 과거의 트라우마든, 어떤 목적으로 만들어졌든, 이별로부터 그녀를 지키기 위한 무의식의 활동임이 분명하다. 그녀는 고민할 것이다. 분리불안을 포기한다는 것은 큰 용기가 필요한 일이다.

변화의 주체는 개인이다. 간혹 내가 최면을 한다기에 최면만 받으러 오는 내담자도 있다. 그런 경우에는 정중하게 돌려보낸다. 최면은 마법이 아니다. 최면으로 문제를 해결하는 것도 내담자의 충분한 동의, 문제가 주는 이득에 대한 통찰, 해결 방향에 합의가 있고 난 뒤에야 가능하다. 개인의 동의, 통찰, 합의 없이는 최면을 한다 해도 변하지 않는다.

그녀는 창밖을 한참 동안 바라보고 있었다. 무언가 결심한 것일까? 단호한 표정을 지으며 나에게 질문했다.

"그럼 분리불안을 어떻게 없애야 하나요?"

"그전에 분리불안이 있는 이유를 찾아봐야 해요. 분리불안으로 많이 불편하실 것 같아요. 언제 가장 힘드세요? 하루 중 특별하게 힘든 시간이 있나요?"

"학교에서 계속 수업이 있는 건 아니에요. 중간에 빈 시간이 있기도 하거든요. 그때 제일 힘들어요. 전화하지 않으려 계속 참는데 쉽지가 않아요."

"혹시 직장을 그만두고 싶은 마음이 있나요?"

"그렇지는 않아요. 그런데 쉬고 싶은 생각은 있어요. 이 일이 저에게 맞지 않는 것 같다는 생각도 들어요. 잡무가 너무 많고, 교사란 책임감도 너무 무겁고요."

"만약 결혼하셨다면 휴직했을 수도 있겠네요."

"네, 솔직한 심정이 그랬어요."

"그럼 분리불안이 당신을 도와주고 있네요. 결혼해서 휴직하지 못하니, 힘들어서라고 직장을 쉬라고 말해주잖아요."

"그렇긴 하네요. 그런데 그만둘 수는 없어요. 당장 생계도 걸려 있고요."

의존성이 높은 사람, 즉 분리불안이 큰 사람은 자아실현을 포기한다.

그럴 수밖에 없다. 의존성이 높을수록 책임을 기피한다. 선택과 결정을 미룬다. 작은 일 하나도 조언을 구한다. 자기 일을 누군가 대신해주길 바란다. 꼭 3살 어린아이 같다. 이러니 어떻게 직장 생활이 편할 수 있겠는가? 어디를 가도, 무엇을 해도 힘든 것은 사실이다. 자아실현은 물 건너간 이야기다. 어쩌면 누군가의 아이가 되는 것이 이들의 자아실현일 수도 있다.

"분리불안 때문에 언제 또 힘드세요? 퇴근한 후엔 괜찮은가요?"

"부모님과 함께 살고 있어서 그나마 다행이에요. 만약 혼자 살고 있었다면 정말 힘들었을 것 같아요. 전 혼자 있는 게 너무 싫거든요. 부모님은 다른 남자를 만나면 된다고, 잊으라 하세요. 그리고 남자친구를 못마땅하게 생각하기도 하셨어요. 부모님 눈에는 그가 변변치 않았거든요. 나이도 저보다 한 살 어리고, 키도 저보다 조금 작아요. 직장도 안정되지 않았고요. 부모님은 학교를 무척 중요하게 생각하는데, 그가 지방대 출신인 것도 불만이셨어요."

"혹시 부모님에게 의지하고 싶은 마음이 있나요?"

"네, 있어요. 그런데 다 그렇지 않을까요?"

"다 그렇겠지요. 그런데 정도의 차이는 있어요. 그리고 분리불안에 감사하셔야 할 것 같습니다. 부모님에게 정당하게 의지할 이유가 생겼잖아요. 힘들고 유약해야 의지할 수 있지요. 혼자라도 당당한 사람이라면 의지할 수 없잖아요."

"그런 것 같아요. 전 아직도 어리광을 많이 부리고 싶어요. 남자친구나 부모님이 절 아기처럼 대해줄 때 기분이 좋아져요. 그래서인지 부모님에게 아직도 많이 의지하고 싶어요. 그리고 친구들도 모르는 사실이 하나 있는데요… 제가 만나는 남자들이 몇 명 있어요."

"남자들이라면 구체적으로 어떤 남자를 말씀하시는 겁니까?"

"애인은 아닌데… 가끔 만나는 사람들이요."

"잠자리도 하시는?"

"네, 사실 그 부분도 고치고 싶어요. 그들을 만나고 나면 기분이 좋지는 않거든요. 행복한 것도 아니고."

"잠자리는 어떤가요?"

"순전히 그것 때문인 것 같아요. 제가 좀 좋아해요. 그렇다고 자주 만나는 건 아니에요. 남자친구가 힘들게 하거나, 외로울 때 찾게 돼요. 죄책감이 들어요."

"그럼 분리불안이 사라지면 잠자리에 집착하는 문제도 함께 해결될까요?"

"그럴 것 같아요."

"그럼 분리불안에 정말 고마워하셔야 해요."

"예?"

"상상해보세요. 분리불안이 있기에 휴직할 수 있고, 분리불안이 있기에 부모님께 의존할 수 있는 모습을요. 분리불안이 있기에 좋아하는 잠자리도 찾을 수 있게 하고, 남자친구에게 집착할 수도 있어요. 어쩌면 분리불안은 당신에게 필요한 증상일 수도 있습니다. 당신이 원하는 걸 얻도록 도와주고 있죠. 이렇게 도움을 많이 주고 있는 분리불안을 포기하긴 쉽지 않은 일이에요."

　그녀는 고개를 숙인 채 손가락을 심하게 떨고 있었다. 무엇이 그리 불안한 것일까? 그녀는 지금 자신과 무슨 대화를 하고 있는 것일까? 느껴본 사람만이 알겠지만 통찰이라는 짧은 순간은 그리 시원하지 않다. 오히려 망치로 머리를 얻어맞은 느낌이 들곤 한다. 지금 그녀도 그럴지 모르겠다. 그녀는 다시 입을 열고 자신의 이야기를 털어놓았다.

　"사실 부모님은 제가 초등학교 1학년 때 이혼하셨어요. 지금도 친엄마와는 연락하지 않고요. 그렇다고 친엄마가 싫거나 밉지는 않아요. 어릴 땐 미운 적도 있었는데, 그럴 만한 사정이 있었다고 생각해요. 아빠도 저와 제 동생 잘 키우려고 열심히 사셨어요. 아빠는 제가 중학생 때 재혼하셨어요. 그때부터였던 것 같아요. 늘 외롭고…."

　"새어머니와의 관계는 어땠나요?"

　"나쁘지 않아요. 지금도 허물없이 잘 지내요. 친딸도 아닌데 친딸처럼 대해주셔서 너무 감사하죠. 새엄마와 아빠 사이에 자식이 없어서 그럴 수도 있고요. 그런데 생생하게 기억나는 일이 있기는 해요. 아빠는 어느 날부터 출장이 잦으셨어요. 출장 가시는 날이면 늘 힘들었던 기억이 나요. 지금도 그때 생각만 하면 가슴이 먹먹해요."

　"그때의 모습과 현재의 모습은 어떤가요? 비슷합니까?"

　"비슷한 것 같아요."

　"어릴 적 아버지가 출장 가셨을 때 당신이 원한 건 무엇이었나요?"

　"제 옆에 있어 주는 거요. 늘 제 옆에 누군가 있어 주었으면 좋겠어요. 항상 그랬던 것 같아요. 누가 내 옆에 있어 주는 거요. 제가 왜 그렇게 사람들에게 집착했는지, 왜 그렇게 어리광을 부렸는지… 성에 집착한 것도 다 이해가 되네요."

"직장 스트레스는요?"

"그것도 그래요. 직장에서 일하는 것보다 누군가에게 의지하는 게 더 좋으니까요. 이제 전 어떻게 해야 하나요?"

"이 문제를 해결한다면 몇 가지 위험이 따라요. 당신 옆에 아무도 없어도 당당해질 위험이 있어요. 그럼 의존하지 못하죠. 직장이 갑자기 재미있어질 수도 있어요. 책임감이 강해지니까요. 남자에게 덜 집착하니 섹스에 대한 흥미도 떨어질 수 있어요. 이런 변화를 모두 감수할 수 있으신가요?"

"네, 이젠 그렇게 살기 싫어요. 힘들거든요. 아무리 매달려도 잡히지 않는다는 걸 잘 아니까요. 이젠 제 인생을 살고 싶습니다."

"좋아요. 그럼 치유를 시작합시다."

헌신을 끊어야 내 곁에 사랑이 남는다

이 사랑법을 두고 집착이라 부른다. 이들의 행동은 마치 수사관과 같다. 애인의 휴대전화를 뒤지며 이성의 이름을 찾는다. 옷차림, 옷에 묻은 머리카락, 향수 냄새 등을 확인하고 이성과 접촉한 흔적을 찾는다. 갑작스러운 방문으로 애인이 어떤 행동을 하고 있는지 감시한다. '내가 널 감시하고 있다'는 경각심을 심어준다.

자연스레 집착은 사회적 역할보다 애인과 함께 있는 시간에 더 가치를 두게 한다. 자신과 함께하는 이성을 '신'과 같이 떠받드는 경우도 있다. 옆에 있어 준다는 이유만으로 경제적, 사회적, 신체적, 물리적 지원을 아낌없이 한다. 재산을 지원하고, 자신의 과업을 포기하고, 사회적 규칙을 어기면서까지 함께 있으려 한다. 이런 여성들이 제비족의 주요 타깃이다. 간혹 애인과 함께 있으려 탈영도 감수하는 군인들이 있다. 이런 군인들도 강한 집착 유형이라 볼 수 있다.

집착의 사랑법은 섹스 중독에 빠지기도 한다. 혼자 있는 시간, 외로움, 분리불안, 소외감을 쉽게 보상하는 방법은 섹스다. 예쁘게 꾸미고 나이트클럽에 갔다고 상상해보자. 많은 남성이 자신과 하룻밤을 보내기 위해 헌신할 것이다. 그렇지 않아도 긴 밤을 혼자 보내기 두려웠는데, 이들에게 남성의 구애란 얼마나 감사한 일일까? 몸을 허락한다면, 분리불안도 쉽게 잠재울 수 있다.

이들은 타인을 '도' 아니면 '모'로 판단한다. 관심을 주는 사람 또는 소외하는 사람. 타인이 관심을 줄 때는 신과 같이 떠받들고, 소외할 때는 극악무도한 죄를 저지른 것처럼 평가한다. 물론 여기서 관심과 소외란 보편타당한 기준이 아니다. 이들이 느끼는 기준이다. 이렇게 극단을 오가는 성격 때문에 조울증이 따르고, 이들 옆에 있는 사람들은 지치기 마련이다.

하지만 이들은 애착 대상에게 집착하는 것이 아니다. 이들이 집착하는 것은 애착 대상과의 '분리'다. 이들의 뇌 속엔 '분리 레이더'가 있다. 이들의 오감과 육감은 분리의 증거를 끊임없이 수집한다. 그리고 증거가 발견되는 즉시 통제한다. 화를 내거나, 소외시킨 행동이 아니란 증거를 대라며 호소한다. 마치 경계병이 적을 발견한 것처럼 경고음이 울려댄다.

집착의 사랑법이 분리의 증거를 찾는 이유는 단순하다. 분리되기 싫기 때문이다. 애인에게 얼토당토않은 증거를 보이며 "너 바람피우지?"라고 물어보라. 그럼 애인은 그렇지 않다는 걸 증명하려 할 것이다. 이전보다 더 애착하고, 이전보다 더 곁에 있으려 할 것이다. 증거가 구체적인 경우, 애인은 증거를 무산시키기 위해 이전보다 더 잘해줄 것이다. 분리의 증거를 확인하는 순간, 애인은 더 헌신할 것이다. 그러니 자신이 분리되었다고 주장하는 것은 얼마나 감사한 일인가? 분리되었다고 주장할수록 애인은 헌신하니 말이다.

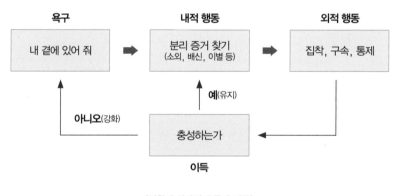

〈집착의 심리적 흐름과 이득〉

하지만 타인이 헌신하지 않는 경우도 있다. 이때는 애인을 옆에 두려는 마음을 강화한다. 레이더의 출력을 높이고, 분리의 증거를 더 많이 수집하려 한다. 통제 또한 강해진다. 욕구를 극도로 강화하면 분리 레이더가 오작동을 일으키며 망상장애로 발전한다.

이 세상에서 가장 존중받는 존재는 누구일까? 갓난아이가 아닐까? 집착하는 사람들은 갓난아이가 되려 한다. 엄마가 떨어지면 울고, 엄마 없이는 아무것도 못 하는 존재 말이다. 갓난아이는 아무것도 할 수 없고, 보호자의 곁을 떠나면 죽을 수도 있다. 양육자는 아이가 건강하게 성장할 수 있도록 곁을 떠나지 않을 것이다. 울면 젖을 물릴 것이고, 스킨십을 해줄 것이며, 아이의 울음을 그치게 하려 헌신할 것이다. 아이가 된다는 것은 얼마나 감사한 일인가? 자기 곁을 떠나지 않는 보호자가 있으니 말이다.

갓난아이가 되려는 노력은 헌신이라는 이득을 준다. 불안감이 없고, 혼자라도 편안하고, 스스로 안정되었다고 여기는 사람에게 누가 헌신하겠는가? 하지만 손해 보는 것도 많다. 길 잃은 아이의 불안감을 안고 살아야 한다. 외로움을 품고 있어야 한다. '난 버림받았어'라는 자기최면을 유지해야 한다. 주변 사람들은 지쳐 떠난다. 엄마 잃은 아이를 흉내 내는 어른이 왜 좋겠는가? 결국 대부분은 떠난다.

무언가에 집착하다 보면 몸도 집착하는 쪽으로 향하기 마련이다. 자신에게 애착하는 사람이나 늘 자기 옆에 붙어 있는 사람에겐 분리의 증거를 찾기 어렵다. 하지만 자신을 소외하는 사람에겐 분리의 증거가 넘쳐난다. 이들은 분리를 수사관처럼 찾기에, 자연스레 자신을 소외하는 사람에게 더 매달린다. 결국 이들은 원하던 보호자가 아니라 소외하는 사람에게 집착한다. 이들은 원하는 사랑을 끝까지 찾지 못한다.

변화는 '타인의 헌신'을 끊는 것으로 시작된다. 이제 선택할 시간이다. 엄마 잃은 아이처럼 살고 싶다면 타인의 헌신을 바라면 된다. 갓난아이처럼 살고 싶다면 타인의 과도한 보호를 바라면 된다. 하지만 관계 속에서 건강하게 살고 싶다면, 타인과 동등한 관계를 맺고 싶다면, 노력하지 않아도 타인의 존중을 얻고 싶다면 '타인의 헌신'을 끊자.

내가 <u>스스로</u>를 버림받았다고 여긴다면, 결국 타인도 나를 버리기 마련이다. 내가 <u>스스로</u>를 소외되었다고 여긴다면, 타인도 나를 소외시키기 마련이다. 내가 스스로를 안정되었고 존중받을 만하며 인정받고 있다고 여긴다면, 타인도 나를 그렇게 여긴다. 무엇을 선택하겠는가? 선택은 각자의 몫이다.

보호받고 싶기에
두려움이 많아진다

660년, 원효대사가 당나라로 유학 가던 길이었다. 어느 날 그는 평택 근처에 있는 한 토굴에서 잠을 청했다. 한밤중 갈증을 느낀 그는 옆에 놓인 자리끼를 발견하고 시원하게 마셨다. 누가 자리끼를 둔 것이었을까? 갈증은 시원하게 사라졌고 그는 다시 눈을 감았다. 아침이 되었고, 그는 소스라치게 놀라고 만다. 자리끼는 사라지고 해골이 놓여 있던 것이다. 구역질을 느꼈지만 그는 이내 깨달았다. 모든 것은 마음의 문제라는 것을.

이 일화는 유명한 '원효대사 해골 물' 이야기다. 내가 자리끼로 보면 시원한 물이지만, 해골 물로 보면 역겨운 물이 되고 만다. 해골에 담긴 물은 변하지 않았다. 다만 그 물을 바라보는 마음이 변했을 뿐이다. 해골에 담긴 물이라도 자리끼로 여긴다면 시원하게 느껴진다. 이 이야기는 모든 심리치료의 핵심을 설명한다.

개를 두렵게 여긴다면 '개 공포증'이 된다. 꽃가루를 유해하게 여긴다면 '꽃가루 알레르기'가 된다. 흔들리는 차가 싫다면 '차멀미'가

된다. 사람들의 눈이 싫다면 '시선 공포증'이 된다. 좁은 공간이 싫다면 '폐소공포증'이 된다. 높은 곳이 싫다면 '고소공포증'이 된다. 그런데 이런 문제가 과연 치유되기는 할까? 치유가 된다면 시간은 얼마나 걸릴까?

작년 여름, 태국 여행에서 한 여중생을 만났다. 그 학생은 극심한 뱃멀미, 차멀미, 비행기 멀미 등으로 고생하고 있었다. 가족에게 물어보니 아기 때부터 멀미가 심했다고 했다. 가족 여행, 장거리 이동, 버스를 타야 하는 등굣길, 그리고 이곳 여행지에서도 무척 힘들다고 하소연했다. 안타까운 마음에 학생과 학생의 부모님에게 치유를 권유했고, 간단한 심리치료를 했다. 다음 날 학생은 버스에서 휴대전화로 영화를 봤다고 웃으며 자랑했다. 학생을 괴롭히던 멀미는 드라마틱하게 사라졌다.

생각해보자. 흔들림을 좋아하는 사람에게 멀미가 있을까? 없다. 멀미는 흔들림에 대한 알레르기다. 내가 한 것이라곤 차가 흔들리는 것을 즐겁게 느끼도록 한 것뿐이다. '흔들림=싫어'를 '흔들림=좋아'로 바꾼 것뿐이다. 그것만으로 멀미는 사라졌다. 치유 시간은 얼마나 걸렸을까? 내 기억으론 약 10분 정도다.

응용심리학인 NLP(Neuro-Linguistic Programming, 신경언어프로그래밍)는 싫고, 밉고, 거부하고, 짜증 나고, 무서운 부정적인 정서를 모두 '알레르기'라는 한 단어로 정의한다. 또한 알레르기 치유법을 명쾌하게 제시한다. 실제 NLP를 적용하면 알레르기는 순식간에 해결된다. 그래서 혹자는 NLP를 두고 '마법'이라 부르기도 한다.

NLP는 특정 공포증, 특정 대상에 대한 알레르기에 마법 같은 변화를 줄 수 있다. 하지만 변화에 전제조건이 있다. '개가 무섭다'는 개 공포증의 경우, 개를 귀엽게 느끼겠다는 동의가 있어야 한다. '먼지는 더럽다'는 먼지 알레르기의 경우, 먼지를 유해하지 않게 느끼겠다는 동의가 있어야 한다. '좁은 공간은 숨 막힌다'는 폐소공포증은 좁은 곳을 시원하게 느끼겠다는 동의가 있어야 한다.

이렇게 해골 물을 자리끼로 느끼겠다는 동의가 있어야만 치유가 가능하다. 동의 속에는 특정 대상에 더 이상 무력하지 않겠다는, 특정 대상의 부정적인 영향을 뛰어넘겠다는 용기가 숨어 있다.

상담의 상당수를 차지하는 문제는 대인공포다. 대인공포는 일종의 대인 알레르기다. 타인의 시선, 타인의 힘, 타인의 질문 등을 피하고 싶은 마음이다. 물론 같은 알레르기라 설명할 수 있어도, 해결 과정은 앞서 설명한 멀미나 다른 공포증보다 복잡하다. 하지만 치유의 전제조건은 같다. 타인을 편안하게 느낄 것인가? 타인에게 더 이상 무력하지 않겠는가? 타인의 부정적인 영향을 뛰어넘겠는가? 치유는 이 질문들에 대한 동의에서 시작된다.

내가 기억하는 그녀의 첫인상은 고개를 숙이고 어깨를 움츠린 모습이었다. 그녀는 무언가 큰 잘못을 저지른 사람마냥 사방을 두리번거리기도 했다. 재판장에서 판결을 기다리는 죄수의 모습처럼 내 앞에 앉아 있었다. 대인공포가 심한 사람들은 상담사를 대할 때도 큰 불안을 느낀다. 이들과 대화를 시작할 때는 서두르면 안 된다. 그들 스스로 불안이란 방패를 내려놓을 때까지 기다려야 한다.

　내담자는 상담을 예약할 때 해결하고 싶은 주제를 이야기하기 마련이다. 따라서 나는 그녀가 어떤 문제로 상담을 요청했는지 잘 알았다. 하지만 해결하려는 문제와는 아무런 관련도 없는 대화를 주고받았다. 차 맛은 어떤지, 필요한 것은 더 없는지 물어봤다. 과자를 내오기도 했다. 더운 여름날이어서 실내온도가 적절한지도 물어보았다. 에어컨이 내는 큰 소리에 비해 성능은 떨어진다며 너스레를 떨기도 했다. 그녀가 한쪽 벽에 걸린 그림을 보고 있기에 그림에 담긴 이야기도 해주었다.

　어느 정도 신뢰가 쌓인 것일까? 그녀는 얼굴에 미소를 보였다. 이제 깊은 이야기를 시작할 시간이다.

　20대 후반의 그녀는 대인공포증으로 현재 직장을 그만둔 상태라고 했다. 다시 직장을 다녀야 하지만 대인공포 때문에 취업에 엄두가 나지 않는다고 했다. 현재 부모님과 함께 지내진 않지만, 경제적인 지원은 받고 있다고 했다. 남자친구가 있었지만 헤어진 상태고, 그 때문에 더 힘든 것 같다는 이야기도 했다. 그녀가 말하는 대인공포란 구체적으로 무엇일까?

　"많이 힘들어 보입니다. 당신의 대인공포에 관해 설명해주시겠습니까? 어떤 증상을 두고 대인공포라고 말씀하시는 건가요?"

　"직장에서 상급자가 절 보는 것만으로도 불안해져요. 손이 떨리고 심장이 두근거리기도 하고요. 막 불안해져서 앉아 있을 수가 없어요. 그리고 도망치고 싶어져요. 실제 도망친 적도 있어요."

"도망치고 싶다고요? 그럼 무엇이 두렵다는 이야기인데, 상급자의 무엇이 두려울까요?"

"잘 모르겠어요."

"예를 들어봅시다. 싫어하는 동물이 있으신가요? 공포증을 느낄 정도로…."

"공포증까지는 아닌데 쥐를 특히 싫어해요."

"그럼 쥐의 무엇이 싫을까요?"

"쥐는 다 싫어요."

"네, 다 싫을 수 있습니다. 그런데 그중 특히 싫은 것은 무엇인가요?"

"꼬리, 꼬리가 특히 싫어요. 길게 늘어진…."

"그럼 이런 상상을 해보면 어떨까요? 쥐의 꼬리가 토끼 꼬리처럼 깡총해졌어요. 상상해보세요. 깡총한 토끼 꼬리를 단 쥐를요. 깡충깡충 토끼 꼬리가 달린 동그란 쥐 엉덩이를요. 그래도 싫을까요?"

"아니요. 그렇지 않을 것 같은데요? 그럼 귀여울 것 같아요."

"대인공포증도 쥐 공포증과 같거든요. 상급자의 무엇이 싫었을까요? 목소리, 눈, 행동? 무엇일까요?"

"눈이요. 절 보는 것이 싫어요."

"그럼 당신의 증상은 구체적으로 시선 알레르기라 할 수도 있겠네요. 맞나요?"

"그런 것 같아요."

그녀의 대인공포증은 구체적으로 타인의 시선이 싫은 것이다. 그녀의 쥐 공포증이 구체적으로 꼬리를 싫어했던 것처럼 말이다. 그녀가 변화시켜야 할 해골 물은 타인의 시선이다. 다른 사람들의 시선이 편안하고 따뜻하게 느껴진다면, 치유는 성공했다 할 수 있다. 하지만 이 과정에도 전제조건이 있다. 대인공포증의 이득을 포기해야 한다.

"그런데 대인공포증으로 가장 불편한 것이 무엇인가요?"

"직장을 못 다니겠어요. 평소에 일상생활하는 것은 괜찮았어요. 그런데 취업 후 대인공포증이 갑자기 커져서… 다른 직장을 다니면 괜찮을까 생각도 해보았는데 아닌 것 같아요. 다른 곳에 가더라도 마찬가지일 것 같아요."

"혹시 직장에 다니기 싫다는 마음이 있을까요?"

"네…. 사실 제가 무엇을 해야 하는지 모르겠어요. 뭘 잘하는지도 모르겠고, 뭘 하면 즐거운지도 모르겠고요. 대학 때도 이 문제로 고민을 많이 했었어요. 그런데 답이 안 나오더라고요."

"그럼 대인공포가 직장을 그만둘 수 있게 도와주었군요."

"그런 것 같네요. 그런데 지금 생각해보니, 대학 때도 대인공포가 있었어요. 제가 평소에 친한 사람들 이외에는 만나지 않거든요. 어울리기도 싫어했고. 특히 잘나가는 동기들은 피했어요. 이상한 적개심이 들어서요."

"잘나가는 사람들에 대한 알레르기도 있군요. 이 알레르기가 퇴사에도 영향을 주었을까요?"

"그런 것 같아요. 저보다 나이 많은 사람을 보면 주눅 들고는 하거든요. 분명 저에게 잘해주는 분인데도 마주 보기가 힘들어요."

　대인공포를 겪는 사람들의 유사한 특징 중 하나는 권위에 대한 알레르기다. 자신보다 권위가 있는 사람, 평가를 하는 사람, 자기보다 우월한 사람 등에 대한 극도의 알레르기가 있다. 그리고 그들에게 막연한 적개심을 나타내곤 한다. 적개심은 일종의 알레르기이며, 피해의식으로 시작된다. 피해의식을 느끼지 않는다면 적개심도 나타나지 않는다.

　"언제부터 시선과 잘나가는 사람에 대한 알레르기가 있었을까요?"

　"중학교 때인 것 같아요. 아버지 직장 문제로 전학을 가게 되었거든요. 전 학교에선 친구들과 잘 지냈는데 전학 간 학교에선 그렇지 못했어요. 왕따를 당한 건 아닌데, 친구들이 절 은근히 따돌리는 느낌이 들었어요."

　"그 친구들이 따돌렸다는 건 어떻게 알지요?"

　"절 바라보는 눈빛이 그랬어요. 못사는 동네에서 잘사는 동네로 이사 갔거든요. 절 무시하는 눈빛을 많이 느꼈고…."

　"그때부터 시선 알레르기가 있었네요. 무시하는 눈빛."

　"아, 그래서…."

　그녀는 울기 시작했다. 손으로 얼굴을 가리고 소리 내지 않고 울었다. 가슴이 심하게 들썩거렸다. 그간 어떤 한을 숨기고 살았던 것일까? 대인공포와는 어떤 관련이 있는 것일까? 친구들이 무시하는 눈빛을 보냈기에 서러웠던 것일까, 아니면 다른 사연이 있는 것일까?

　"전학 가기 너무 싫었어요. 저도 어쩔 수 없었던 건 잘 알아요. 그래서 부모님을 이해하고요. 그런데 아빠는 제가 힘들다는 걸 이해하지 못하셨어요. 오히려 저에게 나약해서 그렇다고 더 몰아붙이시고… 엄마에겐 아무런 도움도 구하지 못했어요. 제가 보살펴야 할 정도로 나약한 분이세요. 항상 누워 계셨고 많이 아프셨어요. 지금 생각해보면 일부러 아픈 척을 하신 것 같기도 해요. 아빠가 엄마를 너무 힘들게 해서 저에게 화풀이도 많이 하셨던 것 같고요. 지금은 두 분이 사이가 좋으신데, 그때는 너무 안 좋았어요. 전 사랑받지 못하는 것 같아요."

"중학생 때 부모님께 바란 건 무엇이었어요?"

"보호받고 싶었어요."

"혹시 형제간에 차별을 느끼신 적이 있나요?"

"네, 오빠가 둘 있는데 늘 차별받는다는 생각이 들었어요. 할머니는 확실히 절 미워하셨죠. 계속 대든다고 뭐라고 하시고, 딸이라고 구박하시고. 그런데 엄마 아빠는 저에게 이해하라고만 하셨어요."

"부모님께 바라는 건 무엇이었나요?"

"보호받는 거요. 전 늘 보호받지 못하는 것 같아요."

"그럼 대인공포에 감사해야겠네요."

"예?"

"이 이야기는 조금 뒤로 미룹시다. 지금 자취를 하고 있다고 하셨죠? 부모님은 그것에 대해 뭐라고 하시나요?"

"직장도 그만두었는데, 집에 들어와서 함께 살자고 하세요. 전 싫은데…."

"대인공포 때문에 직장도 그만두었고, 경제적 지원도 받고 계시는군요?"

"네, 사실이에요."

"당신의 대인공포가 심하면 심한 만큼 바라는 것이 있을 것 같은 데요."

"솔직히 말씀드려도 되겠죠? 보호받고 싶어요. 사랑받고 싶고요."

"그럼 당신의 대인공포는 보호받으려는 수단이 되겠네요. 그런가요?"

"네, 맞는 것 같아요."

"당신의 대인공포는 보호받을 수 있도록 도와주고 있어요. 직장도 못 다니게 하고, 경제적 능력도 사라지게 하고요. 그래야 상대적으로 보호받아야 할 존재가 되잖아요. 부모님은 집에 들어오라고 하고, 경제적 지원도 받을 수 있고요. 대인공포에 감사하셔야 해요. 보호받을 수 있게 도와주니까요."

"잘 이해가 안 되는데요."

"상상해보세요. 당신이 보호받고 싶지 않다면, 다른 사람들이 만만하게 보인다면, 나 스스로 보호가 필요 없는 당당한 사람이면 대인공포를 느낄까요?"

"그렇지 않을 것 같아요."

"그럼 대인공포 때문에 보호가 필요한 걸까요, 아니면 보호받고 싶기 때문에 대인공포가 필요한 걸까요?"

그녀는 넋 나간 표정이었다. 대부분 사람들은 증상 때문에 보호가 필요하다고 여긴다. 몸이 아파서, 힘들어서, 마음이 아파서, 두려워서 보호를 찾게 된다고 여긴다. 하지만 그렇지 않다. 우리의 마음은 보호를 원할 때 공포라는 수단을 꺼내 든다. 캄캄한 뒷골목이 보호가 필요한 곳이라 여긴다면 우리는 공포를 느낀다. 그곳이 놀이터인 사람은 공포를 느끼지 않는다. 욕구가 정서보다 우선한다.

"당신의 대인공포, 구체적으로 시선 알레르기를 해결하기 위해선 보호받겠다는 욕구를 포기해야 합니다. 그럼 직장을 즐겁게 다닐 수 있는 위험이 있어요. 사람들 사이에서 당당해지는 손해도 따르고요. 주변 사람에게 의존하는 것도 포기해야 할 겁니다. 이젠 약자가 아니라 강자이기 때문에 책임도 더 짊어져야 합니다. 선택하세요. 토끼처럼 벌벌 떨며 보호를 갈구하며 살고 싶은가요, 아니면 강한 호랑이처럼 독립적으로 살고 싶은가요? 어떻게 살고 싶은가요?"

보호를 끊어야 두려움에서 벗어난다

대인공포증은 크게 두 가지 종류로 구분할 수 있다. 첫 번째 대인공포는 강한 수치심으로 발생한다. 수치심으로 인한 대인공포는 다음에서 다루도록 하자. 둘째는 개 공포증의 심리와 유사하다. 개를 보면 나도 모르게 두려움을 느끼는 것이 개 공포증이다. 사람들을 마주하면 나도 모르게 두려움을 느끼는 것이 두 번째 유형의 대인공포다. 이들은 사람과 마주하면 나도 모르게 불안을 느끼고, 손에 땀이 나며, 심장이 두근거리고, 몸이 떨린다. 이번 사례처럼 말이다.

같은 개 공포증이라도 세부적인 유형은 다르다. 어떤 사람은 개 짖는 소리가 두려울 수도 있고, 어떤 사람은 개의 이빨이 두려울 수도 있다. 어떤 사람은 개의 눈이 두려울 것이다. 개 공포증에도 이렇게 세부 유형이 있듯, 대인공포도 몇 가지 유형으로 구분할 수 있다.

상당수의 대인공포는 눈빛에 알레르기를 느낀다. 타인의 시선을 두려워한다. 이들은 사람들과 대화할 때 옆을 응시하는 습관이 있다. 타인의 눈을 볼 수 없으니 고개를 돌리는 것이다. 이런 행동은 주변 사람들의 오해를 사고는 한다. 대화를 하는데 엉뚱한 곳을 바라보고 있으니, 건성으로 대화한다는 느낌을 줄 수밖에 없다. 이들은 외출할 때 짙은 선글라스를 착용하기도 한다. 타인의 눈이 두려워 선글라스 뒤로 숨어버린다.

비난에 대한 두려움도 대인공포의 큰 부분을 차지한다. 이들은 사람을 대할 때 작은 비난도 듣지 않으려 노심초사한다. 그래서 세 가지 행동이 나타난다. 첫째, 비난이 두렵기에 완벽하게 하려 한다. 최대한 상대방의 비위를 맞추고 낮은 자세를 유지한다. 둘째, 자신을 비난하는 사람에게 적개심을 갖고 싸운다. 상대방이 비난하지 않았음에도 비난의 증거를 찾아 싸움닭처럼 달려든다. 셋째, 애초에 비난을 듣지 않으려 사람들을 피해버린다. 만나지 않으면 비난 들을 일도 없지 않은가.

권위자에 대한 트라우마가 있는 경우에도 대인공포가 나타날 수 있다. 이들은 자신보다 능력이 뛰어난 사람, 나이가 많은 사람, 권위 있는 사람에게 극도의 알레르기를 보인다. 권위자를 만나면 기분이 나빠지고 피하고 싶은 기분을 느끼곤 한다. 질문, 요청, 지시 등에도 민감하게 반응한다. 증상이 깊다면 편의점 종업원의 질문에도 적개심을 느낀다. 이 유형의 대인공포가 강해진다면 피해망상 장애로 발전하기도 한다. 타인의 작은 행동조차 '공격'이라 여기고, 도망치거나 맞서 싸운다. 대부분 대인공포증은 이 세 가지 또는 그 이상의 증상을 복합적으로 보인다.

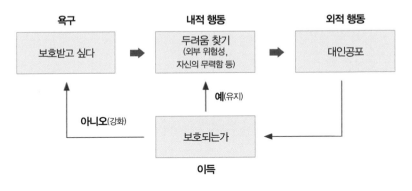

〈대인공포의 심리적 흐름과 이득〉

이들의 심리는 유치원에 가지 않으려 떼 쓰는 아이와 유사하다. 유치원 공포가 있는 아이에겐 이득이 따른다. 만약 아이가 유치원을 10만큼 거부한다면, 친구들과 선생님을 10만큼 거부한다면, 반대로 부모의 보호를 10만큼 바란다는 의미다. 부모에게 10만큼 떨어지고 싶지 않다는 의미다. 그리고 대부분의 부모는 아이가 원하는 것을 채워준다. 보호해주고, 안아주고, 위로해준다. 아이는 유치원 공포를 통해 원하는 것을 얻어낸다. 아이의 유치원 공포는 부모의 관심, 체온, 보호를 얻는 좋은 수단이다.

이처럼 대인공포는 명확한 이득이 있다. 대인공포는 관심, 체온, 보호를 얻는 좋은 수단이다. 따라서 보호를 원한다면 아이처럼 유약해야 한다. 두려움을 많이 느끼고, 스스로 자신을 보호하기 위해 사람들을 피해야 한다. 유치원에 가기 싫어하는 아이처럼 집 밖을 나서기 두려워해야 한다. 학교나 직장을 그만둔다. 부모, 애인, 배우자에게 매달린다. 그래야 보호자의 보호, 관심, 체온을 얻어낼 수 있다. 대인공포가 긍정적 이득을 주고 있음은 분명하다.

대인공포를 해결하고 싶다면 선택하라. 아이처럼 보호를 바랄 것인가, 아니면 스스로 성인이 될 것인가? 보호를 원한다면 대인공포를 활용하라. 더 불안을 느끼고, 더 공포를 느끼고, 더 피하려 노력하라. 그러면 어디선가 당신을 도와줄 영웅이 나타날지 모른다. 다 큰 어른을 아이처럼 양육해줄 이상한 사람도 어딘가에 있을지 모르니 말이다.

대인공포는 두려움과 보호에 중독된 것이다. 두려움을 찾으려는 마음을 끊어라. 보호받길 원하는 마음을 끊어라. 공포를 찾고 있는 나를 발견한다면, 다시 고개를 흔들고 정신을 차려라. 보호받길 원하는 나를 발견한다면, 또다시 고개를 흔들고 정신을 차려라. 담배를 끊듯 끊으면 된다. 그러면 두려움은 사라지고, 타인의 눈은 귀여운 강아지의 것처럼 포근하게 느껴질 것이다.

잘 보이고 싶을수록
내 모습이 싫어진다

인간이라면 싫은 것을 피하려 한다. 싫으면 눈살을 찌푸리게 된다. 싫은 사람이 있는 곳은 나도 모르게 피한다. 극도로 싫다면 도망치고 싶은 마음이 생길 수도 있다. 외상후스트레스장애PTSD, Post Traumatic Stress Disorder를 겪는 사람들은 사고 상황을 떠올리는 것만으로도 몸서리친다. 이렇게 싫거나, 피하고 싶거나, 불안하거나, 부정적인 심리를 통칭하여 '알레르기'라 부른다.

알레르기에도 수준이 있다. 알레르기 수준이 낮으면 조금 싫게 된다. 눈살을 찌푸리는 정도가 될 것이다. 알레르기 수준이 더 높으면 '불안'을 느낀다. 불안을 넘어서는 알레르기는 '공포'로 느껴진다. 공포가 더 커지면 '공황'이 된다. 공황 상태가 되면 숨쉬기 힘들어진다. 몸이 떨리고 힘이 빠지며 스스로 제어가 되지 않는다. 공황 상태를 넘어서면 '해리' 상태가 된다. 해리 상태가 되면 정신을 잃거나, 기억상실이 오거나, 순간적으로 인격이 돌변하기도 한다. 부정적 정서, 피하려는 욕구, 싫은 마음, 불안, 공포, 공황, 해리 등은 수준이 다를 뿐 모두 알레르기라 부를 수 있다.

하지만 알레르기는 긍정적인 목적을 지닌다. 알레르기는 우리를 보호하려는 무의식의 활동이다. 대표적인 사례가 공포증이다. 고소공포증은 어떤 역할을 하는가? 추락을 방지한다. 개 공포증은 어떤가? 개로부터 보호하기 위한 목적이 있다. 맹수 공포증은 어떤가? 역시 스스로 자신을 보호하기 위한 목적이 있다. 이처럼 알레르기는 우리를 지키려는 긍정적 목적을 지닌다. 수준이 높든 낮든 말이다. 그런데 내 모습에 대한 알레르기가 관계를 힘들게 하는 원인이 되기도 한다.

거울 속 나의 모습은 관계의 표상이다. 생각해보자. 거울 속의 아무리 추한 모습도 아름답게 본다면 외모 콤플렉스가 있을까? 그렇지 않을 것이다. 사람들을 마주할 때도 외모에 신경 쓰지 않을 것이다. 잘 꾸미려 애쓰지 않고, 자신보다 아름다운 사람을 마주해도 주눅 들지 않을 것이다. 누군가 자신의 외모를 두고 우스갯소리를 하더라도 웃고 넘기리라. 그런 당당함에 사람들은 찬사를 보낼 것이다.

하지만 거울 속의 내 모습이 싫다면 완전히 상반된 결과가 나타난다. 성형수술을 생각할 수도 있고, 짙은 화장은 필수가 된다. 자신의 모습이 싫으면 싫을수록 사람들을 피할 것이며, 자신보다 아름다운 사람 앞에선 주눅 들 수도 있다. 내가 보는 내가 싫으면 타인도 자신을 싫어하리라 여기게 된다. 내 모습에 대한 알레르기가 크면 클수록 관계 속의 고통은 커지기 마련이다.

짜증 날 정도로 더운 여름날, 30대 남성에게 전화가 걸려왔다. 그는 대인공포증이 있다고 자신을 소개했다. 하지만 대인공포증이 있는 사람이라고 여기기 어려울 정도로 밝은 목소리였다. 수화기 너머 웃음기도 있었고 상냥함도 느껴졌다.

"저에게 대인공포증이 있습니다. 중학교 때부터 있었고 현재 나이는 34살입니다. 대인공포증을 오랜 시간 앓았는데도 해결할 수 있을까요?"

"기간은 문제가 아니에요. 본인이 원하신다면 해결할 수 있고, 그렇지 않으면 해결할 수 없어요."

"예?"

"모든 증상은 원하는 만큼 해결할 수 있어요. 하지만 원하지 않는다면 저에게 해결할 능력은 없습니다."

"아니요, 정말 해결하고 싶거든요. 그런데 답변이 참 시원하시네요. 상담은 얼마나 오래 받아야 하나요?"

"글쎄요, 잘 모르겠습니다. 사람마다 다르고 증상마다 다르니까요. 1회기 만에 끝나는 분들도 많고, 길게는 3회까지 가는 분들도 있고요. 정확한 건 만나서 깊은 이야기를 나눠봐야 알 것 같습니다."

"이 문제가 오래되었는데, 그럼 상담도 오래 받아야 하는 거 아닌가요?"

"그렇지 않아요. 상담 기간이 증상의 기간과 비례하는 건 아니에요."

내담자들은 간혹 전화로 '문제를 해결할 수 있느냐? 정말 해결 가능한 문제인 것이냐?' 등을 묻곤 한다. 이런 경우 보통 두 가지 유형으로 볼 수 있다. 첫째는 아직 자신의 문제를 해결할 준비가 되지 않은 것이다. 정말 간절한 사람이라면 최고의 기관을 찾아 최선의 노력을 하지, 전화로 해결 가능성을 타진하지 않는다. 두 번째 유형은 이미 많은 상담기관을 거친 경우다. 이미 많은 곳에서 자신의 문제를 해결하지 못했기에 확신이 들지 않으면 상담을 받지 않겠다는 의도다. 내 당당한 태도 때문이었을까? 그가 속내를 털어놓았다.

"그런데 정말 해결할 수 있긴 있는 건가요? 사실 제 문제를 해결하기 위해 시간과 비용을 너무 많이 들였습니다. 이곳에서도 불확실한 답변을 듣는다면 상담을 받지 않으려고 했어요. 그런데 선생님의 말씀이 시원해서 믿음이 가네요."

"지금 당신이 말하는 대인공포가 구체적으로 무엇인지는 모르겠습니다. 하지만 당신에게 필요하니까 있는 거예요. 분명히 당신에게 이득을 주고 있어요. 그러니 그 시간과 비용에도 해결되지 않았겠지요."

"아… 맞아요. 막연하게 그런 생각이 있었는데… 언제 가장 빨리 상담을 받을 수 있지요?"

자신의 문제에 오랜 기간 에너지를 쏟았음에도 해결되지 않는 경우가 있다. 이런 경우라면 보통 두 가지다. 첫째는 문제가 주는 명확한 이득이 있기 때문이다. 이득이 강하고 뚜렷한 경우엔 해결되지 않는 것이 보통이다. 둘째는 해결 방향이 잘못된 경우다. 그는 무엇 때문에 긴 시간 동안 문제를 안고 살았던 것일까?

그가 찾아왔을 때 나는 처음으로 어디서 어떤 상담을 받았느냐고 질문했다. 심리상담의 종류는 한두 가지가 아니다. 프로이트의 정신분석과 대상관계이론을 시작으로 최근 유행하고 있는 아들러 상담, 게슈탈트 심리치료, 집단상담, 명상, 종교와 관련된 상담, 인지행동치료 등이 있다. 간혹 최면상담을 받았다고 하는 내담자를 만나기도 하는데, 최면도 한 가지 방법만 있는 것이 아니다. 암시를 주로 활용하는 전통 최면, 에릭슨 최면, 전생 최면, 빙의 최면 등으로 다양하다. 내담자와 상담이론 간에도 궁합이 있다. 어쩌면 기존에 받아온 상담이 그와 잘 맞지 않았을 수도 있다.

"처음에 상담을 받은 건 동네에 있는 상담소였어요. 몇 번 받아도 효과가 없기에 그냥 지냈습니다. 대학에 입학하곤 증상이 사라진 것 같았거든요. 하지만 군대에 가니 다시 불안이 나타났습니다. 군 복무가 힘들긴 했는데 잘 마쳤죠. 그런데 복학하고 더 힘들어지더라고요. 사람들과 어울리지 못하겠고, 여자들이 있는 곳에선 더 그런 것 같기도 하고요. 그래서 정신과를 찾았습니다. 처음엔 불안장애 약만 처방받았는데, 제가 자꾸 찾아가니 심리치료를 병행하자고 하시더군요. 약물로는 해결이 안 될 문제라면서요. 그래서 대학병원에서 하는 인지행동치료 프로그램에도 몇 년 참가했어요. 천만 원에 가까운 어떤 프로그램에도 참여했습니다. 하지만 증상이 조금 나아지는 것 같다가도 다시 나타나길 반복했습니다. 그래서 지금 선생님을 만났지만 아직도 고민이에요. 이 불안을 제가 평생 안고 살아야 하는 것인지, 아니면 해결해야 하는 것인지요."

"그렇게 오랜 시간 함께 있었다면, 그 불안이란 것이 당신에게 필요한 것일 수 있어요."

"그렇지 않아도 그 생각을 했어요. 명확하겐 모르겠지만 이득이 있긴 있는 것 같아요."

"어떤 것이 있을까요? 생각나는 대로 이야기해주실래요?"

"무언가 잘해야겠다는 생각이 들면 불안이 함께 느껴져요."

"불안이 당신을 응원하고 있나 보군요. 잘하라고요."

내가 웃으면서 답하자 그도 웃었다. 그는 외모도 말쑥했고 목소리에 여유도 있었다. 상담을 오래 받아서인지 자신을 들여다보는 능력도 있어 보였다. 그런데 대인공포라니… 이해할 수 없는 부분이었다.

"그럼 당신의 대인공포에 관해 설명해주시겠습니까?"

"손이 떨리고 심장이 두근거려요."

"보통 언제 그런 증상이 나타나나요?"

"처음에 시작된 건 중학교 때였어요. 선생님이 앞에 나와서 뭘 읽으라고 시켰는데 손이 떨리더라고요. 제가 반장이었거든요. 그때 이후 이렇게 된 것 같아요. 누가 절 보고 있다는 생각만 해도 손이 떨리고 심장이 심하게 뛰어요."

"지금 저와 대화하는 중엔 어떠세요?"

"선생님은 괜찮아요. 잘 보여야 할 분은 아니잖아요."

"잘 보이고 싶으면 떨리나 보군요."

"그런 것 같아요. 최근 직장에서는 결재받기도 힘들고, 일하다가 누가 보고 있다는 생각만 해도 불안하곤 해요."

"혹시 직장을 그만두고 싶다는 생각이 있나요? 조금이라도…."

"아니요, 그렇지 않아요."

"그럼 사람들을 피하고 싶다는 생각이 있나요?"

"아니요, 전 사람들 만나는 걸 좋아해요."

보통 공포라는 정서는 무언가를 피하고 싶을 때 나타난다. 대인공포는 현재 처해 있는 환경, 상황 등을 피하고 싶을 때 깊어진다. 대인공포의 '대인'이라는 단어가 설명하는 것처럼 사람들과의 관계를 피하고 싶을 때 나타나는 것이 일반적이다. 그런데 그는 그렇지 않다고 했다. 직장도 만족스럽고, 사람들과의 만남도 즐긴다니 말이다.

"대인공포라고 하셨는데, 공포라는 정서는 무언가를 피하려는 목적이 있거든요. 그럼 당신이 피하고 싶은 건 무엇인가요?"

"불안한 것을 피하고 싶어요."

"불안하다는 것을 어떻게 알지요?"

"손이 떨리고 심장이 두근거려요."

"그럼 당신의 불안이 해결되었다는 걸 어떻게 알 수 있을까요? 직장 상급자의 시선이 편안하게 느껴진다면 불안감을 느끼지 않을까요?"

"아니요, 그렇진 않을 것 같아요."

"손이 떨리지 않고 심장도 두근거리지 않으면 해결되었다고 할 수 있나요?"

"네, 떨리지 않았으면 좋겠어요."

"그럼 당신이 불안하지 않으면 사람들을 대하기에 편안해질까요?"

"그럴 것 같아요."

"당신이 불안감을 느끼면 사람들이 당신을 어떻게 볼 것 같습니까?"

"절 이상하게 볼 것 같아요. 불안하면 사람들이 이상하게 볼 것 같아요."

"사람들을 피하고 싶어 불안한 건가요, 아니면 불안해서 피하고 싶은 건가요?"

"불안해서 피하고 싶어요. 전 이 모습이 너무 싫거든요."

"떨면 안 됩니까?"

"예?"

"사람들은 누구나 긴장할 때가 있잖아요. 이성이나 높은 사람들 앞에서도 그렇고, 중요한 일을 하기 전에도 그렇고요. 그럼에도 절대 떨면 안 되는 일인가요?"

"그래도 떨면 안 될 것 같아요."

"당신에게 긴장하거나, 불안하거나, 떨면 안 된다는 신념이 있는 것 같군요. 맞습니까?"

"네."

"이제껏 당신이 해왔던 노력은 떨지 않기 위한 노력이었고요. 맞습니까?"

"네, 맞아요."

"그럼 당신의 증상은 대인공포증이 아니에요. 정상적인 긴장감에 대한 알레르기이고, 불안감을 느끼면 안 된다는 당신의 신념이 만들어낸 증상이에요."

"음, 생각해보니 그런 것 같아요."

"당신의 증상은 수치심과 가깝습니다. 정상적인 긴장감에 대한 알레르기라고요. 그래서 긴장을 피하려고 노력했을 겁니다. 그런데 해결 방향이 잘못되었어요. 예를 들어봅시다. 개 알레르기를 해결하기 위해선 우선 '개와 친하게 지내겠다'란 전제조건이 있어야 해요. 그렇지 않고선 치유가 아니라 회피겠지요. 그럼 불안 알레르기를 해결하기 위해선 어떤 조건이 필요할까요? '불안을 편하게 받아들이겠다'란 자세입니다. 이제껏 거꾸로 노력하셨어요. 받아들여야 하는데, 피하려고만 하셨으니…."

개 공포증의 심리는 '개를 피하고 싶다'로 설명할 수 있다. 일반적인 대인공포의 경우도 개 공포증과 유사하다. '사람들을 피하고 싶다'로 설명된다. 그런데 그가 대인공포라 주장했던 증상은 다르다. '나의 불안을 피하고 싶다'로 설명된다. 이렇게 나 자신을 피하고 싶은 마음을 두고 수치심이라 부르며, 이것은 나 자신에 대한 알레르기다.

"그런데 그 불안 알레르기가 당신에게 분명한 이득을 주고 있어요. 평범한 상황에서 불안감을 느낀다면 이상하게 보이지 않을 수 있잖아요? 그런 걸 지켜주는 것 아닐까요?"

"맞아요. 선생님과 통화한 후 그 생각을 계속했어요."

"그런데 당신을 지켜주는 불안 알레르기를 어떻게 포기할 수 있겠습니까? 쉽지 않지요. 이 문제를 해결하려면 불안을 편안하게 받아들여야 해요. 마치 내 외모가 못났어도 예쁘게 바라보는 것처럼 말이죠."

"조금은 이해가 됩니다. 그런데 사람들이 진짜 이상하게 보면 어떡하죠?"

"사람들이 이상하게 볼 거란 걸 어떻게 알죠?"

"그냥 제 생각에…."

"그렇지요. 그건 당신 생각이에요. 그 생각을 포기할 수 있겠습니까? 그래야 불안 알레르기도 해결할 수 있어요."

"그럼 불안감이 사라지지 않는 건가요?"

"그럴 수도 있어요. 불안이란 건 인간으로 살아 있다는 증거니까요. 그런데 개가 싫으면 싫을수록 개에 대한 불안감이 더 커지는 것처럼, 불안이 싫으면 싫을수록 더 불안해질 거예요. 불안이 불안해서 피하고, 그래서 불안을 피하고 싶고, 그래서 더 불안해지는 악순환이 이어지는 겁니다. 선택하세요. 불안을 피하고 싶습니까, 아니면 불안을 편안하게 바라보고 싶습니까?"

인정받으려는 노력을 끊어야 찬사가 돌아온다

모든 증상이 그렇듯, 대인공포도 원인을 명확히 정의할 필요가 있다. 타인을 피하고 싶은 것인지, 아니면 자신의 어떤 모습을 피하고 싶은 것인지 확인해야 한다. 만약 타인을 피하고 싶은 것이라면 타인에 대한 피해의식이나 공포심을 없애야 한다. 하지만 자신의 어떤 모습을 피하고 싶은 것이라면 수치심을 없애야 한다. 자기 모습을 편안하게 바라볼 수 있는 방향으로 치유가 이루어져야 한다.

심리학은 수치심을 다양한 각도로 설명하지만, 수치심이란 '나'에 대한 알레르기일 뿐이다. 자신의 외모, 행동, 상태 등을 피하고 싶은 마음이다. 수치심은 이번 사례와 같이 '정서'에도 나타날 수 있다. 보통 '나의 정서를 숨겨야 한다'는 신념으로 만들어진다. 창피함, 분노, 슬픔 등의 정서를 드러내는 것을 패배라 여긴다. 수치심이 커지면 죄책감으로 이어진다. 나의 행동과 모습이 타인에게 피해를 주고 있다고 여기기도 한다. 그리고 죄인처럼 사람들을 피해 숨어 지내게 된다.

어떤 이는 큰 비난을 들어도 담담하게 느끼지만, 어떤 이는 작은 비난에도 자살을 생각할 수 있다. 사람마다 비난에 대한 민감함은 다르다. 그리고 수치심과 비난의 민감함은 비례한다. 수치심의 표면적인 이유는 단순하다. 비난의 회피다. 욕을 들을 것 같아 감추는 심리가 수치심이다.

과유불급過猶不及. 지나친 것은 미치지 못한 것과 같다. 극과 극은 만나기 마련이며, 급부가 있으면 반대급부가 있기 마련이다. 이들은 비난을 두려워하는 만큼 인정받고 싶어 한다. 따라서 수치심이 강한 사람들은 사랑의 욕구, 관심의 욕구, 인정의 욕구, 성공의 욕구가 강하다. 수치심이 강한 만큼 얻고 싶은 것도 많다. 하지만 이들이 인정을 구하는 방식은 극히 수동적이다. 모자라고 못난 부분을 감추고, 피해를 줄 수 있는 부분을 감추고, 자신을 낮추면서 상대적으로 타인이 자신을 인정하길 바란다.

예를 들어보자. 자신의 주근깨를 극도로 싫어하는 평범한 외모의 여성이 있다. 그녀는 짙은 화장으로 주근깨를 가린다. 그럼에도 자신의 외모를 밉다고 여긴다. 옆에 있는 남자친구에게 물어본다.

"자기야. 나 정말 못생긴 것 같아. 특히 이 주근깨가 너무 마음에 들지 않아."

남자친구는 대답한다.

"그렇지 않아. 주근깨는 보이지 않아. 넌 정말 예뻐. 세상 누구보다도…."

그녀는 수치심으로 원하는 것을 얻어냈다. 남자친구의 칭찬을 얻지 않았는가? 지지와 인정은 수치심의 달콤한 이득이다.

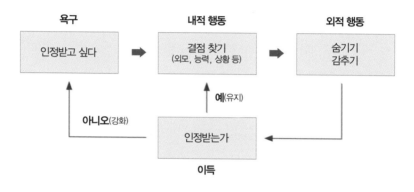

〈수치심의 심리적 흐름과 이득〉

의도적으로 타인에게 비난을 들으려면 어떻게 하면 될까? 타인이 안 좋게 볼 수도 있는 행동을 뻔뻔하게 해야 한다. 타인에게 피해를 주는 행동을 하고, 멍청한 모습을 많이 보여주면 된다. 반대로 인정을 원한다면 비난을 피해야 한다. 스스로 안 좋게 여기는 모습을 숨기고, 타인이 싫어할 행동을 감춰야 한다. 그러면 비난의 확률은 낮아지고 인정의 확률은 높아진다. 수치심은 얼마나 감사한 마음인가? 감추면 감출수록 인정과 지지의 확률은 높아진다.

수치심은 인정을 원하면 원할수록 자신을 감춘다. 혐오스럽게 여긴다. 이상하게 생각한다. 그리고 자신에게 '난 초라한 사람이야'라는 자기최면을 건다. 수치심은 인정을 얻는 과정이며, 인정을 얻기 위한 노력이다. 하지만 이런 방법이 인정에 얼마나 효과적일까? 효과적이지 않다.

'인정받으려는 사람'과 '인정받는 사람'은 다르다. 인정받으려는 사람은 비난이 두려워 피해야 하지만, 인정받는 사람은 비난 따위는 염려하지 않는다. 인정받으려는 사람은 자신의 티끌을 찾지만, 인정받는 사람은 자신의 허물을 찾을 이유가 없다. 인정받으려 애쓰며 살 것인가, 아니면 인정받는 사람이 될 것인가? 이젠 선택이 남아 있다.

인정받는 사람이 되려면 인정받으려는 노력을 끊어야 한다. 숨기려는 노력을 끊어야 한다. 자신의 치부를 찾으려는 행동을 끊어야 한다. 차라리 비난을 즐기는 편이 낫다. 비난도 즐기는 여유로움이 있다면, 사람들은 당신의 당당함에 찬사를 보낼 것이다.

관심받고 싶을수록
더 외로워진다

미국 애크런에 거주하던 젊은 남성이 있었다. 그에게는 알코올 중독이 있었지만, 몇 년간 노력 끝에 술을 끊을 수 있었다. 그리고 그 경험을 나누기로 결심했다. 애크런 지역에 있는 주정뱅이들을 찾아다니며 단주를 권했다. 그 노력은 생각지도 않은 효과를 발휘했다. 타인에게 단주를 권하며 자신의 음주 욕구도 줄어들었음을 경험한 것이다.

이러한 통찰과 성과가 알려지면서 그는 1935년 미국 애크런 지역에서 단주 모임을 결성했다. 당시에는 아무런 이름도 없는 작은 모임이었지만, 서로가 단주를 격려하는 모임의 성과는 더욱 커졌다. 이 모임이 소문이 나면서 몇몇 지역으로 퍼져나갔다. 그리고 1939년 《익명의 알코올 중독자AA, Alcoholics Anonymous》라는 책이 발간되었다. 이 책의 이름을 빌려 모임을 AA라 부르기 시작했다. 그리고 현재까지도 알코올 중독 치유 분야에서 세계적인 명맥을 유지하고 있다.*

---

*AA에 관한 자세한 내용은 한국AA 웹사이트를 참고하기 바란다. www.aakorea.org

알코올 중독 치유는 AA에 참여했던 사람들, 심리치료사, 알코올 중독 치유 전문가, 심리학자 등으로 점차 확대된 분야다. 이들은 약물 없이 그들의 전통 속에서 만들어진 12단계 프로그램을 기반으로 치유를 성공시켰다. 그런데 이들 사이에서 새로운 사실이 발견되었다. 알코올 중독 갱생의 조력자(배우자, 가족 등)가 오히려 중독을 부추기고 있다는 점이었다. AA를 시작으로 알코올 중독 치유에 앞장서던 사람들은 생각했다. '알코올 중독뿐만 아니라 그들 가족도 치유의 대상이다.'

그런데 알코올 중독을 부추기거나 단주를 돕지 않는 가족을 무엇이라 불러야 할까? 알코올 중독Alcohol Dependence을 부추기며 함께 거주하는 가족들이니, '중독자의 동반자Co-dependents'라 부르기 시작했다. 그리고 알코올 중독을 부추기는 동반자의 증상을 '동반의존성Co-dependence'이라 불렀다.

또 다른 부류의 움직임도 있었다. 1960년대부터 활발하게 움직인 미국의 여성인권운동 또한 동반의존성의 역사에서 빼놓을 수 없다. 여성운동가들이 인권 신장, 더 많은 자유, 권리, 평등을 위해 전투를 벌이고 있을 때였다. 하지만 누군가에게 의존하려 하고, 의존을 기대하며 자신의 권리를 포기하고, 독립에 알레르기를 느끼는 사람들이 있었다. 가정폭력에 시달리면서 독립할 수 없는 여성, 알코올 중독자 남편을 두고 독립적이지 못한 여성, 자신에게 보상이 없음에도 몸과 마음을 바치는 여성, 직업을 갖지 못하고 남편과 가족으로부터 독립할 수 없는 여성 등이었다.

여성운동가들이 주목했던 점은 그들의 의존성이었다. 그리고 의존성이 높은 이들을 '동반자에게 의존하려는 사람Co-dependents'이라 불렀다.

1980년대에 들어와 앤 윌슨 샤프Ann Wilson Schaef의 등장으로 동반의존성은 결정적인 의미를 가진다. 그녀는 동반의존성에 다음과 같은 질문을 던졌다. 동반의존성은 알코올 중독 가족에게만 있는 것일까? 알코올 중독 가족 중에서도 동반의존성이 없는 사람이 있지 않을까? 알코올 중독이 아닌 역기능적 가족 체계(가정폭력 등) 속에서도 동반의존성이 나타날 수 있지 않을까? 그녀는 《동반의존성Co-dependence: Misunderstood-Mistreated》이라는 책에서 앞선 질문에 다음과 같이 답한다.

"동반의존성은 하나의 증상이 아니다. 부정적 정서, 이를 처리하기 위해 발생한 중독을 모두 포함한 개념이다."

샤프는 동반의존성에 우리말로 번역하기 좋은 별명을 붙였다. 바로 '관계 중독Relationship Addiction'이다.

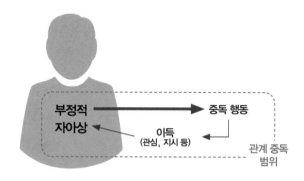

〈동반의존성(관계 중독)의 심리적 흐름과 이득〉

과거의 관계 중독은 관계에 집착하고, 사랑에 집착하고, 이별하지 못하는 증상(행동)만을 의미했다. 하지만 광의적인 개념에서 관계 중독은 이별하지 못하거나, 집착하는 행동만을 의미하진 않는다. 이들이 이별하지 못하는 이유는 무엇일까? 사랑, 관심, 보호, 인정, 스킨십, 섹스 등이 필요하기 때문이다. 관계 중독은 이득과 욕구를 모두 포함한다.

우울감에 빠진 한 여성이 있다고 가정해보자. 그녀는 수시로 죽고 싶다고 생각한다. 그녀는 무기력 때문에 육아도 못 하고 일도 그만둔 상태다. 남편은 그녀의 무기력을 회복시키기 위해 집안 살림을 맡아 하는 등 노력하고 있다. 시부모도 그녀의 심기를 건드리지 않으려 관심을 기울인다. 그녀는 정신의학 기준으로는 우울증 진단을 받을 수도 있다. 하지만 동반의존성(관계 중독)의 관점에선 조금 다른 의견을 내놓는다.

행동은 겉으로 드러나는 외적 행동과 마음속에서 일어나는 내적 행동으로 구분할 수 있다. 우울감은 내적 행동이다. 그녀는 우울감이란 행동을 통해 남편의 도움, 시부모의 관심, 일에서의 해방 등을 얻어냈다. 그녀의 문제는 우울감이라는 행동이 아니라, 주변 사람들의 관심과 도움을 얻으려는 욕구다. 진짜 문제는 무엇일까? 욕구와 이득이다. 욕구와 이득을 끊으면 행동은 자연스레 수정된다.

치유적 관점에선 행동보다 이득이 중요하다. 그렇다고 행동을 무시할 수는 없다. 행동은 이득과 욕구를 읽는 좋은 수단이다. 또한 치유 결과의 척도가 된다. 나의 임상적 경험과 연구 결과, 관계 중독은 다섯 가지 모습으로 나타나는 것을 확인했다. 첫째가 도망자 코스프레다. 둘째는 피해자 코스프레다. 셋째는 환자 코스프레다. 넷째는 착한 아이 코스프레다. 다섯째는 나쁜 아이 코스프레다. 각각의 관계 중독과 그 이면을 살펴보자.

도망자 코스프레는 도망치는 행동을 말한다. 구애하는 사람, 사랑하는 사람, 집단, 가족에 소속되지 못하고 도망친다. 성장 과정에서 가출이 확인되기도 한다. 이들이 도망치고 이탈하는 이유는 앞에서 자세하게 설명했다. 도망치고, 이탈하고, 고립되어 있으려는 사람에게 어떻게 행동하는 것이 인지상정일까? 잡아주어야 한다. 돌아오라고 해야 한다. 때론 '네가 없으면 안 돼'라며 달콤한 책임감도 부여해야 한다. 이들이 노리는 것은 이런 이득이다.

이들은 소속되지 못하기에 외로움과 친구가 되어야 한다. 따라서 알코올 중독, 게임 중독, 운동 중독, 일 중독 등이 따르기도 한다. 외로움을 잊을 다른 무언가가 필요하기 때문이다.

피해자 코스프레를 하는 사람들은 끊임없이 피해 사실을 찾는다. 타인의 작은 행동이라도 큰 피해로 여기고 피해 사실을 알린다. 인터넷에 사연을 올리고, 가족과 친구들에게 매달린다. 자신이 심각한 피해를 입었다면서 말이다. 주변에 지지와 도움을 호소한다.

이 유형은 때론 사회적 문제로도 이어진다. 2015년 사회를 시끄럽게 했던 '세 모자 사건'이 이런 경우라 볼 수 있다. 우리는 이 사건의 내막이 밝혀지기까지 어떤 행동을 했나? 어머니와 아이들을 지지했다. 그들을 응원했다. 아이들의 어머니는 원하는 것을 충분히 얻어낸 것이다. 온 국민에게 말이다.

피해자 코스프레가 더 강화되면 피해망상 장애로 이어지기도 한다. 다른 사람과 시선이 마주쳐도 공격 행동으로 인식하고, 주변에서 대화하는 사람들을 보고 자기를 험담한다고 여기기도 한다. 몰래카메라가 자신을 관찰하고 있다거나 도청장치가 숨겨져 있다고 여기기도 한다. 물론 피해를 피하고 싶은 의도도 있겠지만, 숨겨진 의도는 주변의 관심과 보호를 원함이다. 피해자는 보호해야 하는 것이 인지상정 아닌가. 의처증, 의부증과 같은 부정망상도 이 유형이라 할 수 있다.

환자 코스프레를 하는 사람들은 늘 아프다고 주장한다. 간혹 정신의학 진단 기준을 외우고 있으며, 진단 기준에 자신의 행동을 끼워 맞추는 내담자들이 찾아오곤 한다. 이들은 더 약하고, 더 불쌍하고, 더 힘들어지려 노력한다. 끊임없이 자신의 문제를 찾고, 심지어 자해를 하면서 이상행동을 의도적으로 보이기도 한다. 정신과 병원에 찾아가 빨리 자신의 병을 알려달라고 호소하기도 한다. 그런 행동에 주변 사람들은 관심을 보낸다. 이들을 보살피려 한다. 환자 코스프레의 계획이 성공하는 순간이다.

신체이형장애라 불리는 일종의 망상장애가 있다. 끊임없이 자신의 신체적 결점을 찾고 외모를 비하하는 증상을 말한다. 성형 중독으로 이어지기도 한다. 이들이 자신의 결점을 끊임없이 찾는 이유도 환자 코스프레와 같은 심리다. "나 눈이 정말 이상한 것 같지 않아?"라고 물으면 뭐라고 대답할까? 사람들은 보통 "아니에요. 당신의 눈은 정말 아름다워요"라고 한다. 그럼 그들의 작전은 성공한 것이다. 그들은 자신의 결함과 문제를 찾으며 '당신은 아름답다'는 찬사를 들으려 한다.

주로 만성우울증을 앓는 사람들이 환자 코스프레 유형이라 할 수 있다. 만성우울증은 좋은 이득을 준다. 만성적으로 우울감이 있기에 옆에 보호자가 따라붙기 마련이다. 부모, 배우자, 애인 등이 아이처럼 보살펴준다. 대인 불안을 만성적으로 겪는 사람들도 이 경우가 많다. 이들은 아픈 아이를 보살펴주듯, 자신을 어린 새처럼 보호해주길 바란다.

착한 아이 코스프레는 앞에서 설명한 과도한 이타주의를 말한다. 이들은 사회에서 필요로 하는 사람이 되려 한다. 사회에서 찾는 사람이 되려 한다. 그래서 타인의 부족한 부분을 계속 찾고 도움을 주려 한다. 부부관계에서 배우자의 부족한 부분을 채워주려 노력하고, 양육의 경우 아이의 힘든 일을 대신해주려 한다.

언뜻 들으면 좋은 행동으로 보일 수도 있다. 하지만 이들은 타인을 무능하게 만드는 악행도 벌인다. 직장과 같은 조직 생활의 경우, 일을 자신만 처리할 수 있도록 조작해놓기도 한다. 친구 사이를 이간질하고 양쪽에서 자신을 필요하게 만들기도 한다.

자녀 양육에서 아이의 자율성을 키우는 것은 필수다. 하지만 이들은 자녀의 자율성을 밟기도 한다. 아이의 실패와 노력을 지켜보지 못한다. 결국 아이는 엄마라는 비닐하우스에서 자란 키만 큰 꽃이 된다. 그 꽃은 비닐하우스 밖을 벗어나지 못하고 다시 엄마를 찾는다.

자녀의 대학입학, 결혼 등으로 배신감을 느끼는 부모들이 있다. '난 이제 필요 없는 사람이 되었어'라며 심한 상실감을 느낀다. 이 유형의 대표적 예라고 할 수 있다. 이 증상이 심각해지는 경우 뮌하우젠 증후군으로 발전하기도 한다. 자신이 얼마나 사회적으로 가치 있는 사람인지 허풍을 떨거나, 자녀를 일부러 환자로 만들어 엄마라는 사회적 위치를 강화하려는 노력이다.

나쁜 아이 코스프레는 사고 치는 사람들을 의미한다. 대화가 없는 모자간이 있다. 어느 날 아이는 실수로 창문을 깬다. 그런데 엄마가 달려 나온다. 아이는 엄마에게 혼난다. 아이는 생각한다.

'내가 사고를 치면 엄마가 달려 나오는구나.'

이때부터 아이는 사고를 일으키며 다닌다. 나쁜 아이 코스프레의 심리다.

부부상담을 하다 보면 외도, 도박, 도벽, 알코올 중독, 각종 사고를 일으키는 배우자를 만난다. 그런데 그들은 하나같이 말한다. "제 배우자가 저에게 관심을 주었다면, 이런 일은 발생하지 않았을 겁니다"라고 말이다. 그들이 사고를 치며 노렸던 것은 배우자의 관심이다.

이 증상이 강화되면 충동조절 장애로 이어지기도 한다. 자신의 신체에 해를 가하는 충동, 타인을 해치는 충동, 성적 충동, 이상행동의 충동 등을 제어하지 못하는 정신장애를 말한다. 이들이 충동을 제어하지 못하면서 얻을 수 있는 이득은 명쾌하다.

사건이란 타인의 시선을 나에게 한 번에 돌릴 수 있는 효과적인 방법이다. 아주 쉽고 그 여파도 대단하다. 사건 한 번에 엄청난 관심을 얻을 수 있으니 말이다. 묻지마 살인, 묻지마 폭행 등이 이 유형의 대표적인 예다. 어느 날 아무 잘못 없는 사람을 난데없이 때려보자. 중상을 입히는 것이다. 그러면 당신은 일간지 1면에 실릴 수도 있다. "김○○ 씨, 사회적 고립감에 깊은 불만 있었음"이라는 제목이 따라붙을 수도 있다.

이러한 다섯 가지 관계 중독의 모습은 하나로 나타날 수도 있고, 복합적으로 나타날 수도 있다. 하나의 모습이 사라지고 다른 모습으로 교체될 수도 있다. 중요한 것은 이런 행동을 하지 않는 것이 아니다. 이런 행동을 하게 되는 이득을 포기하는 것이다. 이 다섯 가지 행동의 공통적인 이득은 무엇인가? 사회적 관심, 지지, 보호 등이다. 이런 이득을 포기하고 이런 이득이 없어도 되는 사람이 된다면 문제는 해결된다.

외로움은 관심의 수단이다

어떤 외적 또는 내적 행동이 나타나든 관계 중독이 바라는 것은 타인의 관심이다. 관계 중독자들은 관심을 얻기 위해 빼드는 공통된 카드가 있다. '외로움'이다. 혹자는 말한다. 외롭기 때문에 관심이 필요한 것 아니냐고 말이다. 그렇지 않다. 외로움보다 관심, 인정, 지지, 보호, 스킨십 등의 욕망이 우선이다. 생각해보자. 자존감 높은 한 사람이 있다. '난 타인의 관심이 없어도 당당한 사람이야'라고 여긴다. 그는 외로울까? 그렇지 않다.

관심, 인정, 보호, 스킨십에 목마르면 외로움을 느낀다. 내 옆엔 왜 아무도 없는가, 내 가슴엔 왜 찬바람이 부는가를 고민한다. 그리고 보상받기 위한 행동을 한다. 도망자, 피해자, 환자의 모습으로, 착하거나 때론 나쁜 모습으로 타인의 관심을 유도한다. 물론 계획을 세우고 행동하는 것은 아니다. '관심받고 싶다'는 욕구가 만들어낸 무의식적 행동이다.

타인이 자신의 행동에 관심을 주면 다행이다. 그렇다면 관계 중독자의 계획은 성공한 것이다. 하지만 원하는 만큼 채울 수 없는 경우가 대부분이다. 따라서 욕구를 강화한다. 욕구가 강화된 만큼 외로움과 공허함도 커진다. 행동은 더 과감해지고, 더 자극적으로 바뀐다. 알코올 중독, 섹스 중독, 집착, 우울증으로, 때론 망상장애로 이어진다. 더 아프고, 더 힘들어야 관심을 받을 수 있지 않겠는가?

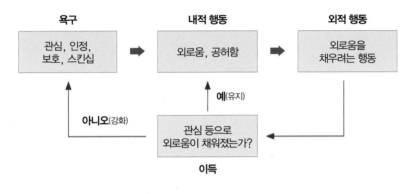

〈관계 중독의 욕구와 심리적 흐름〉

관심의 욕구와 외로움은 동전의 앞뒷면이다. 관심을 원하는가? 그렇다면 외롭게 살아야 한다. 더 큰 사랑을 원하는가? 그렇다면 더 큰 공허함을 느껴야 한다. 외로움은 관심을 얻어내기 위한 도구이며 노력이다. 어떤 삶을 원하는가? 관심받기 위해 몸부림치며 살 것인가, 아니면 당당하게 관계를 초월한 삶을 살 것인가? 당당한 삶을 원한다면 원하는 만큼 관심을 포기하라. 타인의 인정과 그들의 보호를 포기하라. 포기한 만큼 자존감은 높아질 것이고, 포기한 만큼 당당해질 것이다. 그리고 타인은 당신의 높은 자존감에 찬사를 보낼 것이다.

2장

성공과 직업의 역설

"사랑과 일, 일과 사랑,
그것에 인생의 모든 것이 있다."

– 지그문트 프로이트(Sigmund Freud), 심리학자

책임지지 않을 이유를
찾고 있지는 않은가

인생은 선택의 연속이다. 엄마의 말대로 공부를 할지, 친구들과 게임을 할지 고민한다. 시험지에 펜을 올려놓고 1번을 찍을지, 2번을 찍을지 고민한다. 성적에 맞춰 안전한 대학에 원서를 넣을지, 가고싶은 대학에 원서를 넣을지 고민한다. 원하는 학과에 지원할지, 취업이 잘되는 학과에 입학할지 고민한다. 마음에 드는 과 선배에게 연락처를 물을지, 아니면 날 쫓아 다니는 그놈을 선택할지 고민한다. 졸업 후 취업을 할지, 대학원에 진학할지 고민한다. 조금 시간이 걸리더라도 원하는 직업에 도전할지, 안전한 직장에 취업할지 고민한다. 그리고 지금 이남자와 연애를 지속할지, 아니면 헤어질지 고민하고 선택한다. 현재 상황과 환경은 과거 선택들의 결과다.

거창한 인생 이야기가 아니어도 선택은 우리의 삶 자체다. 아침 알람 소리에 맞춰 일어날지, 아니면 5분 더 누워 있을지. 아침밥을 먹을지, 아니면 그냥 출근할지. 스커트를 입을지, 바지를 입을지. 구두는 펌프스를 신을지, 플랫을 신을지. 점심으로 자장면을 먹을지, 아니면 짬뽕을 먹을지. 커피는 민트초코를 마실지, 마키아토를 마실지. 퇴근 후 맥주 한 잔을 할지, 아니면 집으로 바로 돌아올지. 남자친구와 영화를 볼지, 함께 저녁을 먹을지. 영화를 본다면 드라마를 볼지, 액션물을 볼지. 선택이란 우리의 삶 자체다.

과거를 돌아보면 후회가 따를 수도 있고, 미련이 남을 수도 있다. 하지만 나의 선택이었음은 변하지 않는다. 누군가의 조언으로 그 길을 선택했을 수도 있다. 하지만 조언은 조언일 뿐, 선택한 것은 본인이다. 누군가의 강요로 그 길을 선택했다 해도 강요는 강요일 뿐, 선택한 것은 본인이다. 혹은 아무런 선택도 하지 않고 상황이 변하길 기다렸을 수도 있다. 하지만 기다림 또한 본인의 선택이다. 어떤 미련이나 후회가 있더라도 나의 선택이었음은 변하지 않는다.

최근 '결정장애'란 신조어가 생겼다. 선택하지 못하고 괴로워하는 심리를 말한다. 그런데 결정이란 A를 선택할지 B를 선택할지 하는 이분법적인 문제가 아니다. 선택하지 않고 기다리는 것 또한 결정이다. 결정장애란 선택하기를 두려워하는 것이 아니다. 선택하지 않음을 선택한 것이다. 따라서 결정에 '장애'란 표현을 사용하는 것은 옳지 않다. 기다림을 선택했다는 표현이 옳다. 그런데 이들이 기다리고 있는 것은 무엇일까?

"절 찾으셨다는 건 현재 편하진 않다는 의미인데요. 최근 어떤 힘든 일이 있습니까?"

작은 질문이다. 내담자를 맞을 때 열이면 아홉에게 이 질문을 한다.

마치 잡화점에 들어온 손님에게 "찾는 물건이 있으신가요?"라고 묻는 것과 같다. 조금은 기계적인 질문이기도 하다. 하지만 내담자의 반응은 모두 다르다. 선뜻 대답을 못 하는 사람, 하소연부터 시작하는 사람, 꼼꼼히 정리된 노트를 펼치며 자신의 상황을 브리핑하는 사람, 마치 점쟁이에게 알아맞혀 보라는 듯 "글쎄요"라며 묵묵부답인 사람도 있다.

그녀는 울기 시작했다. 지금 막 남자친구에게 이별통보를 받은 소녀처럼 눈물을 뚝뚝 떨어트리고 있었다.

"제가 너무 불안하고… 아무것도 못 하겠고… 힘들어요."

"조금 더 자세하게 이야기해주시겠습니까?"

"불안하고 초조해요. 무슨 큰 문제가 생길 것 같고…. 선생님 책이나 다른 심리학책들도 읽어보았는데, 이 문제는 성장 과정의 문제인 것 같아요. 아버지는 거의 매일 술을 마셨어요. 지금은 거의 안 마시지만, 제가 초등학생 때는 알코올 중독이 있었던 것 같아요. 엄마와 아버진 자주 싸우셨죠. 아버지가 물건을 던져 찬장이 부서진 적도 있어요. 전 부모님 눈치를 많이 봤어요. 그래서 불안한 것 같아요."

"그런 일이 있었군요. 그럼 해결하고 싶은 건 무엇인가요?"

"불안하지 않았으면 좋겠어요."

"그 불안이 사라지면 무엇이 바뀔 것 같습니까?"

"편해질 것 같은데요?"

"좋아요. 그럼 편해지면 무엇이 바뀌나요?"

"예?"

조금은 엉뚱한 질문일 수 있다. 심리상담은 대부분 마음이 편해지기 위해 받는다. 그런데 '마음이 편해지면 무엇이 변하는가'를 묻는다면 내담자는 당혹스러울 것이다. 하지만 의도적인 질문이다.

많은 사람들은 정서를 '불안하다, 우울하다, 슬프다, 화가 난다' 등으로만 정의하려 한다. 하지만 정서는 행동을 만들어낸다. '불안하기에 손톱을 뜯는다, 우울하기에 집 밖에 나오지 않는다, 슬프기에 자주 운다, 화가 나기에 그 사람을 죽이는 상상을 한다'와 같이 말이다. 따라서 정서와 행동을 함께 주목해야 한다. 개 공포증의 경우 '개를 보면 소리를 지른다'가 '개를 보면 쓰다듬는다'로 변하듯 말이다.

"그럼 불안하다는 것이 어떤 의미인가요? 구체적으로 설명해주시겠습니까?"

"아무것도 못 하겠어요."

"보통 언제 그런 생각이 드나요?"

"마트에 장을 보러 갔는데 물건을 고르지 못하겠더라고요. 무슨 큰일이 생길 것 같이 불안하고… 출근할 때 입을 옷을 고르는 것도 힘들어요. 이성적으론 아무 일도 생기지 않는다는 건 알아요. 그런데 꼭 무슨 일이 생길 것 같고 불안해요."

"그럼 불안하다는 건 '선택=무슨 일이 생길 것 같다'는 의미인가요?"

"그런 것 같아요."

"그럼 '선택=편안하다'로 마음이 바뀐다면, 오늘 상담은 성공적이라 할 수 있을까요?"

"글쎄요, 잘 모르겠어요."

그녀는 선택하기 힘들기에 상담을 요청했다. 선택이 편안해진다면 상담은 성공적으로 이루어진 것이다. 하지만 그녀는 모른다고 했다. 앞선 질문은 누구나 쉽게 이해할 수 있는 내용이다. 하지만 모르겠다고 한다면 변화에 저항한다고 볼 수 있다. 지금 문제가 그녀도 알지 못하는 큰 이득을 주고 있다는 의미다. 이럴 때는 이득을 찾기 위해 조금 더 넓은 이야기를 나눌 필요가 있다.

"이해가 어려워도 괜찮습니다. 조금 뒤에 다시 이야기 나누지요. 그런데 '선택하기 불안하다'는 문제 때문에 힘든 상황이 있나요? 편하지 않으니 상담을 요청하신 것 같은데요."

"잘 모르겠어요."

"남편분은 이 문제를 어떻게 대해주십니까? 지금 이렇게 힘든 걸 알고 계신가요?"

"네, 남편은 잘해줘요. 그나마 제가 의지할 수 있는 유일한 사람이에요."

"잘해준다는 게 어떤 행동을 말하나요?"

"함께해줘요. 제가 고민하는 것을 잘 들어주고, 힘들어하는 일도 많이 해주고요."

"그럼 직장 생활은 어떠신가요?"

"직장에선 너무 힘들어요. 그래서 남편에게 더 의지하는 것 같기도 해요."

"어떻게 힘든가요? 조금 더 구체적으로 이야기해주세요."

"우선 일이 너무 늦어요. 작은 것도 고민되고 진행할 수 없어요. 문서를 작성할 때 폰트 크기를 어떻게 할지 고민하고 있고, 줄 간격을 맞추기 위해 고민하고 있어요. 아무것도 아닌 일인데 왜 고민하고 있는지 모르겠어요."

"주변 사람들의 반응은 어떻습니까?"

"팀장님이 눈치를 많이 주세요. 핀잔도 많이 하시고요. 사람들이 좀 도와주었으면 하는데, 믿을 만한 사람도 별로 없어요."

"혹시 직장을 그만두고 싶다는 마음이 있나요?"

"사실 그만두고 싶은 마음이 너무 커요. 저에게 맞지 않는 일 같다는 생각도 들고, 반복적인 업무도 너무 싫어요. 조금은 창의적이거나, 제 능력을 펼칠 수 있는 일이었으면 좋겠어요. 그런데 이곳은 그렇지 않아요."

"언제부터 직장을 그만두고 싶었나요?"

"입사하고 얼마 안 되었을 때부터요."

"불안이 생긴 시점과 비슷한가요?"

"비슷한 것 같아요."

"불안이 직장을 그만둘 수 있게 도와주고 있군요. 아무것도 선택하지 못하고 아무것도 결정하지 못하면, 그만둘 수 있는 타당한 이유가 생기잖아요. '불안장애 때문에 일을 못 하겠습니다'라고요."

엄마가 공부하라고 하니 아이는 책상에 앉는다. 하지만 아이는 오줌이 마렵다며 자주 책상을 뜬다. 아이는 오줌을 참을 수 없다고 한다. 엄마는 말한다.

"너 공부하기 싫어서 그렇지?"

아이는 아니라고 잡아뗀다. 하지만 엄마는 알고 있다. 공부하기 싫어 오줌이 마렵다는 것을 말이다. 그녀의 불안, 결정장애도 마찬가지다. 일하기 싫은 마음을 도와주고 있다. 마치 공부하기 싫어 화장실을 찾는 아이처럼.

"그런데 불안하다는 건 무언가를 피하고 싶다는 이야기거든요. 무엇을 피하고 싶을까요?"

"정확히는 잘 모르겠는데, 잘못되는 걸 피하고 싶은 것 같아요."

"잘못된다는 의미가 실패, 실수, 망하는 것, 큰 문제가 생길 것 같은 느낌… 모두 포함하는 개념인가요?"

"네, 전 문제 생기는 게 정말 싫어요."

"그럼 당신이 불안한 만큼 바라는 것도 있을 것 같아요."

"누군가 도와주었으면 좋겠어요. 어떻게 해야 할지 모르니까요."

"언제부터 누군가의 도움이 필요했던 걸까요?"

"어린 시절부터 그랬어요. 6살이었던 것 같아요. 부모님이 많이 싸우셨거든요. 그때 기억이 아직도 생생해요. 전 방에 들어가서 나오지 않고 동생은 울고… 어찌할 줄 몰랐던 일을요."

"그때 당신이, 6살 그 아이가 바란 건 무엇일까요?"

"누가 도와주었으면…."

"이러지도 저러지도 못하는 당신의 최근 모습과 비슷한가요?"

"많이 비슷해요."

"이렇게도 저렇게도 하지 않고 가만히 있는 편이 안전하겠군요. 누가 도와주길 바라면서 말이죠."

"네? 잘 이해가 안 되는데요?"

"생각해봅시다. 누가 도와주길 바란다면서요. 그럼 가만히 있어야죠. 내가 너무 잘하는 사람이고, 추진력이 좋은 사람이고, 강한 사람이라면 도움이 필요 없을 겁니다. 무엇이든 잘하는 용기 있는 사람에게 도움이 필요할까요?"

"아니요."

"그럼 불안에 감사하셔야 해요. 이러지도 저러지도 못해야 도움을 받을 만한 사람이 되니까요. 당당하면 도움을 못 받잖아요."

"그런 것 같아요. 도움받고 싶어요. 의지하고 싶고…."

"그리고 일이 잘못되는 걸 피하고 싶을 겁니다. 안전하고 싶을 겁니다. 그 6살 아이처럼…."

"네, 전 안전해지고 싶어요."

"그럼 아무것도 하지 않아야 해요. '가만히 있으면 중간은 간다'는 우스갯소리도 있잖아요. 내가 선택한 게 잘못되면 어떡합니까? 6살 아이는 부모님이 싸울 때 방 안에서 가만히 있어야 안전했을 겁니다. 그렇지요?"

"네."

"더욱이 어린 시절부터 있던 불안 때문에 좋은 남편도 만났습니다. 불안해하는 아내를 위해 헌신할 수 있는 사람이 나타났어요. 내가 만약 당당한 사람이라면, 의존하지 않고 결정도 잘하는 사람이라면, 그런 헌신적인 남편을 만날 수 있었을까요?"

"그렇지 않을 것 같아요."

"당신의 남편을 만나게 한 불안에 감사하지 않나요?"

"그 부분은 고마워요."

"맞아요. 당신의 불안한 마음, 이러지도 저러지도 못하는 마음에 감사하셔야 합니다. 덕분에 좋은 남편을 만났어요. 그래서 직장을 그만두고 싶은 마음도 들겠지요. 만약 경제적으로 어려운 남편을 만났다면, 무능한 남편을 만났다면 직장을 열심히 다녀야 하잖아요. 그렇지요?"

"그런 것 같기도 해요."

"이렇게 고마운 불안을 어떻게 포기할 수 있습니까? 불안하기에 잘 결정하지 못하면 남편에게 의존할 수 있어요. 직장을 다니지 않을 수도 있고요. 실패하지 않아도 됩니다. 선택하지 않으면 실패하지도 않으니까요. 그리고 당신이 바라는 도움도 얻을 수 있습니다. 말씀해보세요. 불안에 감사하지요?"

"네, 감사해요. 그런데 전 어떻게 해야 하나요? 불안한 건 너무 힘든데요."

"어떻게 하시겠습니까? 도움을 바라는 사람이 되고 싶으신가요, 아니면 당당한 사람이 되고 싶으신가요? 도움을 바란다면 부부싸움에 불안해하던 6살 어린아이로 사시면 됩니다. 몸은 성인이지만 행동은 6살 아이처럼 하면 되지요. 만약 당당하게 살고 싶다면 도움을 포기하세요. 끊으세요. 실패와 책임을 두려워하지 않는, 문제를 두려워하지 않는 사람이 되면 됩니다. 이건 선택의 문제입니다. 어떤 나를 선택하시겠습니까? 도움을 바라는 6살 아이입니까, 아니면 당당한 성인입니까?"

"조금 줄이는 건 안 될까요?"

"줄이는 건 불가능해요."

"하지만 도움을 바라지 않고 살 수는 없잖아요."

"그럼요. 인간이라면 자신의 한계를 벗어난 일들을 겪기 마련이니까요. 그러면서 성장하는 거죠. 6살 아이가 성인으로요. 성장이란 도움받지 않는 게 아닙니다. 아이는 쓰러지는 것을 두려워하지 않기에 걸음마를 뗍니다. 넘어지는 것을 두려워하지 않기에 달리기를 시작합니다. 실수조차 즐겁기에 공놀이를 시작하지요. 그러면서 성장합니다. 당신의 문제는 줄이고 안 줄이고가 아니에요. 6살 아이로 남아 있으려는, 그러면서 성장하지 않으려는 게 문제입니다. 업어주길 바라기에 걷길 무서워하고, 먹여주길 바라기에 숟가락질도 두려워하지요. 아무것도 못 하는 갓난아이로 점점 어려지고 싶은 겁니다. 누군가 구해줄 영웅이 나타나길 바라면서요."

"…"

"그런데 어떡하죠? 다 큰 어른을 양육해줄 영웅은 어디에도 없어요. 당신의 남편도 그냥 사람이지, 초능력자는 아니에요. 점점 지치고 힘들어질 겁니다. 그럼 당신의 남편은 누구에게 의지해야 하나요? 누구에게 도움을 구해야 하나요? 결국 도움을 구할 곳이 없는 남편은 어떤 아버지처럼 물건을 던질 수도 있어요. 당신을 배신할 수도 있고요. 힘들어지면 아이도 버리는 존재가 사람입니다. 그가 영웅이 아니라 사람이란 건 변함없는 진실입니다. 그리고 사람이라면 누구나 가치 있는 존재가 되고 싶어 하지요. 당신도 가치 있는 존재가 되고 싶다는 걸 전 알고 있습니다. 그것이 당신에게 더 많은 이득을 주기 때문이니까요. 선택하세요. 6살 어린아이로 어려지시겠습니까? 아니면 남편을 도울 수 있는 사람, 가치 있는 사람으로 성장하고 싶습니까? 미래는 당신의 선택에 달려 있습니다. 선택하세요."

도움을 끊을 때 나의 가치가 회복된다

인간은 어떤 문제에 부딪히면 자신만의 방법으로 수행하기 마련이다. 적극적으로 해결법을 찾는 사람도 있고, 안전을 선택하는 사람도 있다. 타인이 대신 해결해주길 기다리는 사람도 있다. 의존하는 것이다. 문제 해결을 전적으로 타인에게 의존하려는 방식을 '책임회피'라 한다.

책임회피는 자신의 과업을 의존하여 실현하려는 심리다. 대부분 여성에게 많이 보이며, 정신의학에서는 '의존성 인격장애'로 설명하기도 한다. 결정하지 못하고, 어떤 일이 생길 때마다 대신해달라고 매달린다. 작은 일이라도 발생하면 큰일 난 것처럼 요란해진다. 증상이 심해지면 집안일, 숙제, 일상적 업무를 수행하기를 포기한다. 마치 엄마에게 대신 산수 문제를 풀어달라고 조르는 아이처럼 말이다.

도움을 바란다면 자연스레 도움받아야 하는 이유를 찾기 마련이다. 따라서 자신이 못하는 이유, 부족한 이유 등을 끊임없이 찾는다. 환경, 상황, 주변 여건의 불합리함을 찾는다. 능력 부족, 상황의 부조리함 때문이라고 책임지지 못하는 이유를 찾는다. 실패할 이유를 찾고, 결정하지 못하는 이유를 찾는다. 그리고 결정하지 않는다. 책임지지 않고, 움직이지 않는다. 주변 사람들에게 끊임없이 자신의 상황을 '입'으로 호소한다. 조언을 구하고, 해법을 구한다. 하지만 '몸'은 움직이지 않는다. 자신의 과업을 대신 책임질 사람을 기다리면서 말이다.

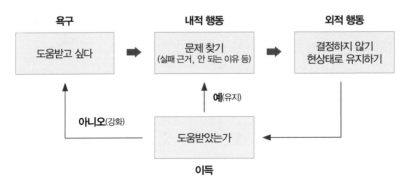

〈책임회피의 심리적 흐름과 이득〉

누군가의 도움을 받았다면, 상황이 자신이 원하는 쪽으로 흘러갔다면 다행이다. 하지만 그렇지 못한 경우도 있다. 그럴 땐 도움받으려는 마음을 더 강하게 먹는다. 자연스레 자신의 능력 부족, 상황의 불합리함, 도와주는 사람이 없다는 분노를 호소한다. 아무것도 하지 않고 '왜 도와주는 사람이 아무도 없어!'라며 주저앉아 울기만 한다.

사회적으로 가치 있는 사람이 되려는 것은 인간의 본성이다. 아이는 심부름을 하고 기뻐하는 엄마의 미소를 보며 성장한다. '나도 가치 있는 사람이구나'를 느낀다. 아빠를 보고 웃어주고, 아빠의 어깨와 뭉친 허리를 안마하고, 아빠의 기뻐하는 웃음을 들으며 자신의 가치를 느낀다. 식당에서 허드렛일을 하는 아주머니도 "잘 먹었습니다"라는 손님의 한마디에 가치를 느낀다. 몸은 고되고 버는 돈은 적지만 자신의 가치를 느낀다. 하다못해 개도 '집 지키느라 수고했다'는 주인의 손길에 자신의 가치를 느낄 것이다.

　도움만 바란다면 어떻게 자신의 가치를 찾을 수 있겠는가? 책임지지 않는다면 누구에게 가치 있는 사람이 될 수 있겠는가? 가치란 타인의 영향을 받으려는 노력에서 나타나지 않는다. 가치란 사회적으로 영향력을 행사할 때 나타난다. 결정장애가 있는가? 가치 있는 사람이 되어라. 가치 있는 사람이 되고 싶은가? 그렇다면 결정하고, 책임지고, 선택하고, 자신의 과업을 스스로 수행하라. 도움을 바라는 마음을 끊어라.

　자신의 과업을 누군가 대신해주길 바라는 사람은 영향력을 행사할 수 없다. 즉, 가치 없는 사람이 된다. 반대로 도움을 끊고, 책임을 즐기는 사람이 된다면 당신의 가치는 급격히 상승할 것이다. 선택은 각자의 몫이다.

역경 극복에 중독되어
있지는 않은가

내가 하는 상담의 상당수는 부부상담이다. 대부분은 아내 쪽에서 신청한다. 그리고 남편들은 끌려오기 마련이다. 죄인의 모습으로, 분노에 찬 모습으로, 도살장에 끌려오는 소처럼 상담소의 문을 연다. 그런데 이 상담은 그렇지 않았다.

"선생님, 남편에게 상담을 받자고 했어요. 그런데 기다렸다는 듯이 하자고 합니다. 최대한 빨리하자고 하는데요?"

남편은 아내와 함께 상담소를 찾았다. 아내는 수줍은 모습이었지만 남편은 그렇지 않았다. 악수를 제안하자 힘 있게 내 손을 잡았다. 부리부리한 눈빛은 자신감을 말했고, 넓은 어깨와 목은 자신의 힘을 과시하고 있었다. 같은 남자가 보더라도 멋진 남편이었다.

"보통의 남성들은 심리상담을 기피하기 마련입니다. 그런데 이렇게 상담을 받겠다고 하셔서, 우선 상담사인 제가 감사하다는 말씀부터 드립니다."

"그렇지 않습니다. 제가 죄를 지은 것도 아니고, 서로 더 좋은 방향으로 가자는 뜻 아니겠습니까."

참 멋진 남편이다. 대부분의 남성은 '하기 싫은데 억지로 한다'는 느낌을 의도적으로 보인다. 그는 그렇지 않았다. 이런 태도라면 상담의 목적이 분명하다는 의미다.

"아내분이 상담을 요청하셨을 때 흔쾌히 받자고 하셨다는데요. 어떤 목적이 있으신가요?"

"목적이라기보단 이건 부부 문제가 아닌 것 같아요. 우선 저부터 상담을 받고 싶단 생각이 들었어요. 제 아내는 참 좋은 사람입니다. 착하고, 집안 살림도 잘하고, 아이들도 잘 돌보죠. 아내에게 불만이 하나도 없어요. 만족스럽고요. 그런데 제 아내가 절 오해한다는 느낌이 들어요."

"오해란 어떤 의미인지요?"

"제가 요즘 사업이 많이 힘듭니다. 그렇다고 망할 정도는 아닌데, 중요한 일들이 많이 겹쳤어요. 스트레스를 받을 수밖에 없거든요. 그런데 그 모습을 아내가 견디지 못하는 것 같아요."

아내의 입장도 들어볼 필요가 있었다.

"제 남편이 힘든 건 알아요. 그런데 요즘 화를 너무 많이 내요. 견딜 수가 없어요. 무섭기도 하고, 어떻게 비위를 맞춰야 할지 모르겠어요. 남편이 스트레스받는 건 잘 알아요. 제가 평소 무리한 부탁을 하는 것도 아니고요. 그런데도 저에게 냉담한 반응을 보이는 걸 견딜 수 없습니다."

"냉담한 반응이란 어떤 행동입니까?"

"계속 인상을 쓰고 있고, 소리도 지르고."

"그럼 남편분이 인상을 쓰지 않고 소리를 지르지 않으면, 문제가 해결되었다고 할 수 있나요?"

"그러면 너무 편할 것 같아요. 이 사람은 다 좋은데 화만 내지 않았으면 좋겠어요."

서로의 이런 행동과 반응은 특별한 것이 아니다. 스트레스는 풍선의 바람과 같다. 스트레스가 쌓여 있으면 조금만 찔러도 뻥뻥 터진다. 강하게 찔렀기 때문이 아니다. 본인의 몸속에 스트레스가 터질 만큼 쌓였다는 의미다. 따라서 자주 분노한다면 내 몸에 쌓인 스트레스를 빼내야 한다. 그래야 찔려도 터지지 않는다.

그런데 옆에서 터지는 소리를 듣는 사람은 어떨까? 터지는 소리에 떨고, 터지는 소리에 울고, 언제 또 터질까 노심초사해야 한다. 이 부부가 딱 그런 경우였다.

"제 아내는 이게 문제입니다. 전 아무렇지 않다는데, 계속 옆에서 말을 걸어요. 그리고 제가 화를 내기라도 하면 왜 화를 내느냐고 싸움으로 이어집니다. 그런데 아내 때문에 화를 내는 건 아니거든요. 건드리지만 않으면 되는데, 자꾸 꼬치꼬치 물어보니까 싸움으로 이어져요."

"그럼 문제는 스트레스인가요?"

"네, 사실 그 문제 때문에 찾아왔어요. 제가 조금 더 참으면 될 것 같은데, 요즘 잘 참아지지가 않습니다. 이런 것도 상담으로 해결할 수 있습니까?"

"그럼요, 얼마든지 가능하죠."

"적당한 스트레스는 삶의 활력"이란 말이 있다. 이 주장은 생물학적 사실이다. 인간은 스트레스를 받으면 부신이라는 신체기관에서 코르티솔Cortisol 호르몬이 분비된다. 코르티솔 호르몬은 교감신경을 활발하게 한다. 심장박동을 힘 있게 하고, 근육에 힘을 준다. 마치 가벼운 운동 중인 상태가 된다. 따라서 몸에 활력이 돈다.

그런데 문제는 '적당한 스트레스'를 넘어설 때다. 과도한 스트레스를 받으면 과도한 코르티솔이 분비된다. 심장이 과도하게 박동하고 고혈압으로 이어진다. 근육엔 과도한 힘이 들어간다. 만성 근육통과 만성 통증으로 이어진다.

늘 '적당히'가 어렵다. 식사도 적당하게 하면 좋은데, 폭식하는 사람들이 있다. 술도 적당히 마시면 좋은데, 알코올 중독자가 있다. 사람도 적당히 만나면 좋은데 관계 중독자가 있고, 운동도 적당히 하면 좋은데 운동 중독자가 있다. 커피도 적당히 마시면 좋은데, 카페인 중독자가 있다. 약도 적당히 먹으면 좋은데, 약물 중독자가 있다. 스트레스도 그렇다. 적당한 스트레스는 활력이지만, 스트레스에 중독된 사람들도 있다.

모든 중독엔 이득이 따르기 마련이다. 그리고 모든 중독은 공통된 이득을 지니고 있다. 바로 '쾌감'이다. 스트레스 중독도 같다. 쉬운 게임보다 어려운 게임을 완수했을 때 더 재미있다. 쉬운 수학문제보다 어려운 수학문제를 풀었을 때, 단거리를 완주했을 때보다 마라톤을 완주했을 때 더 재미있다. 낮은 언덕을 오를 때보다 높은 산을 정복했을 때 더 짜릿하다. 스트레스 상황을 이기고 승리했을 때 성공의 기쁨도 크다. 상황의 유용성과 목적의 효과를 떠나서 더 강하고, 더 어렵고, 더 무거운 스트레스를 이겨냈을 때 쾌감은 더 높다.

아내와의 상담은 잠시 뒤로 미뤄두고 남편과 개인상담을 시작했다. 그는 사업가이며, 마흔을 바라보는 나이였다. 한창 일을 많이 할 때였다. 사업가는 스트레스도 많이 받는 직업이다. 그렇다고 스트레스를 상황에 따른 결과만으로 보아선 안 된다. 분명한 개인차가 있다. 모든 사업가가 그처럼 화병을 안고 있는 것은 아니니까. 그가 어떤 스트레스를 받고 있고, 스트레스가 어떤 영향을 주고 있는지 확인할 차례다.

"스트레스는 무언가가 힘들다는 의미거든요. 현재 상황에서 가장 힘든 일은 무엇인가요?"

"아무래도 일이지요. 선생님도 상담사이자 사업가잖아요? 그래서 제 고충을 충분히 아실 거라고 생각되네요."

"물론 저 또한 힘들 때가 있습니다. 자금 회전이 어렵거나, 일이 많거나, 몸이 따라주지 않아서 힘들 때도 있죠. 상담이 없으면 없는 대로 고민이고, 많으면 많은 대로 고민입니다. 남편분은 어떨 때 가장 스트레스를 받으시나요?"

"잘 모르겠어요. 솔직히 무엇 때문이라고 정의할 수는 없는 것 같아요."

"그럼 스트레스의 역사를 들어보았으면 합니다. 스트레스, 당신에게 언제부터 있었나요? 원래 있었을 것 같습니까, 아니면 태어나서 생긴 것 같습니까?"

"태어나서 생긴 것 같아요. 어릴 땐 세상 물정 모르는 아이였던 게 기억나거든요."

"그럼 초등학교 입학을 기준으로 과거에 생긴 것 같습니까, 미래에 생긴 것 같습니까?"

"이야기하다 보니 초등학교 때 일이 기억나네요. 부모님 일이었어요. 그전까지 참 화목한 가정이었거든요. 아버진 큰 사업은 아니지만 건실한 사업가였고요. 그런데 하루아침에 사업이 망하는 걸 보았습니다. 집에 딱지가 붙고, 어머니는 저와 제 동생을 데리고 피신하시고… 그러다 달동네로 이사를 갔어요. 단칸방에서 네 식구가 살았습니다. 그때 부모님에 대한 생각이 많이 바뀌었어요. 부정적인 생각은 아닙니다. 오히려 그때 상황을 이겨낸 부모님이 더 존경스럽다는 생각이 들었거든요. 빚이 엄청나게 많았는데, 부모님이 악착같이 갚으셨어요. 3년 만에 다 갚은 것으로 기억합니다."

"대단하네요."

"정말 대단한 분들이었어요. 전 엄두도 낼 수 없는 일을 해내셨다니까요. 빚을 다 갚고 다시 사업을 시작하셨어요. 다시 큰 집으로 이사를 가고 편하게 살았습니다."

"그때 초등학생 아이였던 당신은 어떤 생각을 했나요? 부모님의 모습을 보면서요."

"지금도 그래요. 망해선 안 된다는 생각이 들어요. 부모님께서 정말 애쓰시는 모습을 보았거든요. 달동네에서 악착같이 일하고, 저와 제 동생을 밤늦은 시간에도 돌보던 어머니가 기억나요. 만약 돈이 많았다면, 그리고 망하지 않았다면 부모님께서 그렇게 힘들지 않으셨을 것 같아요."

"절대 망해선 안 된다는 신념이 생겼겠네요."

"맞아요. 그런데 고생을 많이 하셔서 그런지 어머니는 젊은 나이에 돌아가셨어요. 칠순밖에 안 되던 연세였으니까요. 어느 날 갑자기 쓰러지셨어요. 아버지도 이듬해 돌아가셨고요. 금슬이 참 좋으셨는데, 어머니를 보내고 아버지께서 많이 외로우셨던 것 같아요."

그렇게 당당하던 그도 누군가의 아들인가 보다. 돌아가신 부모님을 떠올리니 눈물을 흘렸다. 해드리지 못한 효도를 자책하는 것일 수도 있고, 그리움일 수도 있다. 원망은 없어 보였다. 그는 부모님의 좋은 모습을 많이 닮은 것 같았다. 당당함과 강한 체력, 추진력, 자신의 잘못도 시원하게 인정하는 태도, 아내를 사랑하는 마음도 부모님에게서 유전된 것으로 보였다. 자녀는 부모의 많은 것을 닮는다.

"망해선 안 된다는 신념은 당신의 삶에 어떤 영향을 주었나요?"

"글쎄요, 무척 열심히 살았어요. 성격이 그래서 그런지 몰라도 직장 생활은 오래 하지 못했어요. 제가 하고 싶은 일을 마음껏 하지 못한다는 느낌이 들었거든요. 그래서 직장을 그만두고 서른도 안 되는 나이에 사업을 시작했습니다."

"망한다, 이 말을 들으면 어떤 생각이나 기분이 드나요?"

"끔찍하게 싫어요."

"망하는 데 대한 극도의 알레르기가 있으시군요."

"네."

"망하는 것에 대한 두려움과 스트레스… 관련이 있을까요?"

"큰 관련이 있는 것 같아요."

"어쩌면 당신이 해결하고 싶다던 스트레스는 좋은 것 아닐까요?"

"예?"

"생각해봅시다. 스트레스는 망하는 것에 대한 두려움입니다. 그렇죠? 망하는 것이 끔찍하게 싫기에 더 열심히 일하셨을 겁니다. 당신이 누구보다 열심히 일해왔다는 걸 알고 있습니다. 망하는 것이 너무나 싫기 때문이죠. 그렇다면 스트레스는 열심히 하려는 당신의 노력입니다. 만약 스트레스를 포기해야 한다면, 망하는 것에 대한 두려움도 포기해야 하고 그럼 열심히 하지 않을 수도 있습니다. 당신은 나태해지는 것을 싫어하시잖아요. 망할 수도 있으니까요. 그럼 스트레스에 얼마나 감사한 일입니까? 당신에게 '성공해라!'라고 채찍질하고 있으니까요."

"그러고 보니 그렇군요."

"스트레스에 감사하지요?"

"정말 감사하네요."

"그런데 이 감사한 스트레스를 어떻게 포기할 수 있겠습니까? 망하는 것에 대한 두려움을 어떻게 포기할 수 있습니까? 당신에게 이런 도움을 주는데 말이죠. 그냥 이렇게 두려움을 안고 사는 건 어떤가요?"

그는 오른편 아래로 고개를 떨어트리고 입술을 깨물고 있었다. 그는 깊이 생각하는 중이었다. 무슨 생각을 하는 것일까? 보통 이 시점이 되면 자신의 미래를 선택하기 마련이다. 스트레스와 두려움을 안고 살아갈지, 아니면 변화된 모습으로 미래를 살지 말이다.

"선생님, 그런데 모든 사람이 망하는 것을 두려워하는 건 아니지 않습니까?"

"그렇지요! 이제 새로운 대화를 시작해야겠군요. 그럼 몇 가지 행동 패턴을 확인해봅시다. 혹시 불만스러운 일, 부족한 점을 찾는 습관이 있지 않으신가요?"

"집에서는 그렇지 않은데 직장에선 조금 그래요. 특히 직원들이 하는 일에 그런 것 같기도 하고…."

"거래처와 일할 때는 어떤가요?"

"거래처에 불만을 가지진 않아요. 그런데 제가 제공하는 제품이나 서비스가 부족한 것은 싫어요. 그래서 늘 완벽하게 하려고 합니다."

"완벽하려 애쓰시는군요. 난 절대 망해선 안 된다고 생각하시니까요."

"맞아요."

"그래서 스트레스를 더 받는 겁니다. 계속 망할 수 있는 증거를 찾으실 거예요. 그리고 그 증거를 통제하고, 조종하고, 보완하려 하겠지요. 남들은 그냥 넘어갈 수도 있는 일인데, 끊임없이 증거를 찾으실 겁니다. 그래야 완벽할 수 있고, 완벽해야만 성공할 수 있고, 완벽해야만 망하지 않을 수 있으니까요. 그렇지요?"

"맞아요."

"이건 실패에 중독되었다고 볼 수밖에 없어요. 당신에게 성공이란 '망하는 상황의 회피'거든요. 그래서 계속 실패의 증거, 망하는 증거, 부족한 증거를 찾고, 찾은 증거를 회피하려 애쓰실 겁니다. 그런데 생각해봅시다. 이 방법이 성공에 얼마나 효과적일까요? 영웅은 될 수 있지만 완벽하게 성공하긴 어려운 방법이에요."

"그럼 어떻게 해야 합니까?"

"진리는 우리 곁에 늘 있었습니다. 공자님이 말씀하셨어요. '지지자불여호지자 知之者不如好之者, 호지자불여락지자 好之者不如樂之者'라고요. 아는 사람은 그것을 좋아하는 사람만 못하고, 좋아하는 사람은 즐기는 사람만 못한 법이지요. 참 쉬운 이야기입니다. 초등학생 때부터 들어왔던 이야기니까요. 그리고 이해하기 쉽다는 건 실천하기 쉽다는 의미일 수도 있습니다."

"그게 말은 쉬운데 어떻게 해야 할지 모르겠어요."

"실패에 대한 두려움, 망하는 것에 대한 두려움을 포기할 수 있으신가요? 그렇다면 완벽하지 않은 사람이 될 위험이 있고, 성공하려 애쓰지 않을 수도 있습니다. 하지만 당신에겐 새로운 마음이 생기지요. 바로 '즐기는 자'가 되는 겁니다. 성공하려 애쓰는 사람이 아니라, 즐기는 사람이 되는 거지요. 그럼 당연히 성공할 수밖에 없습니다. 좋아하는 운동 있으세요?"

"테니스요."

"생각해봅시다. 테니스에 푹 빠진 사람치고 못 치는 사람 없습니다. 게임에 푹 빠진 사람치고 게임 못 하는 사람 없어요. 공부에 푹 빠진 학생이 결국 1등 합니다. 그 아이는 1등이 아니라도 서운해하지 않을 겁니다. 공부 그 자체가 좋거든요. 그리고 먼 미래엔 결국 공부를 좋아하는 학생이 성공하겠지요. 자녀가 있으실 겁니다. 당신의 자녀가 공부를 좋아하면 좋겠습니까, 아니면 스트레스받아가며 1등 하기 위해 애쓰는 학생이면 좋겠습니까?"

"꼭 1등은 아니라도 공부를 좋아했으면…."

"맞습니다. 그럼 아이는 아빠의 어떤 모습을 바라고 있을까요? 스트레스받는 아빠, 아니면 일을 즐기고 일을 컴퓨터 게임이나 테니스처럼 생각하는 아빠? 어느 쪽일까요?"

"당연히 후자겠지요."

"그럼 이제 선택합시다. 성공하려 애쓰는 마음을 포기할 수 있나요? 실패의 두려움, 망하는 것에 대한 두려움을 포기할 수 있나요? 그래야 그 자리에 '즐기는 마음'이 들어올 수 있습니다. 그래야 사업이 마치 게임이나 테니스처럼 즐거울 겁니다. 선택하세요. 사업을 두렵게 하실 겁니까, 아니면 즐겁게 하실 겁니까?"

노력을 포기해야 가는 길이 즐겁다

이런 사례를 자세하게 풀어놓은 한 권의 책이 있다. 10년 전 대한민국에 센세이션을 일으켰던 《노는 만큼 성공한다》(김정운 지음)다. 2016년 1월, 저자 김정운 박사는 한국일보와의 인터뷰에서 다음과 같이 말했다.

"한국인은 역경을 딛고 영웅담을 들려주는 것에 중독되어 있다."

한국 사람들은 성공을 노력의 산물이라 여긴다. 하지만 그렇지 않다. 성공이란 노는 만큼 이룰 수 있는 것이다. 김정운 박사의 주장은 일하지 말고 놀라는 이야기가 아니다. 성공하려 노력하는 것이 아니라, 일이 놀이처럼 즐거워야 한다는 주장이다. 이 주장을 수천 년 전 중국에서는 이렇게 말했다.

"공자 왈, 지지자불여호지자知之者不如好之者, 호지자불여락지자好之者不如樂 之者라."

명쾌하고 명확한 법칙임에도 실행은 쉽지 않다. '실패해선 안 된다'는 신념 때문이다. 실패하지 않음이 성공은 아니다. 쓰러짐이 있기에 일어설 수 있는 것이며, 쓰러졌기에 쓰러지지 않는 법을 배울 수도 있다. 하지만 많은 사람들은 성공에 가까워지기 위해 실패의 불안감을 안고 살아간다. 성공의 도구로 실패의 불안감을 사용하는 것이다. 이들의 성공법칙은 '성공=실패 극복'이다.

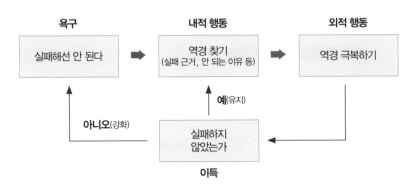

〈역경 극복의 심리적 흐름과 이득〉

이들은 성공하기 위해 실패해선 안 된다는 강한 신념을 지니고 있다. 그래서 역경을 찾아 나선다. 실패할 수밖에 없는 이유를 찾고, 안 되는 이유를 찾는다. 그리고 이를 극복하려 한다. 역경을 딛고 일어서면 '실패하지 않음'이란 나름 긍정적인 결과가 도출된다. 그리고 성공과 조금은 가까워질 수 있다.

역경을 극복하지 못했다면 욕구와 신념을 강화하는 결과로 이어진다. 실패해선 안 된다는 신념을 강화하고 강화된 신념만큼 역경을 더 많이, 더 강하게 찾는다. 그리고 더욱더 극복하려 애쓴다. 악순환의 연속이 돌고 돌면, 몸과 마음은 한계에 다다른다. 한계를 넘어서게 되면 숨이 차고, 심장이 조이며, 팔다리에 힘이 풀리고, 졸도로 이어지기도 한다. 죽을 것 같은 두려움이 엄습한다. 이런 증상을 두고 '공황장애'라고 한다.

성공하고 싶은가? 그렇다면 역경을 극복해야 한다는, 실패해선 안된다는 신념을 버려라. 그리고 역경, 실패나 딛고 일어서야 하는 상황보다 즐거움을 찾아라. 이제껏 실패의 원인만을 찾았다면, 이제는 내 일이 즐겁고 재미있는 이유를 찾아보라. 내 일이 놀이인 이유를 찾아보라. 당신은 알고 있다. 누가 억지로 시켜서 한 일은 아니지 않은가? 하기 싫은 일을 억지로 하는 것은 아니지 않은가? 당신이 선택했고, 당신이 즐기기에 지금 그 일을 하는 것이다. 그 일이 즐겁기에 성공하고 싶은 것이다. 성공하고 싶은가? 그렇다면 이젠 당신이 애써 숨겼던 즐거움을 찾길 바란다.

역경을 극복하는 데 중독되었다면, 이제는 일을 즐기고 과정을 즐기는 데 중독되었으면 한다. 억지로 즐거운 일을 찾아 진로를 바꾸란 이야기가 아니다. 지금 하고 있는 일을, 지금 서 있는 그 자리의 과업을 놀이처럼 즐기란 말이다.

당신이 좋아하는 것은 무엇인가? 운동을 좋아하는가? 그렇다면 일을 운동처럼 바라보라. 음악을 좋아하는가? 그럼 일을 오케스트라의 연주로 바라보라. 게임을 좋아하는가? 그렇다면 일을 게임처럼 바라보라. 그리고 그 일과 신나게 놀면 된다. 당신의 일과 노는 만큼 성공할 수 있다.

도전하지 않으면
실패할 일도 없다

나는 소리에 무척 예민하다. 특히 사람들의 대화 소리에 유달리 예민하다. 상담사란 직업이 날 예민하게 만들었는지, 아니면 나의 기질이 상담사란 직업을 택하게 했는지는 모르겠다. 이렇거나 저렇거나 내 귀가 예민하다는 것만은 사실이다.

전철을 타면 유난히 수다스러운 사람이 있기 마련이다. 그래서 대중교통을 이용할 때면 주변의 대화에 귀 기울이지 않기 위해 귀에 이어폰을 꽂곤 한다. 하지만 나도 사람인지라 이어폰을 잊을 때가 있다. 그러면 주변의 대화를 그대로 들어야 한다. 그날도 그랬다. 전철을 타고 약속 장소로 향하는 길이었다. 20대 중반으로 보이는 두 남성의 수다가 들렸다.

"우리나라엔 자아실현이란 없어. 그냥 살아야 해. 그리고 공무원이 최고야. 대기업도 안정되지 못하잖아. 지금 ○○직렬 준비하고 있는데, 경쟁률이 높아서 직렬을 바꿔보려고."

"그럼 자아실현은 어떻게 해야 하는데?"

"취미로 해야지. ○○형이 하는 얘기 못 들었어? 합격하고 취미로 즐겨야 한다고 하잖아. 우리나라에서 신분 상승하는 건 있을 수 없는 일이고, 그런 거 꿈꾸면 더 힘들기만 하다고."

"그렇구나. 하… 나도 빨리 서류접수 해야겠다."

수저계급론이 유행인 사회다. 이들은 자신들이 흙수저로 태어났고, 흙수저로 살아갈 수밖에 없음을 시위하는 듯했다. 주변 사람들의 시선도 의식하지 않고, 아니 오히려 주변 사람들에게 더 알리고 있었다. 당당한 목소리로 말이다. 자신의 처지를 호소하는 그들의 대화에선 힘도 느껴졌다.

그런데 우리나라에서 자아실현을 할 수 없다는 것을 어떻게 아는 걸까? 그리고 자아실현을 포기한 사람들이 왜 공무원을 준비해야 할까? 나라의 행정을 책임지는 무거운 자리를 자아실현의 도피처로 활용해선 안 된다. 그들에게 질문하고 싶었다. "우리나라에서 자아실현이 안 된다는 걸 어떻게 압니까? 누구의 주장인가요? 흙수저로 자아실현한 사람은 단 한 명도 없나요?"라고 말이다.

나에게 상담을 받았던 20대 후반의 그도 공무원을 준비하고 있었다. 그는 만성 무기력과 자신감 부족으로 상담을 요청했다. 온라인 게임에 빠져 시험공부를 못 한다고 호소도 했다.

"언제부터 무기력했나요? 원래 그랬던 것 같습니까, 아니면 어떤 사건 이후에 무기력해진 것 같습니까?"

"저번 시험에서 떨어졌어요. 이번이 두 번째 도전이거든요. 그런데 계속 무기력해서 공부를 할 수가 없어요."

"혹시 공무원이 되기 싫거나, 시험을 보기 싫은 마음이 있나요?"

"네. 시험에 또 떨어지는 것이 싫기도 하고, 이 길이 제가 원하는 길은 아닌 것 같아요."

"무기력이 도와주고 있네요. 아예 시험을 치르지 못하면 시험에서 떨어질 위험도 없지요. 그리고 공무원이 되지 않을 수도 있으니까요. 시험에 떨어진 핑계를 무기력이란 '병'으로 돌릴 수 있어요. 그런가요?"

"네, 솔직히 그런 생각을 많이 했어요."

실패를 실패라고 여긴다면, 노력해도 결과가 나오지 않는다면 분명히 부정적 정서가 있다. 그에게는 시험에 떨어지는 데 대한 두려움, 그리고 근본적으로 공무원에 대한 부정적 정서가 있었다. 무엇이 문제일까?

"살아온 이야기를 좀 해주세요. 당신의 무기력에 대한 역사를 들어보고 싶습니다."

"부모님은 경제적으로 많이 힘드셨어요. 아버지가 많은 노력을 하셨고, 작은 사업을 하셨습니다. 지금은 아버지께서 이뤄놓은 것들 때문에 많이 편해졌어요. 어머니와 아버진 부부싸움도 많이 하셨는데, 지금 생각하면 돈 때문인 것 같아요. 학창시절에도 경제적인 상황이 좋지 않았어요. 동생들은 그나마 편하게 생활했을 거예요. 전 첫째라 그 과정을 모두 경험했거든요."

"그 과정이란 것이 어떤 의미지요?"

"경제적으로 힘들었던 일들이요. 부모님은 돈 문제로 심하게 싸우셨어요. 아버지는 계속 일만 하고, 어머니는 아버지의 빈자리가 힘드셨을 거예요. 그래서 어머니가 우울증도 심하게 앓으셨던 것 같아요. 약을 드신 적도 있으니까요."

"부모님의 불화, 어머니의 우울증이 경제적 문제 때문이라고 생각하시는 겁니까?"

"꼭 그렇지는 않지만 큰 원인은 맞는 것 같아요."

"그런데 그런 일들이 공무원 시험을 준비하는 것과는 어떤 관련이 있을까요?"

"어머니는 제가 안정적인 직업을 가지길 원하셨어요. 아버지가 자주 직업을 바꾸고 사업에 실패하셨으니…."

"지금 두 분은 어떻게 지내시나요?"

"어머니는 몇 년 전에 암으로 돌아가셨어요. 제가 대학교를 졸업할 무렵이었으니까 3, 4년 전이네요."

"그런 일이 있었군요. 그런데 지금 수험생이잖아요. 경제적으로 힘들 것 같은데, 어떻게 해결하시나요?"

"아버지가 지원해주세요."

"아르바이트를 하거나, 다른 직업을 구해볼 생각은 안 하셨나요?"

"하려고 했지요. 그런데 시험공부 하기도 벅차고…."

"네, 그럴 수 있습니다. 그럼 진로 이야기는 뒤로 미뤄두고, 우선 본인의 무기력에 대한 이야기를 깊게 나눠보지요."

이런 식의 진로라면 본인의 의지가 아니다. 어머니의 유언을 따른다고 볼 수 있다. 진로 수정이 이루어져야 한다. 그렇지 않으면 공무원이 되기 싫은 마음에 계속 무기력이 찾을 것이다.

"낙방하는 건 누구나 싫습니다. 당신은 시험에 떨어지는 게 얼마나 싫지요? 0은 담담한 정도이고, 10은 죽을 만큼 싫은 정도라면?"

"9, 10? 그 정도 싫은 것 같아요."

"실패, 이 단어를 들으면 어떤 기분이 드나요?"

"너무 싫어요."

"실패를 싫어하는 정도와 시험에 떨어지기 싫은 정도가 관련이 있나요?"

"있는 것 같아요. 비슷해요."

"당신은 실패에 대한 알레르기가 무척 큰 것 같아요. 실패란 성공으로 가는 과정 중에 당연히 일어나는 일인데, 무엇 때문에 그렇게 싫을까요? 언제부터 실패가 그렇게 싫었나요?"

"생각해보니까, 초등학교 때 선생님에게 심하게 맞은 적이 있어요. 그때 이후인 것 같아요."

"뭘 크게 잘못한 것이 있습니까?"

"아니요. 지금 생각해도 잘 이해가 안 되는 부분이에요. 친구들하고 싸움을 했어요. 그런데 제 잘못도 있겠지만, 그 친구가 일방적으로 절 괴롭혔거든요. 그런데 저만 혼내셨어요. 그 친구는 혼내지 않고요. 친구들이 다 보는 앞에서 절 불러서 때리는데… 도저히 이해할 수 없는 일입니다."

"그때 초등학생이었던 당신은 어떤 생각을 했나요?"

"나서면 안 된다는 생각을 했어요. 선생님에게 계속 괴롭힘을 당했죠. 같은 반 아이들을 혼내도 절 유난히 더 심하게 때렸고, 유난히 더 미워하셨어요. 그래서 최대한 나서지 않으려고 했어요."

"나서면 안 되는 신념과 실패의 두려움과는 어떤 관련이 있지요?"

"나서지 않으면 혼나지도 않을 거니까…"

"도전하거나 열심히 하면 안 되겠네요. 그럼 혼날 수 있잖아요. 그래서 안전한 방향을 선택하신 겁니다. 실패할 확률이 적은 곳으로 말이죠. 그런데 저번 시험에서 떨어졌으니, 더 하향된 곳을 찾고 계실지도 모르겠네요."

"최근에 이런 생각을 하기도 했어요. 일용직을 찾을까 하는 생각이요."

많은 자기개발서와 자기개발 강사들은 말한다. 도전하고, 자신을 믿고, 자신의 욕구를 실현하라고 말이다. 맞는 주장이다. 하지만 반만 맞다. 그처럼 성장 과정에서 트라우마가 있는 사람은 도전이 쉽지 않다. 그의 뇌 속엔 '도전=혼나는 일, 실패하는 일'이란 프로그램이 설치되어 있다. 그도 사람이며, 사람이라면 안전한 것을 찾기 마련이다. 그는 안전하기 위해 도전을 회피하고, 자신의 욕구를 감추고 살아야만 했다. 자신의 능력과 욕구보다 하향된 삶은 안전함을 선물한다.

능력이 있음에도 실천하지 않는 사람, 자신의 재능을 감추는 사람, 경제활동이나 자아실현을 숨기는 사람, 자신의 능력보다 하향지원하며 살아가는 사람들은 그와 비슷하다고 볼 수 있다. 자신의 욕구를 드러낼 때 밟히고, 자신의 욕구를 실천할 때 혼나고, 자신의 능력을 발휘했을 때 거절당하면, 이들에게 자아실현은 에덴동산 판타지로 보일 뿐이다.

"당신은 무기력에 감사할 필요가 있어요."

"왜요? 전 무기력이 싫은데요."

"물론 싫지요. 하지만 무기력은 당신에게 무척이나 긍정적이에요. 생각해보세요. 실패하는 게 너무 싫죠? 비난받는 것도 너무 싫고요?"

"네, 끔찍하게 싫어요."

"그럼 무기력 뒤에 숨을 수 있잖아요. 무기력하게 있다면 도전하지도 않고 실천하지도 않으니, 그렇게 싫어하는 비난과 실패를 회피할 수 있잖아요. 나서서 욕먹느니 차라리 숨어 있으면 안전하지 않습니까?"

"그건 그러네요."

"현재 아버지가 경제적 지원을 해주신다면서요. 이 또한 얼마나 감사한 일입니까? 본인이 에너지가 펄펄 넘치는 사람이 되었다고 상상해보세요. 그럼 아버지께 경제적 지원을 받을까요? 아니요. 내가 에너지가 넘치는 사람이라면 일을 찾아서 했겠지요."

"그럴 수도 있을 것 같아요."

"그리고 공무원이 되라는 건 어머니의 유언과 같아요. 그런데 어머니의 유언을 지키지 않으면 안 되잖아요. 하기 싫어도 끝까지 붙잡고 있어야 돌아가신 어머니께 미안하지 않을 수 있잖아요. 합격하든 그렇지 않든 말이죠."

"…"

"하기 싫은 일을 붙잡고 있으면 당연히 무기력해집니다. 당신도 사람이니까요. 그런데 당신의 무기력이 하기 싫은 일을 붙잡을 수 있게 도와주고 있어요. 열정적인 사람이라면 시험공부는 당장 때려치우고 다른 일을 했을 거예요. 하지만 무기력하기에 다른 일에 도전할 자신감도 없고, 그러기에 어머니의 유언을 따를 수밖에요. 그래서 더 무기력해지고… 마치 '뫼비우스의 띠'처럼 말이지요."

"인정합니다."

"그리고 어머니는 돌아가셨는데, 열정적으로 사는 것도 미안하지 않습니까? 애도 기간을 충분히 가지고 돌아가신 어머니를 그리워해야 하잖아요. 내가 무기력하게 있어야 좋은 아들로 남을 수 있는데요."

"그러고 보니, 제 동생들은 어머니가 돌아가셔도 밝게 잘 지내더라고요. 그런 모습에 화가 났던 적이 있어요."

"무기력은 사실 당신이 원하는 것을 이뤄주고 있어요. 당신에게 필요한 증상입니다. 그런데 당신을 위한 무기력을 어떻게 포기할 수 있나요."

"하지만 전 너무 힘들어요. 할 수 있는 것도 없고, 제 삶을 살고 싶어요."

"그럼 누군가 당신을 비난하는 것도 담담하게 받아들일 수 있나요? '너는 욕해라. 나는 내 방식대로 살아가겠다'라면서요."

"그렇게 되고 싶어요."

"그럼 실패하는 것도 담담하게 받아들일 수 있으시겠어요? 실패를 마치 핸드폰 게임에서 졌을 때처럼 가볍게 느끼는 겁니다."

"그럼 정말 좋을 것 같아요."

"가슴 속에 품고 있는 어머니도 보내드릴 수 있고요? 하늘에 계신 어머니에게 어떤 모습을 보여드리고 싶나요?"

"보내드리고 싶어요. 이젠 제 삶을 살고 싶어요."

"당신의 욕구와 능력을 펼치고 살아간다면 무척 험난할 수도 있어요. 당신이 좋아하던 그 게임 속 캐릭터처럼 말이죠. 그 캐릭터처럼 넘어지고 쓰러지기도 할 겁니다. 하지만 그 길이 당신이 좋아하는 온라인 게임처럼 느껴진다면 얼마나 재미있을까요? 또 도전하고, 더 멀리 가고 싶을 겁니다. 만렙을 찍고, 좋아하는 아이템을 획득하기 위해 계속 쓰러질 겁니다. 그 쓰러짐이 즐겁다는 건 당신은 알 수 있습니다. 그 실패가 즐겁다는 걸 당신은 알고 있습니다. 왜냐하면 당신은 그것이 즐겁기에 게임을 했잖아요. 그리고 오랜 시간 노력하고, 오랜 시간 결과가 나오지 않고, 오랜 시간 기다려도 즐거워질 위험이 있어요. 게임을 잘하려면 게임에 중독되어야 하는 것처럼, 당신의 삶을 살기 시작하면 당신의 삶에 중독될 위험도 있습니다. 그래도 괜찮으세요? 무기력을 포기하고, 당신의 모험을 떠나고, 당신의 길에 중독되는 것 말입니다."

"하… 제가 꿈꾸던 삶입니다. 당장 그렇게 되고 싶어요. 제가 그렇게 될 수 있을까요?"

"그럼요. 당신이 원하는 만큼 당신의 레벨은 올라갈 겁니다."

안전함을 포기해야 나의 길이 열린다

자신의 능력보다 낮은 선택을 하는 사람들이 있다. 일류 대학에 입학할 수 있는데 이류 대학에 진학한다. 수도권 대학에 진학할 수 있는데 지방대에 진학한다. 행정고시에 합격할 수 있음에도 9급 공무원 시험을 준비한다. 대기업에 입사할 수 있어도 중소기업에 입사한다. 그럼 안전하게 합격할 수 있지 않은가.

이런 태도는 이성을 만날 때도 영향을 준다. 자신보다 재정 형편이 좋지 않은 사람을 만난다. 자신보다 학력과 능력이 뒤떨어지는 사람을 만난다. 예쁘고 잘생긴 사람을 선택하기보다 자신의 외적 우월감을 확인할 수 있는 사람을 만난다. 내가 사랑하는 사람보다 나를 지독하게 쫓아다니는 사람을 만난다. 그러면 안전할 수 있다. 이성이 나를 필요로 하기에 실패 확률은 줄어든다.

그렇다고 이들에게 높은 곳에 대한 욕구가 없는 것도 아니다. 하늘을 나는 꿈을 꾸기에 인간이지 않은가? 이들도 인간이기에 높은 곳에 대한 열망이 있다. 억압하고 있을 뿐이다. 억압된 열망은 히스테리, 분노, 욕구불만, 만성피로 등으로 나타난다. 세상이 자신의 가치를 잘 모른다고 불평한다. 이들도 힘들겠지만 이를 받아주는 주변 사람도 힘들다. 이들의 삶은 안전을 선택하기에 불만도 함께 따른다.

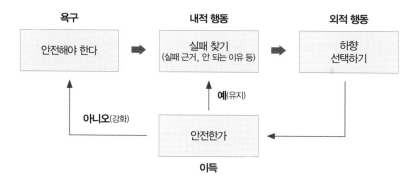

〈하향 선택의 심리적 흐름과 이득〉

안전한 삶을 얻으려면 상대적으로 불안전함을 회피해야 한다. 따라서 도전에 실패할 이유, 성공할 수 없는 이유 등을 찾게 된다. 그리고 자신의 역량보다 낮은 선택을 한다. 만약 그 선택이 안전하다면 다행이다. 하지만 세상일이 내 뜻대로만 돌아가는 것은 아니다. 안전하지 않은 경우도 발생한다. 돌발 상황도 발생하기 마련이다. 그럼 이들은 자신의 습성대로 더 낮은 곳을 찾는다. 그리고 이렇게 말한다.

"제가 얼마나 더 낮은 곳으로 가야 실패하지 않을 수 있나요?"

"제가 얼마나 더 포기해야 안전할 수 있나요?"

"제가 얼마나 더 부족한 사람을 만나야 배신당하지 않을 수 있나요?"

그런데 생각해보자. 안전해야 한다는 신념이 안전에 얼마나 도움이 될까? 놀이터에서 뛰어노는 아이들을 보자. 미끄럼틀에서 떨어질 위험을 생각하며 놀 수 있을까? 없다. 아이들은 놀이터를 '안전한 곳'이라 여기지 '안전해야 할 곳'이라 여기지 않는다.

안전해야 할 곳, 위험한 곳이라 여기는 순간 몸은 긴장된다. 다리와 손목에 힘이 들어가고, 행동은 부자연스러워진다. 사고의 위험도 커진다. 자칫 넘어지기라도 하면 미끄럼틀에서 시소로, 시소에서 모래밭으로 내려와야 한다. 모래밭에서도 다친다면 이제 아이는 갈 곳이 없어진다. 더 안전한 곳은 없다. 아이는 평생 놀이터에서도 놀지 못하는 불안전한 아이로 살아가야 한다.

안전해야 한다는 신념은 '난 안전하지 못하다'는 동전의 뒷면이다. 안전해야 한다는 신념은 자신을 안전하지 못하다고 여기는 태도다. 스스로 안전하지 못하다고 여긴다면, 안전하지 못한 이유들만 확인된다.

그리고 실제 안전하지 못한 사람으로 살아가야 한다.

안전하고 안정된 삶을 원하는가? 그렇다면 거꾸로 안전해야 한다는 신념을 끊어라. 중독된 안전주의를 끊어내라. 그리고 스스로를 안전한 사람으로 대해야 한다. '안전해야 하는 사람'이 아니라 '안전한 사람' 말이다. 작은 실패에도 다치지 않는다면 안전한 사람이다. 큰 실패도 쉽게 딛고 일어서고, 좌절과 역경에도 피 흘리지 않는다면 안전한 사람이다. 상처받지 않는 사람, 쓰러지지 않는 사람, 상처받고 쓰러져도 쉽게 일어서는 사람이 안전한 사람이다. 안전한 사람은 강한 사람이다.

안전하고 안정된 사람을 원하는가? 그렇다면 강자가 되어라. 안전함을 포기하고, 하향된 습관을 끊어내고, 강함을 선택하라. 내가 나를 그렇게 여기고, 내가 나를 그렇게 대하면 된다. 필사즉생必死卽生. 이순신 장군의 좌우명이다. 반드시 죽고자 하면 살 것이다. 죽음도 두려워하지 않는 강력함이 생존을 유지하는 안전함으로 이어진다. 안전은 유약한 회피가 아니라, 강력한 내공의 결과다.

마음과 다른 행동이 주는
이득은 무엇인가?

나의 상담은 크게 두 단계로 이루어진다. 첫 번째 단계에선 증상을 정의하고, 증상이 주는 이득과 원인을 확인한다. 이 책에 수록된 대부분 내용은 첫 번째 단계의 상담 과정이다. 두 번째 단계에서 실질적으로 증상을 치유한다. 이때 NLP, 최면, 시간선 치료 등 각종 치유기법을 동원한다.

실질적인 치유 단계에선 내담자의 트라우마, 정체성, 잠재능력 등이 밝혀지기 마련이다. 트라우마는 당연히 치유해야 할 대상이다. 치유 과정에서 확인된 내담자의 정체성과 잠재능력은 좋은 동력원이 된다. 통찰이 이루어진 정체성은 그들의 미래를 안내하는 나침반으로 사용된다.

앞에서 소개한 그 또한 그랬다. 첫째 단계의 상담 과정에서 말하지 못한 각종 트라우마가 있었다. 무기력과 자신감을 부족하게 하는 각종 부정적 정서를 제거했다. 그리고 그의 정체성 또한 확인되었다. 그는 간절하게 사업적 성공을 바라던 사람이었다. 제2의 이병철 회장을 꿈꾸던 사람이었다. 그런데 그는 공무원 시험을 준비하고 있었다. 시험 준비가 잘되지 않는 것은 당연한 결과다. 그와 두 번째 상담을 시작했다.

"한 주 어떻게 지내셨습니까? 상담 이후 마음은 어떠신가요?"

"잘 모르겠어요. 외롭다거나 공허한 느낌은 확실히 줄었어요. 그런데 무기력한 느낌은 그대로인 것 같아요. 그래서 오늘 선생님을 다시 뵙는 게 맞는 일인지 고민하기도 했습니다."

많은 사람이 그렇다. 특히 무언가를 회피하고자 하는 욕구가 강한 사람들은 상담사를 다시 찾기 두려워한다. 이들은 보통 두 가지를 의심한다. 첫째가 상담 효과에 대한 의구심이다. 간절하게 변하고 싶기에 더 효과적인 방법을 찾게 된다. 첫 번 상담의 효과가 작다고 느껴진다면, 다른 상담사를 고려한다. 둘째가 저항이다. 우리의 모든 마음은 우리의 것이고, 우리를 위해 일하고 있다. 따라서 어떤 증상이든 나름대로 이득이 있기 마련이다. 이 이득을 포기할 수 없을 때 상담을 포기한다. '전 최면이 안 되는 사람 같습니다' 같은 각종 핑계를 대면서 말이다.

이런 심리는 꼭 심리상담의 경우에만 적용되는 것은 아니다. 헬스클럽 회원권을 구매하고 찾지 않는 경우, 온라인 강의를 등록하고 듣지 않는 경우, 영양제를 사고 꾸준히 먹지 않는 경우, 러닝머신을 구매하고 빨래 건조대로 활용하는 경우도 비슷한 심리다. 변화보다 현실에 안주하는 것이 편하지 않은가. 변화에는 노력이 따르지 않는가. 변화를 위해선 무언가를 포기해야 하지 않는가. 이득을 포기할 수 없다면, 변화된 미래도 없다.

"당연히 아직도 무기력한 기분이 있겠지요."

"예?"

"지금 무엇을 준비하고 있죠?"

"공무원이요⋯."

"간절히 하고 싶으세요?"

"네, 시험 준비도 오래 했고 딱히 뭘 해야 할지도 모르겠고요."

"정말 간절히 공무원이 되고 싶으세요?"

"네."

"만약 공무원이 되었다고 생각해봅시다. 그럼 당신은 행복할까요?"

"그건 잘 모르겠어요."

"저번 상담에서 당신의 정체성을 확인했습니다. 당신은 어떤 사람이지요?"

"사업가요."

"사업가로 성공하는 것과 공무원이 되는 것 중에 당신 마음대로 선택할 수 있다면, 어떤 쪽이 더 즐거울까요?"

"당연히 사업가죠."

"지금 체육 특기생이 하기 싫은 수학공부를 억지로 하는 것과 무엇이 다릅니까? 하기 싫은 일을 억지로 붙잡고 있으니 당연히 무기력하지요."

상담을 받는 대다수의 사람들은 직업이 있다. 그리고 그들의 증상 원인을 확인하면, 일을 회피하려는 마음도 확인된다. 일하기 싫은 마음이 만성 통증, 무기력, 우울감, 분노, 불안으로 표출되곤 한다. 가기 싫은 곳에 억지로 가는 것 또한 고문 아니겠는가? 이때 해결법은 두 가지다. 원인이 무엇이든 하기 싫은 일이라도 즐겁게 받아들이거나, 아니면 자신의 정체성을 찾고 정체성대로 사는 것이다.

"어떻게 하고 싶습니까? 길은 두 가지가 있어요. 당신의 정체성을 포기하고 공무원 시험을 게임처럼 즐기는 겁니다. 물론 그 길에는 손해가 따르겠지요. 맞지 않는 옷을 억지로 입는 느낌이 들 겁니다. 그런 옷이라도 만족하며 입고 있는 것도 방법이겠죠. 다른 길은 당신의 정체성대로 사업가의 꿈을 펼치는 겁니다. 이 길에도 위험은 있어요. 실패도 있고 좌절도 있을 겁니다. 하지만 당신이 원하는 길이기에 잘 맞는 옷을 입고 사는, 마치 맞춤 정장을 입고 있다는 느낌이 들 겁니다. 어디로 가시겠습니까?"

그는 고민하는 모습을 보였다. 눈동자를 좌우로 심하게 움직이고 있었고, 시선은 외부가 아니라 자신 쪽으로 향했다. 밖이 아니라 안을 보고 있었다. 이럴 땐 대답을 기다리는 것이 그를 돕는 것이다. 그가 한참을 망설이다 입을 열었다.

"정말 제가 하고 싶은 일을 할 수 있을까요?"

"하고 싶다면 무엇이든 도와드릴 겁니다. 어떤 길로 가고 싶으세요?"

"사실 사업가가 되고 싶어요. 하지만 어떻게 해야 할지 모르겠습니다."

방법을 모를 때는 성공사례를 따라 하는 것도 큰 도움이 된다. 이를 모델링Modeling이라 부른다. 모델링은 다양한 분야에 적용할 수 있다. 발표를 잘하고 싶을 때는 최고의 강연자를 따라 하면 된다. 그의 말투, 행동, 그가 말하려는 주제 등을 따라 하다 보면 어느 순간 그와 비슷한 능력이 나타난다. 노래를 잘하고 싶다면 모창을 많이 해야 한다. 외국어를 잘하는 가장 빠른 방법은 영화 대사를 통째로 외우고 따라 하는 것이다. 성대모사 하듯 말이다. 모델링은 성공의 좋은 도구다.

"직장인이 퇴직 후 자영업을 하면 대부분 망하지요? 왜 그런지 아세요?"

"잘 모르겠습니다."

"돈을 벌어본 경험이 없어서 그래요. 회사에서 나오는 월급을 받는 건 직접 돈을 번 것은 아니지요. 직접 돈을 버는 경험을 해야 해요. 우선 그런 일을 찾아야 합니다. 제 주변에 성공한 사업가 몇 분이 계세요. 그들이 처음 시작한 일은 영업이었어요. 고객을 만나고, 홍보하고, 계약하고, 수금하는 과정을 몸으로 익힌 분들이죠. 영업인들은 회사 내에서 일하더라도 한 명의 사업자처럼 일합니다."

"그런 일을 해보고 싶었어요. 예전에 아르바이트로 판매를 한 적이 있는데 잘한다는 소리도 많이 들었어요."

"그것 보세요. 당신에겐 이미 재능이 있어요. 이제 보고 배우는 길이 남았네요. 우선 당신의 전공과 관련된 기업에 영업사원으로 입사하세요. 그리고 성공한 영업인을 따라 하세요. 지금 막연하게 영업을 하라고 하면 어떻게 해야 할지 모를 겁니다. 그래서 성공한 선배를 따라 하는 과정이 필요합니다. 우선 그들을 따라 하세요. 또한 회사가 어떻게 돌아가고 있고 회사가 어떻게 돈을 버는지 보고 배우세요. 마지막에 구체적으로 '무엇'을 해야겠다는 확신이 서면, 보고 배운 대로 따라 하면 됩니다. 어떻게 회사를 운영하는지 본 것을 따라 하세요. 그럼 거창한 경영학이론도 무색할 정도의 실전 파이터가 되어 있을 겁니다."

"무슨 말씀인지 조금 이해가 됩니다."

"문제는 그 길을 향한 간절함이에요. 정말 그 길로 나아가고 싶으세요?"

"네, 정말 하고 싶어요."

"좋아요! 그럼 목표는 설정되었네요. 이제 그 길에 있는 장애물을 제거합시다."

그와 목표를 이루기 위한 대화를 시작했다. 사업가라는 목적지를 정해놓고, 할 수 없는 이유나 목표를 방해하는 요인을 찾는 대화였다. 그는 자신의 목표를 방해하는 몇 가지 장애물을 찾아냈다. 우선 조금 남아 있는 무기력이었다. 그리고 발표 불안이 있다고 했다. 발표 불안이 있다면 사업가가 되는 데 지장을 줄 수 있다. 제안과 설득의 과정은 사업의 필수 아닌가. 그리고 치유 과정에서 창의성에 대한 압박감도 발견되었다. 이 세 가지를 모두 해결하고, 최면 중인 그에게 질문했다.

"10년 뒤 미래에 있는 당신에게 질문합니다. 자, 당신은 어떻게 했기에 그 목표를 이루었나요?"

"규칙을 깨는 아이디어를 많이 냈어요."

보통 규칙 깨기를 좋아하는 사람들에게 사업가의 자질이 보인다. 제도를 찾고, 규칙을 찾고, 법의 테두리에서 안정을 취하려는 사람이 어떻게 사업을 할 수 있겠는가? 이런 그가 공무원이 되려 했다니 힘들었을 것이다. 그와 대화를 이어갔다.

"아이디어를 낸 것으로 만족했나요, 아니면 아이디어를 어떻게 했나요?"

"많이 모아두었어요. 아이디어 노트를 만들어서요."

"질보다는 양으로 승부하시는군요. 좋은 자세입니다. 원래 창의성이란 질보다 양으로 승부해야 합니다. 많은 아이디어를 내는 과정에서 보석이 나타나기도 하고, 작은 보석들을 합쳐 큰 보석으로 만들기도 하거든요. 좋습니다. 그럼 그 아이디어를 어떻게 실행하셨습니까?"

"대회에 출품하기도 하고, 직접 제작하기도 하고….'

"계속 도전하시는군요."

"네."

"그 과정이 힘들진 않으셨나요?"

"아니요, 즐거워요. 재미있고요."

자신의 길이 즐겁다고 말한다면 상담사의 임무는 종료된 것이다. 즐겁게 무언가에 빠진 사람에게는 응원도 방해일 수 있다. 즐기는 사람에게 가장 큰 응원은 즐기도록 두는 것이다. 넘어지는 과정도 즐겁다면, 그 과정에서 자연스럽게 학습할 것이다. 실패는 교훈이 될 것이다. 이제 내 몫은 끝났다. 그의 성공을 마음속으로 응원하는 일만 남았다.

그와 상담을 마치고 몇 개월이 흘렀다. 그런데 그에게 전화가 걸려왔다. 상담은 잘 끝났는데 그에게 무슨 새로운 일이 있는 것일까? 조금은 긴장된 마음으로 전화를 받았다.

"선생님, 다름이 아니고 제 여자친구 문제로 상담을 받고 싶어서요."

"애인이 생기셨군요. 그런데 무슨 문제로 상담을 받고 싶으신가요?"

"제가 받으려는 게 아니고, 여자친구가 받고 싶어 하네요. 어머니 문제로 많이 힘들다고요."

"아, 전 본인에게 문제가 생긴 줄 알았네요. ○○씨는 어떻게 지내십니까?"

"전 잘 지내고 있어요. 지금 취업해서 기술영업을 하고 있습니다. 딱 제 적성에 맞아요. 너무 만족스럽습니다. 이젠 하고 싶은 일 하면서 살려고요. 상담 이후 느낀 점이 많습니다."

인간은 자신의 정체성대로 살아야 한다. 그렇지 않으면 힘들다. 체격보다 작은 옷을 억지로 끼워 입는 고통이 따른다. 나는 무엇을 나눌 때 가장 즐거운가? 어떻게 사회적 가치를 나눌 수 있는가? 정체성이란 이런 것이다. 사회의 요구를 맹목적으로 따르는 것이 아니다. 내가 사회를 위해 나눌 수 있고, 내가 사회의 가치를 높이는 일, 그리고 그런 모습. 나는 사회에 무엇을 나눌 때 즐거운지 떠올려보자. 그러면 의외로 쉽게 '난 누구인가?'에 대한 답을 찾을 수 있다.

"당신이 이번 생에 태어난 목적은 무엇입니까?"

목표를 결정하고 장애물을 제거하라

목표는 목표가 있을 때 이룰 수 있다. 자신의 역량과 한계에 맞추어 가야 할 길의 장애물을 회피하려 살아간다면 목표를 찾을 수 없다. 목표를 이루려면 우선 명확한 목표부터 설정해야 한다. 목표를 이루는 효과적인 방법은 구체적인 목표를 세우는 것에서 시작한다.

우선 구체적인 목표를 설정한다. 1년 뒤 자신의 모습을 그려보라. 막연한 모습이 아니다. 아주 구체적인 모습이다. 1년 뒤 난 어디에 있는가? 그 장소에서 무엇을 하고 있는가? 그 일을 하고 있을 때 기분은 어떤가? 그 일을 어떻게 하고 있는가? 주변엔 누가 있는가? 그들의 반응은 어떤가?

목표는 정량적으로 파악할 수 있어야 한다. 구체적인 숫자로 표현하라. 시험 합격 또는 승진이 목표라면 구체적인 날짜를 정하라. 돈을 버는 것이 목표라면 구체적인 금액을 정하라. 인기를 끄는 것이 목표라면 팬클럽 회원 수를 설정하라. 구체적이면 구체적일수록 좋다.

목표를 설정했으면 다음으로 이루지 못하는 이유를 찾을 필요가 있다. 장애물을 제거해야 한다. 가족의 불화가 생기는 것은 아닌지, 체력적으로 한계가 있는 것은 아닌지, 나의 기질이 목표를 따라가지 못하는 것은 아닌지, 상황상 가능한 일인지, 수락되는 환경인지 등을 찾아야 한다.

장애물을 찾았다면 그것들을 꼼꼼하게 확인해보라. 장애물은 '실패의 이득'을 준다. 실패하면 가정의 화목을 지킬 수 있다. 건강을 지킬 수도 있다. 편안함을 줄 수도 있다. 환경과 상황에 순응하여 불화를 막을 수도 있다. 득실을 따져야 목표를 이룰 가능성이 높아진다. 가는 길이 즐거워야 한다. 즐겁지 않다면 성공의 걸림돌이 될 수 있다.

장애물이 주는 '실패의 이득'을 모두 포기할 수 없는가? 그렇다면 목표를 수정해야 한다. 현실적으로 불가능한 목표가 된다. 포기 못 하는 이득이 있을 때는 과감하게 목표를 수정하라. 그리고 수정된 목표에 따라 다시 장애물을 확인해보고, 실패의 이득을 따져볼 필요가 있다.

장애물이 주는 실패의 이득을 모두 포기할 수 있는가? 그렇다면 목표를 이룰 준비가 된 것이다. 이제 세부적인 계획을 수립하라. 시간을 쪼개고, 일을 분리하고, 단계를 설정하라. 세분된 세부목표를 세워라. 세부목표에는 장애물을 뛰어넘을 계획도 포함되어야 한다. 그리고 세부목표를 하나씩 하나씩 실행하면 된다. 성공은 작은 실행들과 시간이 해결해줄 것이다.

할 수 없었다면,
하기 싫었던 것이다

　　　　　　다음 과정은 '시간선 치료'라 불리는 변화 작업이다. 시간선 치료는 부정적 정서, 제한적 신념 등을 드라마틱하게 변화시킨다. 또한 변화의 과정을 함축적으로 설명한다. 몇 가지 사례를 통해 부정적 정서의 이득과 변화를 설명하고자 한다.

돈은 싸움입니다

"지금 경제적 상황이 너무 좋지 않아요. 아이들 유치원비도 빌려서 내고 있어요. 남편은 아직도 밖으로 돌고 있고 생활비를 주지 않습니다. 그런데 돌이켜보면 제 문제도 조금은 있는 것 같아요. 모아둔 돈이 하나도 없거든요. 이럴 줄 알았다면 잘 모아두었어야 하는데….”

"그래요, 이해합니다. 이제 눈을 감아보세요. 그리고 깊게 호흡합니다. 들여 마시고, 편안하게 내쉬세요. 그리고 더 편안하게 본인 호흡으로 돌아갑니다. 떠오르는 대로 말씀해보세요. 본인 느낌대로요. 돈,

어떤 느낌이 듭니까?"

"싫어요…. 제 것이 아닌 것 같아요."

"그래서 주머니에 돈이 하나도 없군요. 내 것이 아닌데 어떻게 모아 둘 수 있겠어요. 이제 느낌대로 대답하시면 됩니다. 돈에 대한 부정적인 정서가 발생한 최초 상황을 찾아봅시다. 돈에 대한 부정적인 정서는 출생을 기점으로 과거에 생긴 것 같습니까, 미래에 생긴 것 같습니까?"

"미래요."

"그럼 초등학교 입학을 기준으로 과거에 생긴 것 같나요, 미래에 생긴 것 같나요?"

"과거에요. 6살? 그쯤인 것 같아요."

"좋습니다. 6살 때로 가보세요. 그리고 떠오르는 장소를 말씀해보세요. 지금 어디에 있습니까?"

"외갓집이요."

"어떤 일이 일어나고 있죠?"

"어른들이 싸워요. 전 그걸 지켜보면서 울고 있어요. 돈 때문에 싸우는 것 같아요."

"그럼 당신에겐 '돈=싸움'이 되겠네요."

"네, 그래서 매일 돈 때문에 싸우고 돈 때문에 힘들었어요."

"그 상황이 어떻게 느껴지시죠?"

"지옥 같아요."

"좋아요. 하늘로 날아오르세요. 그리고 그 상황을 내려보세요. 그럼 작게 보일 겁니다. 그렇죠? 그리고 하늘로 더 높게 날아오르세요. 비행기 높이만큼 날아오르세요. 더 높게 날아오릅니다. 아래를 보면 이제 우리나라가 다 보일 정도로 높이 올랐을 겁니다. 이제 우주까지 날아오르세요. 그리고 지구가 점처럼 작아질 때까지 날아오르세요. 자, 이제 아래에 무엇이 보이죠?"

"점이요."

"그 상황은 안 보이겠네요."

"네."

"그럼 지옥 같은 느낌도 보이지 않고, 돈은 싸움이라는 신념도 보이지 않겠네요. 느껴지지도 않고요."

"네, 안 보여요. 느껴지지도 않아요."

"이제 그 위치에서 호흡하세요. 우주의 시원한 에너지와 태양의 따뜻한 에너지를 온몸 가득 들여 마십니다. 가슴 가득히 들여 마시고 편안하게 내쉬세요. 편안하시죠? 좋습니다. 그럼 떠오르는 대로 이야기해보세요. 돈, 어떻게 벌면 될까요? 어떻게 하면 부자가 될 수 있을까요?"

"제가 잘하는 걸 자신 있게 하면 돼요. 하려는 일이 있는데 머뭇거리고 있었거든요. 자신 있게 하면 될 것 같아요. 그리고 적은 돈을 잘 모아야 해요. 허투루 새지 않게요. 가계부도 쓰면서 적은 돈을 잘 관리하면 되겠어요."

"지금 돈에 대한 부정적인 정서가 있나요?"

"아니요, 없어요."

"하지만 '자신 있는 일을 하면 된다'와 '적은 돈을 잘 관리한다'는 교훈을 깨달았습니다. 그 교훈을 가지고 과거 1년 전 우주 상공으로 이동

할게요. 5살 우주 상공으로 갑니다. 5살 우주에 도착했다면 6살 사건을 바라보세요. 그 사건이 보이나요?"

"아니요, 보이지 않아요."

"그렇죠? 이렇게 높이, 이렇게 과거로 왔는데 보일 수가 없지요. 그럼 돈에 관한 부정적인 정서, 그 사건에 대한 부정적인 정서도 보이지 않겠네요? 하지만 조금 전에 깨달은 교훈은 남아 있을 겁니다. 그렇죠?"

"네, 부정적인 정서는 느껴지지 않아요. 하지만 교훈은 기억나요."

"좋습니다. 그 교훈을 가지고 6살 사건 속으로 들어가면, 그 장면이 다르게 느껴지거나 다르게 보일 겁니다. 다시 그 사건 속으로 들어갑니다. 하나, 둘, 셋."

"편안해요. 그냥 이야기를 나누시는 것 같아요. 편안하게 느껴져요."

"떠오르는 대로 대답하세요. 돈, 어떤 느낌이 드나요?"

"좋아하는 일을 하고, 잘 관리하면 돼요."

"이제 그 신념을 가지고 미래로 가보지요. 당신이 원하는 결과를 얻은 미래를 떠올려보세요. 지금부터 얼마 후인가요? 그리고 어떤 모습이 떠오릅니까?"

"3달 후? 조그마한 가게를 냈어요. 빚은 다 갚았네요. 사업도 잘되는 것 같고요."

"어떻게 했기에 그렇게 되었습니까? 3달 만에요."

"자신 있게 했어요. 제가 좋아하는 일이니까요. 그래서 손님들도 만족하는 것 같아요. 돈 관리도 더 철저히 했어요. 네, 그렇게 했어요."

'돈=싸움'이란 무의식적 신념이 그녀를 지배해왔다. 그래서 돈 때문에 싸우고, 돈 때문에 의가 상하고, 돈 때문에 힘들어했다. 돈은 싸움이기에 가지고 있으면 안 되었다. 돈은 다 써버려야 했다. 그래야 싸우지 않을 것 아닌가. 상담을 받기 전까지 돈은 그녀에게 악이었다. 그렇다면 가난함의 이득은 무엇인가? 가난은 싸움을 회피하는 수단이었다.

'즐거운 일=돈'으로 신념이 바뀌고, '부유함=적은 돈 관리'로 신념이 바뀌자 무엇이 함께 바뀌었는가? 그녀에게 돈은 즐겁고, 편안하고, 즐거운 일이 되었다. 신념은 능력을 만들고, 능력은 행동을 결정하고, 행동은 상황을 만든다. 미래는 그녀의 신념이 결정할 것이다. "돈은 즐거워요"라는 웃음과 함께 말이다.

전 망할지도 몰라요

"사업가로 참 열심히 사셨어요. 무척 애쓰신 것 같습니다. 눈을 감아보세요. 그리고 편하게 호흡해보세요. 성공, 성공, 성공. 어떤 생각이나 느낌이 드나요?"

"답답한 느낌이 조금 있고, 열심히 해야 할 것 같아요."

"열심히 하지 않으면 어떻게 될까요?"

"망하겠죠."

"그럼 당신에게 성공이란 '망할 수 있다. 그래서 열심히 해야 한다'로군요."

"맞아요."

"성공과 관련된 부정적 정서, 망하는 것과 관련된 사건을 찾아봅시다. 떠오르는 대로 말씀하세요. 출생을 기준으로 망하는 것과 관련된 정서가 과거에 있나요, 미래에 있나요?"

"미래에 있어요. 초등학교 입학할 때 같아요."

"어느 장소에 누구와 함께 있나요?"

"집이에요. 어머니, 아버지와 함께 있어요."

"어떤 일이 일어나고 있지요?"

"어머니가 아버지에게 심하게 뭐라고 하세요. 아버지 사업이 망했거든요. 그래서 어머니가 아버지를 구박하고 있어요. 아버지는 아무 말도 못 하고… 고개를 숙이시고…."

"그 사건을 접하니 어떤 기분, 어떤 생각이 떠오르나요?"

"참참해요. 난 망하면 안 된다. 아버지처럼 그렇게 될 수 있으니까요."

"이제 하늘로 올라가 그 사건을 보세요. 8살 나의 모습이 작게 보일 겁니다. 더 높이 올라갑니다. 대한민국 전체가 보일 때까지 올라가세요. 지구가 주먹만 해지고, 지구가 점처럼 작아집니다. 그리고 점을 내려다보세요. 자, 그 위치에서 호흡하세요. 편안함을 느껴보는 겁니다. 이제 그 사건이 보이나요?"

"아니요, 보이지 않아요."

"그럼 '망하면 안 된다'는 신념도 보이지 않겠네요?"

"네."

"그 위치에서 떠오르는 대로 대답하세요. 난 어떻게 하면 성공할 수 있을까요?"

"함께… 함께하면 돼요."

"구체적으로 어떤 행동을 말하나요?"

"직장에선 직원들도 잘되게 도와주고, 집에선 아내와 아이들이 잘되게 도와주면 돼요."

"그럼 망하지 않을까요?"

"잘 모르겠지만 그럴 것 같아요. 힘을 합치면…."

"좋습니다. 그 교훈을 가지고 과거 1년 전 상공으로 이동합니다. 7살 우주 상공으로 가는 겁니다. 지금 8살 때의 그 사건이 보이나요? 그리고 '망하면 안 된다'란 신념이 보이나요?"

"아니요, 안 보여요."

"하지만 '함께하면 성공한다'는 교훈은 느껴질 겁니다. 그 교훈을 가지고 다시 8살 그 사건 속으로 들어갑니다. 하나, 둘, 셋. 떠오르는 대로 이야기하세요."

"잘 모르겠어요. 그냥 밥 먹고 있는 것 같기도 하고…."

"이제 미래 방향으로 갈 겁니다. 지금 상담이 끝난 후 미래로 날아가는 겁니다. 그리고 당신의 모습을 떠올려보세요."

"직원들에게 보너스를 주고 있어요. 사업체도 무척 커졌어요."

"오, 무엇 때문에 사업체가 그렇게 커졌죠? 어떻게 사업체를 운영하셨나요?"

"직원들을 잘 챙겨주었어요. 다들 열심히 한 것 같아요. 가족과 함께하는 시간도 많이 보내니, 아내가 집안일에 신경 쓰지 않도록 절 더 편하게 해주었어요."

"성공, 성공. 떠오르는 대로 대답해보세요. 어떤 생각이 드나요?"

"함께하면 이뤄지는 것. 그리고 즐거워요."

이제 그에게 성공은 열심히 해야 하는 일이 아니다. 그에게 성공은 '함께하면 이뤄지는 것'이다. 그가 가진 부정적 정서의 이득은 무엇이었을까? 부정적 정서는 망하지 않게 도와주고 있었다. 더 열심히 하도록 도와주고 있었다. 하지만 효과적이지 못하다. 아는 자는 좋아하는 자를 이기지 못하고, 좋아하는 자는 즐기는 자를 이기지 못하지 않는가.

돈을 많이 벌면 가족이 붕괴됩니다

"전 솔직히 돈이 두려워요. 돈을 많이 벌면 아내와 사이가 안 좋아질 것 같아요. 이성적으론 아니라는 걸 알아요. 하지만 왜 그런지 몰라도 돈을 많이 벌면 안 될 것 같다는 생각이 막연하게 있어요."

"그럼 궁핍함은 가정을 지키는 당신의 수단입니다. 궁핍함을 포기하면 아내분과 사이가 안 좋아질 수도 있을 것 같은데요?"

"그렇진 않을 것 같아요. 오히려 지금 경제적으로 힘드니 더 사이가 안 좋아졌어요. 예전에 사업이 잘될 때는 그나마 좋았거든요."

"좋아요. 그럼 눈을 감아보세요. 호흡하시고요. 편안하게… 몸을 편안하게 이완합니다. 머리도 편안하고 어깨, 팔, 가슴, 복부, 허리도 편안해집니다. 다리까지 편안해지는 것을 느껴보세요. 당신의 무의식은 당신을 도와주고 있기에, 당신의 무의식은 답을 알고 있습니다. 당신의 무의식이 말해주는 대로 따라가시면 됩니다. 떠오르는 대로 대답하세요. 돈과 관련된 부정적인 정서가 출생을 기준으로 과거에 있습니까, 아니면 미래에 있습니까?"

"과거에요."

"그럼 태아 때 생긴 것 같나요, 아니면 그전부터 있었던 것 같나요?"

"엄마 뱃속에서 생긴 것 같아요. 막연하게 그래요."

"엄마 뱃속의 체온을 느껴보세요. 따뜻할 수도 있고, 차가울 수도 있습니다. 밝기도 떠올려보세요. 어두울 수도 있고, 밝을 수도 있어요. 소리도 들어보시죠. 어머니가 지금 무엇을 하고 있는지 들어보고 떠올려보세요."

"아! 아버지와 어머니가 싸우고 있어요. 아버지가 어머니에게 심하게 욕을 하는 것 같아요. 많이 무서워요."

"좋습니다. 조금 멀리 떨어지세요. 그 장면을 100m 뒤로 물러나서 바라보세요. 조금 편안해지셨죠? 그 위치에서 설명해주세요. 그 사건과 돈은 어떤 관련이 있나요?"

"어머니가 장사를 해서 돈을 잘 버셨어요. 그런데 아버지가 어머니에게 바람을 피운다고 오해하세요."

"그래서 돈을 많이 벌면 어떻게 될 것 같나요?"

"가족이 오해하고… 서로 싸워요."

"그렇군요. 하늘 위로 올라가서 그 사건을 바라보세요. 대한민국 전체가 보일 때까지 높이 올라가세요. 그리고 우주까지 올라갑니다. 그 사건이 완전히 사라질 때까지 올라가세요. 이제 호흡합니다. 편안하게 들이쉬고 내쉽니다. 다시 한 번 들이쉬고 내쉬세요."

"그 위치에서 그 사건이 보이나요? 그리고 '돈 때문에 가족이 싸운다'는 신념이 보이나요?"

"아니요, 보이지도 느껴지지도 않아요."

"좋습니다. 그럼 이제 떠오르는 대로 대답합니다. 돈, 어떻게 하면 벌수 있나요? 또는 가족을 지키면서 부자가 될 방법이 있을까요?"

"자랑하면 안 돼요. 그리고 남을 도우면서 벌면 될 것 같아요."

"좋습니다. 그 교훈을 간직하고, 과거 10년 전 상공으로 이동합니다. 더 멀리, 더 위로 올라가세요. 어머니 뱃속에 들어오기 전 우주 상공이에요. 이제 조금 전에 말한 사건을 바라보세요. 보이나요?"

"아니요, 보이지 않아요."

"그럼 부정적인 정서나 신념도 없을 겁니다. 그렇지요?"

"네."

"하지만 조금 전에 '남을 도우면서 벌면 된다'는 교훈을 깨달았어요. 그 교훈을 가지고 다시 그 사건 속으로 내려갑니다. 지금 내려가세요. 떠오르는 대로 말씀해주세요. 어떤 일이 있나요?"

"음… 잘 모르겠어요. 그냥 어머니와 아버지가 웃고 있는 것 같아요."

"이제 현재 시점부터 미래로 날아가 보세요. 당신의 어떤 모습이 떠오릅니까?"

"내년인 것 같아요. 매장을 확장했고, 직원 수도 많이 늘었어요."

"어떻게 했기에 그렇게 사업이 커졌나요?"

"손님들을 편안하게 해줬어요. 실질적으로 도움이 되는 걸 제안하고… 직원들을 많이 위해줬어요."

"가정은 어떻게 되지요?"

"집도 편안해요. 제가 집안일을 많이 도와주니까 아내가 좋아하고요."

"돈, 떠오르는 대로 대답해보세요. 어떤 생각이 듭니까?"

"좋아요. 이젠 편안해요. 잘될 것 같다는 생각이 들어요."

성공은 피곤한 일입니다

나는 직업 특성상 기업과 단체에서 강연할 기회가 잦다. 그리고 강연 자리에서 각종 공포증, 부정적 정서, 알레르기, 제한적 신념에 대해 공개 치유를 하곤 한다. 많은 설명보다 실제 변화의 과정을 보여주는 것이 더 생생하니까 말이다.

그날 강연은 스타트업 기업, 1인 기업, 프리랜서 등을 대상으로 지역에서 주최했다. 주제는 '성공'이었다. 강연을 마친 후 공개 치유 희망자를 받았다. 젊은 기업인이 빠르게 번쩍 손을 들었다. 무대로 올라온 그는 이렇게 말했다.

"전 참 게으릅니다. 일을 자꾸 미뤄요. 일이 쌓인다는 걸 알면서도 움직이지 않아요. 그래서 일부러라도 더 움직이려고 장소를 바꿔가며 일하기도 합니다. 그런데 게으른 건 어쩔 수 없는 것 같아요."

"게으름을 해결하고 싶으시군요. 그럼 게으름은 성공과 어떤 관련이 있나요?"

"잘 모르겠어요. 그런데 일할 생각만 해도 피곤이 몰려와요."

"혹시 '몸 편하게 살고 싶다'고 생각하시나요?"

"네. 편하게 쉬는 걸 좋아하고, 귀찮은 일을 싫어하기도 해요."

"그럼 성공하려면 몸이 불편해질 수도 있는데 괜찮으세요?"

"차라리 그랬으면 좋겠어요. 너무 편하게 사는 것 같아 걱정이에요."

"좋습니다. 눈을 감으시고요."

일련의 과정을 거쳐 최초 사건을 찾았다. 직장 생활을 시작한 때라고 했다. 유능한 팀장을 따라갈 수 없었다고 그는 푸념했다.

"힘들었어요. 하아, 그때 생각만 하면… 너무 힘들었어요. 건물 옥상에 벤치가 있었거든요. 그 벤치에 앉아 담배 피우는 게 낙이었어요."

"좋습니다. 성공, 어떤 느낌이 떠오르지요?"

"힘들고 피곤하고…."

"그래서 당신은 성공하고 싶은 마음이 들 때마다 피곤도 함께 몰려오는군요. 당신의 신념은 '성공=피곤'이니까요."

"아, 맞아요. 그래서 일을 뒤로 미루고 하기 싫어해요."

"그럼 하늘로 올라가 그 상황을 내려보세요."

하나의 상황을 백이면 백 모두 같은 시각으로 보는 것은 아니다. 사람마다 모두 다르게 바라보고, 다르게 느끼고, 다르게 생각한다. 그 상황 속에 있다면 1인칭으로 느껴질 것이다. 앞의 상황 속에서 팀장이 된다면 2인칭 시점으로 보일 것이다. 팀장의 입장으로 자신을 보는 것이다. 영화를 보듯 멀리서 사건을 본다면 3인칭 관점이 된다. 상황을 보는 시각이 조금 더 객관화된다. 팀장의 모습, 나의 모습, 그 밖의 것들도 보인다. 영화 속 주인공은 볼 수 없는 '지나가는 행인3'의 표정도 관객이라면 찾아낼 수 있다. 보이지 않을 만큼 멀리 떨어지면 '강 건너 불구경'이 된다. 설령 누가 죽는 장면이라도 불구경 정도밖에 되지 않는다. 이 정도 거리라면 판단하고 평가할 수 있는 관점이 된다.

우주로 올라가면 상황이 어떻게 보일까? 우주적 위치에서 상황을 판단하고, 바라보고, 평가하고, 재해석할 수 있다. 이렇게 깨달은 통찰을 심리학에서는 영성Spirituality이라 부르기도 한다. 나를 넘어서는 사회적 역할, 사회적 가치, 공동의 가치에 부합하는 방향 등을 말한다.

"자, 아래를 보세요. 그리고 떠오르는 대로 말씀해보세요. 성공하려면 어떻게 하면 될까요?"

"도와주면 돼요."

"도와준다? 구체적으로 누구를 도와준다는 의미지요?"

"주변 사람들, 거래처, 고객들… 도와주면 성공할 수 있어요."

"그럼 도와주는 일은 즐거운가요? 피곤하거나 힘들지 않을까요?"

"그저 즐거워요. 힘들거나 피곤하지 않아요. 전 주변 사람들이 잘되는 것이 좋으니까요."

"이제 그 교훈을 가지고 과거 우주 상공으로 날아가세요. 직장을 다니기 전 우주 상공까지 날아가세요. 더 높이, 더 과거로 날아가는 겁니다. 그리고 직장 옥상을 바라보세요. 보이나요?"

"아니요, 보이지 않아요."

"좋습니다. 그럼 피곤하거나 힘든 느낌이 있나요?"

"없어요. 상쾌하고 기분이 좋아요."

"이제 다시 빌딩 옥상으로 날아가는 거예요. 그리고 떠오르는 대로 말씀해주세요."

"편안해요. 일을 마치고 쉬고 있어요. 기분이 상쾌해요."

"오케이! 당신에게 성공은 무엇이지요?"

"도와주는 것!"

"그 관점으로 살아간다면, 그 신념으로 살아간다면 당신의 미래는 어떻게 될까요? 한번 상상해봅시다. 미래로 갑니다."

"좋아요. 잘되는 것 같아요. 사람들 앞에서 강의하고 있는데, 청중들이 좋아하고 있어요."

그에게 성공은 '피곤한 일'이었다. 이 부정적 정서가 주는 이득은 무엇일까? 몸이 편할 수 있다. 피곤하게 움직이지 않을 수도 있다. 하지만 '성공=도와주는 것'이 되면, 그리고 성공의 과정이 즐겁다면 미래는 180도 달라진다. 작은 변화는 큰 변화를 이끈다. 물론 이 공식은 그만의 주관적 관점이다.

이득을 포기해야 관점이 달라진다

부정적 정서는 많은 도움을 준다. 성공하도록 애쓰게 할 수도 있고, 경각심을 심어줄 수도 있다. 가정을 지킬 수 있고, 싸움을 피할 수도 있다. 때론 몸을 편하게 해줄 수 있고, 고통을 막아줄 수 있다. 만약 어떤 이에게 '돈=가정 파탄'이라면, 경제적 궁핍은 가정을 지키는 이득을 준다.

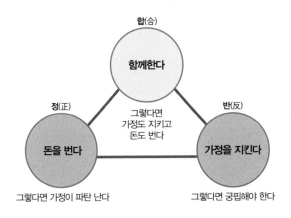

합(合)

함께한다

정(正)

돈을 번다

반(反)

가정을 지킨다

그렇다면
가정도 지키고
돈도 번다

그렇다면 가정이 파탄 난다

그렇다면 궁핍해야 한다

〈'돈=가정 파탄'의 이득과 해결 논리〉

　그의 문제를 헤겔의 변증법적 사고로 해결해보자. 돈을 벌려면 가정을 포기해야 한다. 이 신념이 정正이다. 반대로 가정을 지키려면 궁핍해야 한다. 이 신념이 반反이다. 하지만 이 둘을 모두 통합할 수 있는 새로운 신념, '함께한다'가 도출되었다고 하자. 그럼 이 신념은 합合이 된다. 합이 도출되었다면, 그리고 합을 따르겠다면 정과 반은 더 이상 의미가 없다. 포기되고 끊어진다. '이득을 끊어라. 이득을 포기하라'는 주장은 가정을 포기하고 돈을 벌라는 의미가 아니다. 돈도 벌면서 가정도 지키란 의미다.

　하지만 반대로 생각해보자. 합이 도출된 이후에도 '난 죽어도 가정을 지켜야 해. 그래서 난 죽어도 돈을 벌어선 안 돼'라고 이득을 포기하지 않는 경우도 있다. 그럼 합으로 갈 수 있을까? 없다. 합의 도출, 새로운 관점을 원하는가? 그렇다면 이득을 포기해야 한다.

　윈도 95를 쓰던 시절이 있었다. 당시 혁신적이고 혁명적인 OS

였다. 하지만 98 버전으로 업그레이드하기 위해서 과감하게 95 버전을 포기해야 했다. XP 버전으로 업그레이드하기 위해 98 버전을 포기해야 했다. 낡은 기능은 과감하게 포기하고 새로운 기능을 설치하는 것이 업그레이드다. 마음을 업그레이드 하고 싶은가? 그렇다면 그동안 이득을 주었던 구 버전의 OS를 포기하라. 그래야 신 버전의 OS를 설치할 수 있다. 합으로 가는 길은 정과 반을 모두 포기하는 것으로 시작한다.

3장
마음과 건강의 역설

일체유심조(一切唯心造) : 모든 현상과 유형들은
그것을 인식하는 마음이 나타남이고,
존재의 본체는 오직 마음이 지어내는 것이다.

- 불경 <화엄경> 중

당신의 증상에
감사하라

그녀에게 전화가 온 것은 늦은 밤이었다.

"선생님, 꼭 만나 뵙고 싶은데 어떻게 해야 하나요?"

한밤중에 무슨 일이 급해서 나에게 전화를 했을까? 어떤 큰일이 있는 것만 같았다.

나를 찾는 내담자의 대부분은 자신의 마음을 치유하거나, 관계를 개선하거나, 삶을 바꾸기 위해 찾아온다. 하지만 상담보다는 개인교습을 받으러 오는 내담자도 종종 있다. 궁금증이 너무 심하거나, 자신의 마음을 이해하고 싶다는 경우가 보통이다. 그녀도 마음을 이해하려는 목적으로 나를 찾았다. 그런데 마음을 이해하는 일이 그렇게도 급한 일일까? 그녀를 만나보니 조금은 이해가 갔다.

"작년부터 극심한 우울증에 시달렸습니다. 죽고 싶다는 생각을 많이 했어요. 살아 있다는 느낌이 들지 않았고, 삶의 이유도 몰랐어요. 정신과에 갔습니다. 그곳에서 선생님이 심리치료를 권하시기에 지금도 심리치료를 받고 있어요. 작년보단 많이 좋아졌습니다. 그런데 아직 풀리지 않는 것이 하나 있긴 합니다."

"풀리지 않는 것이 무엇인가요? 오늘 그 문제를 해결하고 싶으신 건가요?"

"아니요, 딱히 해결하고 싶은 건 없어요."

"그런데 무엇 때문에 절 찾으셨나요?"

"궁금한 것이 많아요. 어릴 때 상처 같기도 하고, 아닌 것 같기도 하고… 선생님의 블로그를 보았어요. 그곳에서 제 문제의 실마리를 찾은 것 같아요."

"실마리라뇨?"

"그동안 심리치료를 받으면서 책도 많이 보고 공부도 많이 했습니다. 작년보단 정말 많이 좋아졌어요. 그런데 아직도 삶의 이유를 찾지 못하는 것 같아요. 그런 중에 선생님의 블로그를 보았습니다. '이득론'에 대한 이야기를 하시더라고요. 선생님의 글을 읽고 충격을 적잖이 받았어요."

"충격이요?"

"네, 그동안 왜 그렇게 힘들었는지 조금은 막연하게 알 것 같았어요."

"그랬군요. 원인을 알게 되셨는데, 절 찾은 이유는 무엇인가요?"

"제가 왜 그렇게 힘들었는지 명확하게 알고 싶어요. 그동안 돈도 많이 벌었어요. 남편도 잘해주었고요. 아이가 없어서 육아 스트레스도 없습니다. 그런데 이상하게 힘듭니다. 무엇을 해도 보람차지 않아요. 살아가야 하는 이유도 모르겠어요."

"힘든 이유를 찾게 되면 상담이 잘 끝났다고 할 수 있는 건가요?"

"네, 그런 것 같아요."

사실 이득론은 특별하게 탄생한 것이 아니다. 내가 발견한 것도 아니다. 이득에 대한 이야기는 클리니컬 심리학의 아버지인 지그문트 프로이트Sigmund Freud부터 시작했다. 프로이트는 인간의 정신 에너지를 '리비도Libido'라고 말한다. 리비도란 성욕 또는 성 에너지로 번역되곤 하는데, 리비도는 단순한 성욕이 아니다. 섹스를 하고 싶은 강렬한 열망이며, 인간의 정신활동과 행동을 지배하는 에너지다. 프로이트는 해부학을 했기에 철저히 환원주의적 입장에서 인간의 정신을 바라보았다. 마치 DNA 하나로 인간을 모두 설명하려는 것처럼, 리비도로 인간을 정신활동을 모두 설명하려 했다. 주장이 옳으냐 그르냐를 떠나서, 리비도의 역할을 눈여겨볼 필요가 있다. 프로이트는 이렇게 주장한다.

"인간은 모두 쾌락 중심적이다. 따라서 인간의 행동은 자신에게 쾌락을 줄 수 있는 방향으로 나타난다. 신경증은 쾌락을 추구하려는 욕구가 억압되어 우회적으로 나타난 결과다."

프로이트의 제자이며 친구였던 카를 구스타프 융Carl Gustav Jung은 이 주장에서 리비도란 이름을 버린다. '성 에너지'라는 이름에서 '성'을 빼고, '정신 에너지'라 총칭한다. 이 사건으로 융과 프로이트는 등을 돌린다. 하지만 융의 입장으로 프로이트의 주장을 재해석하면 더 멋진 말이 탄생한다.

"인간은 모두 욕구를 추구한다. 따라서 인간의 행동은 자신의 욕구를 해결하려는 방향으로 나타난다. 신경증은 억압된 욕구를 우회적으로 추구하려는 결과다."

프로이트는 창시자인 만큼 그에게 등 돌린 사람 또한 많았다. 그의 제자였던 알프레드 아들러Alfred Adler 또한 등 돌린 사람 중 한 명이다. 아들러가 나타나기 이전의 정신분석은 과거 중심적이었다. 과거의 트라우마, 과거의 억압된 사건 등으로 증상이 형성된다고 여겼다. 아들러는 이에 반기를 들었다. 아들러는 인간의 성취는 열등감을 '보상하려는 욕구'에서 나타난다고 주장했다. 증상은 과거의 원인 때문이 아니라, 과거를 보상하려는 목적 때문에 나타난다고 주장했다. 신경증은 어제와 다른 오늘, 오늘과 다른 내일을 추구하기에 나타난다고 보았다.

아들러의 주장은 혁명적이다. 과거와 원인에 집착하던 정신분석을 180도 뒤집어놓는 주장이다. 증상의 해석을 과거의 원인이 아니라 미래에 추구하려는 목적에 두고 있으니 말이다. 아들러의 주장대로 프로이트의 증상 원인을 재해석하면 다음과 같다.

"인간은 모두 자신의 열등감을 보상하려 한다. 따라서 인간의 행동은 자신의 열등감을 해결하려는 목적을 지닌다. 신경증은 자신의 열등감을 보상하려는 증상이다."

아들러의 주장은 대단히 멋지고, 혁신적이며, 환상적이다. 치유에 매우 효과적이며, 우리의 행동과 정신을 이해하는 데 더 많은 도움이 된다. 그리고 아들러의 주장 또한 발전한다.

시간은 흘러 1970년대가 되었다. 버지니아 사티어Virginia Satir의 가족치료, 프리츠 펄스Fritz Perls의 게슈탈트Gestalt 심리치료, 밀턴 에릭슨Milton Erickson의 최면치료, 그레고리 베이트슨Gregory Bateson의 의사소통 체계 등이 나타났다. 그리고 미국의 두 젊은이가 이 이론들과 치료법을 멋지게 통합했다. 그들의 이름은 리처드 밴들러Richard Bandler와 존 그린더John Grinder다.

밴들러와 그린더는 새로운 이론을 만들지는 않았다. "탁월함은 모방할 수 있다"는 그들의 철학에 따라, 기존의 유용한 이론과 치료법을 통합한 것이다. 그렇게 탄생한 심리치료법이 NLP다.

NLP는 매우 탁월하며 빠르고 효과적인 치료법을 제시한다. 마치 가전제품 설명서와 같은 방식으로 NLP의 철학과 이론적 배경을 목록으로 제시한다. 이를 NLP의 전제조건Presupposition이라고 부른다. NLP의 많은 전제조건 중 세 가지에 주목할 필요가 있다.

인간의 행동은 목적 지향적이다.
모든 행동은 긍정적 의도에서 나온다.
무의식은 선의적善意的이다.

아들러의 관점에서 증상이란 기존에 열등감이 있고, 열등감을 보상하기 위해 성취동기가 나타나는 셈이 된다. 하지만 NLP의 관점에서는 열등감도 콤플렉스 따위도 없다. 열등감이라 불리는 행동은 목적을 지니고 있으며, 긍정적 의도를 지니고 있고, 모두 선의적이다.

아들러의 관점에서 잘난 척하는 사람은 '우월감 콤플렉스'에 사로잡혀 있다고 한다. 성취의 경험이 적고 자존감이 낮기에 우월해지려 애쓴다는 것이다. 하지만 NLP의 관점에서는 우월감 콤플렉스도 없다. '잘

난 척'이라는 행동 또한 목적이 있고, 그 사람에게 이득을 주기 위해 무의식이 일한 결과가 된다.

아들러의 관점에서 트라우마는 없는 것이 된다. 피하려는 목적이 증상을 만들고 증상을 이용한다. 하지만 NLP의 관점에서는 트라우마라 불리는 증상이 있는 것이든 없는 것이든 중요하지 않다. 무의식이 트라우마라는 형태로 이득을 주고 있다는 사실만이 중요하다. NLP는 목적론을 넘어서 이득론적으로 접근한다. 그리고 NLP는 이렇게 말한다.

"증상에 감사하라."

나를 찾은 그녀와의 대화를 이어가 보자. 그녀는 작년부터 죽고 싶은 생각이 들었다고 했다. 대체 어떤 일이 있었던 것일까?

"작년부터 죽고 싶다는 생각을 하셨다고요. 어떤 특별한 일이 있었나요?"

"제가 나가는 모임이 있었어요. 그런데 그 모임이 한순간 제 가치를 모두 사라지게 했습니다."

"구체적으로 무엇을 말하는 겁니까? 모임 전체가 당신의 가치를 사라지게 한 건가요, 아니면 몇 사람이 그런 건가요?"

"잘 어울리던 사람이 둘 있었어요. 그런데 한 명이 절 이간질한 것 같아요. 어느 날부터 절 멀리하는 느낌이고, 절 우습게 보는 느낌도 들고요."

"결국 죽고 싶단 이야기는 그 두 분의 행동이 너무 싫었다는 의미군요."

"맞아요. 지금 생각하니 그런 것 같네요."

"그런데 그 두 분이 어떻게 당신의 가치를 사라지게 했나요? 가치가 사라졌다는 건 어떤 의미지요?"

"한 명이 어느 날부터 전화를 받지 않더라고요. 그래서 그냥 그런가 보다 하고 넘어갔어요. 그런데 모임에서 제가 말을 걸어도 피하는 것 같아서 이상한 느낌이 들었어요. 다른 한 명에게 물어봤는데 잘 모르겠다는 대답을 들었고요. 그런데 그 둘이 절 피하는 거였어요. 둘은 계속 함께 지내고, 전 소외되었어요."

"그럼 가치가 사라졌단 의미가 그 사람들로부터 소외되었단 뜻인가요?"

"네."

"그런데 소외된 것과 가치가 사라진 것은 어떤 관련이 있나요?"

"…."

"생각해보세요. 어떤 관련이 있지요?"

"글쎄요, 관련이 없나요? 너무 싫어서 그런 걸까요?"

"관련이 없지요. 고전은 우리에게 많은 것들을 알려줍니다. 진실을 이야기하고 교훈을 주기에 고전으로 남을 수 있죠. 〈로미오와 줄리엣〉엔 이런 말이 있습니다. '장미는 다른 이름으로 불려도 여전히 향기롭다'고요. 그들이 당신을 어떻게 대하든 당신의 향기는 여전합니다. 당신은 그냥 소외가 두려운 거예요. 마치 개 공포증처럼, 소외 공포증일 뿐이지요. 그뿐입니다."

"맞아요. 전 소외되는 게 너무 싫었어요. 어릴 때도 그랬어요. 성인이

되어선 괜찮은 것 같았는데… 여전히 그랬군요. 그런데 전 왜 소외되는

게 싫을까요?"

"저는 모릅니다. 사람마다 다르니까요. 하지만 이거 하나는 확실

합니다. 그 두려움은 누구의 것이죠? 제 것인가요, 아니면 당신의 것

인가요?"

"제 것이죠."

"그래요, 그 두려움은 당신의 마음입니다. 그럼 그 두려움은 누구를

위해 일하고 있습니까?"

"저를 위해 일하고 있겠지요."

"좋아요. 두려움은 당신을 위해 일하는 중입니다. 두려움은 당신을

위해 어떤 '이득'을 주고자 일하고 있습니다. 당신의 마음이니까요. 그

럼 소외가 두려운 마음은 당신에게 어떤 이득을 주고 있을까요?"

"그건 잘 모르겠어요…."

"괜찮습니다. 하나씩 알아보면 되지요. 우선 소외되는 상황이 어

때요? 많이 싫은가요?"

"네, 많이 싫어요."

"싫은 정도가 0에서 10이라면, 0은 소외돼도 담담한 겁니다. 1은 조

금 싫은 거고, 10은 죽을 만큼 싫은 거고요. 얼마나 싫으신가요?"

"8, 9 정도 싫은 것 같아요."

"만약, 만약에 말입니다. 어느 순간 당신이 소외되는 것에 담담해지

는 거예요. 마법처럼 말이죠. 그리고 남들이 소외해도 그냥 모른 척

살아가게 되는 겁니다. 만약 그렇다면, 당신에겐 소외 공포증이 있

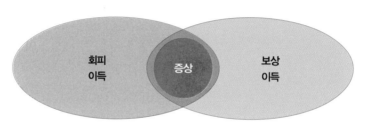

〈증상의 이득〉

을까요?"

"아니요. 소외되어도 담담하다면 소외 공포증은 없을 것 같아요."

"그렇게 되고 싶으세요?"

"아니요, 싫어요."

"개를 피하고 싶은 마음이 개 공포증으로 나타나는 것이거든요. 소외를 피하고 싶으니 소외 공포증이 있는 것이고요. 개 공포증이 개로부터 보호해주듯, 소외 공포증은 소외로부터 보호하는 겁니다. 당신이 소외되는 걸 싫어하니, 소외가 나타나면 '악! 소외다. 도망쳐!'라고 공포증이 피할 수 있게 해주잖아요."

"아, 조금은 알 것 같아요."

"소외가 얼마나 싫다고 하셨지요?"

"8이요."

"그럼 반대급부의 8을 원한다는 의미가 되거든요. 8만큼 필요한 건 뭘까요? 인정, 사랑, 관심? 무엇일까요?"

"인정 같아요. 8만큼 필요해요."

"소외가 싫은 만큼 인정받고 싶으시죠?"

"네."

"그럼 소외 공포증이 인정받을 수 있게 도와주고 있네요. 소외는 인정이 아니니 그만큼 피해야 하잖아요."

"그러네요."

"그럼 소외 공포증은 당신이 인정받기 위한 도구예요. 그런데 당신은 인정받기 위해 어떻게 살아오셨습니까? 아까 돈도 많이 버셨다고 했는데, 관련이 있을까요?"

"네, 관련이 있네요. 정말 인정받으려 노력했어요. 특히 돈 문제는 그래요. 2년 전에 아버지가 돌아가셨는데, 아버지는 정말 짠돌이셨어요. 그래서 돈을 많이 벌고 싶었던 것 같아요."

"아버지로부터 인정받고 싶으셨나요? 지금 한쪽 손으론 소외되지 않으려 방패를 들고 있고, 한쪽 손으론 성공하려 칼을 들고 있거든요."

"그럼 이 문제를 어떻게 해결해야 하나요?"

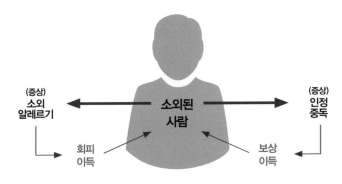

〈소외 공포증의 자아상, 증상, 이득의 흐름〉

"이 문제는 정체성과도 관련이 있어요. 조금 전에 사는 이유를 모르겠다고 하셨죠? 당신의 정체성은 '인정받고 싶은 사람'이에요. 인정받기 위해 사는 겁니다. 그리고 인정받지 못하는 상황에서 당신은 삶의 목적을 잃게 됩니다. 그래서 당연히 소외 공포가 있어야 해요. 소외를 회피해야 하니까요. 다른 한편으로 성공에 중독되어 있어야 하고요. 그런데 생각해봅시다. '인정받고 싶은 사람'과 '인정받는 사람'은 완전히 다른 개념이에요. 주변에 노력하지 않아도 당연히 인정받는 사람이 있을 겁니다. 그런 사람은 소외를 두려워할 필요가 있을까요?"

"아니요."

"그런 사람이 성공에 중독적으로 매달릴 필요가 있나요?"

"그럴 필요도 없을 것 같아요."

"맞아요. 당연히 인정받는 사람이 되면 됩니다. 그럼 소외도 두려워할 필요 없고, 인정받으려 애쓸 필요도 없어요. 하지만 문제가 있습니다. 그런 사람이 되기 위해선 동의해야 할 것이 있어요."

"어떤 것인가요?"

"소외가 싫은 마음이 8이라고 하셨는데, 그 마음을 0까지 낮추는 데 동의하시나요? 당연히 인정받는 사람은 누가 소외하든 말든 신경 쓰지 않거든요."

"그렇게 되고 싶어요."

"그리고 반대로, 인정받는다는 기분을 8만큼 느끼고 싶으실 겁니다. 당연히 인정받는 사람은 그런 느낌을 받으려 노력하지 않아요. 8만큼 느끼려는 노력을 포기할 용의가 있나요?"

"그건 아직 잘 모르겠어요."

"그럼 해결되지 않아요. 그냥 이대로 만족하면서 살아야 해요."

"해결이 안 된다고요?"

"네, 인정의 짜릿함을 느끼려면 인정에 배고파야 합니다. 그럼 당신
은 정체성을 '인정받고 싶은 사람'으로 유지해야 해요. 받는 사람이 아
니라 받고 싶은 사람으로요. 그럼 당연히 반대편엔 다시 소외 공포가
나타나겠죠. 삶은 변하지 않을 겁니다."

"…."

"그건 그렇고, 오늘 상담에서 힘든 이유를 찾고 싶다고 하셨는데 찾
으신 것 같나요?"

불쌍함을
연출하는 이유

나는 직업상 사람들과 어울려 친목을 다질 기회가 별로 없다. 나만 그런 것인지, 아니면 심리상담사란 직업 자체가 그런 것인지는 모르겠다. 어쨌거나 상담가의 일이 협동하는 일은 아니지 않은가. 그런데 내가 대기업에 근무한다면 사정은 달라질 것이다.

대기업에서 근무하는 지인과 식사를 한 적이 있다. 남자들끼리의 대화에선 딱히 많은 주제가 나오지 않는다. 조금의 나라 걱정을 포함한 일 이야기가 대부분이다. 그런 건조한 이야기를 나누던 중 술과 관련된 이야기가 나왔다. 그는 얼마 전 회식 자리에서 찍은 사진을 보여주었다. 테이블 위로 술병이 잔뜩 쌓여 있었다. 5명이 마신 양이라고 했다. 믿을 수 없는 양이었다. 자신도 믿을 수 없어 기록한 것이라고 했다. 다들 그렇게 술을 잘 마시냐고 물었다. 그런데 그에게서 의외의 대답을 들을 수 있었다.

"전 대학 때 술을 한 잔도 못 마셨어요. 소주 한 잔만 마셔도 정신을 못 차렸어요. 그런데 직장 생활하다 보니까 변하더군요. 이곳에서 살아

남아야 한다는 생각으로 마시다 보니까 지금의 주량이 되었습니다. 직장에서 밀리지 않으려다 보니 이기는 쪽으로 몸이 진화한 것 같습니다."

"이기는 쪽으로 진화한다"는 그의 답은 의미심장하다. 인간을 포함한 모든 생물이 그렇다. 살기 위해서, 그리고 원하는 걸 얻기 위해서 이기는 쪽으로 진화한다. 대를 거쳐 진화하기도 하지만, 환경에 따라 몸과 마음이 변하기도 한다.

나는 젊은 시절에 사람이 많고 시끄러운 곳을 좋아했다. 사람이 많은 카페, 나이트클럽, 운동장, 북적이는 도심지… 조용한 곳은 지루하게 느껴졌다. 하지만 이제는 인구밀도가 높은 장소에 가면 멀미가 날 지경이다. 글을 쓰고, 사람들의 이야기를 들어주고, 생각을 많이 해야 하는 직업 때문일까? 심리상담사란 정체성은 인구밀도가 높은 장소와 어울리지 않아서일까? 나도 나에게 유리한 방향으로 진화했다. 글쓰기에 유리하고, 사람들의 이야기를 듣기 유리한 상태로 변했다.

지금 나에게 조용히 혼자 있는 시간에 알레르기를 가지라고 한다면 가능할까? 불가능하다. 나와 식사를 했던 대기업 직원에게 술 알레르기를 가지라고 한다면 가능할까? 불가능하다. 나에겐 조용한 시간이 유리하고, 그에겐 술에 대한 내성이 유리하니까. 현 상황에서는 현재의 습성이 유리하기에 우리는 변화를 거부한다.

모든 상담이 성공적으로 끝나는 것은 아니다. 내담자 스스로 변화를 포기하기도 하고, 내가 상담을 거부하는 경우도 있다. 내 실력이 부족해서이기도 하겠지만, 대부분 실패한 상담의 경우 환경과 깊이 관여되어 있다. 환경과 상황, 그들의 증상이란 현재 상황에 유리하도록 맞춰진 결과다. 그래서 그들의 무의식은 변화를 거부한다.

그녀는 우울증으로 나를 찾았다. 그녀는 이름만 들어도 알 만한 대기업에 근무하고 있었다. 자녀는 한 명이 있었다. 남편은 직장에서 만난 동료였지만, 결혼 후 다른 기업으로 이직했다. 육아휴직 후 복직한 지는 6개월이 흘렀다. 시어머니는 같은 동네에 살고 있었고, 아들을 만나러 자주 집을 찾았다.

상황이 좋지 않다. 우울증이 오기 좋은 환경이다. 직장에 다니기에 업무 스트레스가 있을 것이고, 육아에 대한 스트레스도 만만치 않을 것이다. 자주 찾는 시어머니도 우울증에 한몫할 것이다. 남편은 육아와 살림을 잘 도와주는 편이었다. 하지만 남편의 잦은 회식과 출장도 아내의 스트레스에 한몫했다.

그녀와 2회기 상담을 마쳤다. 첫 상담을 마치고는 마음이 가볍다고 했다. 하지만 다시 우울감이 찾아왔다. 2회기 상담을 마치며, 이번에도 개선되지 않으리라는 것을 짐작했다. 오래 상담을 하다 보니, 직감적으로 변화 작업에 성공했는지 그렇지 않은지를 알게 되었다. 느낌이 좋지 않았다. 역시 2회기 상담에도 우울감을 변화시키는 것은 실패했다.

이 정도라면 대부분의 내담자는 스스로 상담을 포기한다. 나도 더는 권하지 않는다. 생활에 큰 영향을 주는 병적인 문제가 아니기에, 그리고 우울감이 그녀에게 분명한 이득을 주기에, 그래서 변화가 그녀에게 손해를 끼칠 수도 있기에 상담을 종결한다. 하지만 그녀는 다시 상담을 받겠다고 했다. 행복하게 살고 싶다는 그녀의 간절함에 상담을 이어 갔다.

그녀와 세 번째 만남이었다. 이 정도라면 나도 승부수를 두어야 한다. 기존의 방법을 고수했다간 또 실패할 것이 분명하지 않은가. 그렇다면 그녀도 나도 손해다.

"처음부터 다시 대화를 나누었으면 합니다. 당신이 말하는 우울증이 란 어떤 증상을 의미하나요?"

"한없이 무기력해지고 죽고 싶단 생각이 계속 들어요."

"그런 당신의 모습이 어떻게 느껴지십니까?"

"바보 같고 불쌍하게 느껴져요."

"그럼 남편분은 불쌍한 당신을 어떻게 대하시나요? 남편과의 관계에 서 우울증 때문에 불편한 것이 있습니까?"

"남편은 절 많이 도와주는 편이에요. 저와 시간을 보내려 애쓰고요. 그런데 요즘은 빨리 치료받으라고 해요. 제가 우울한 모습이 보기 싫은 것 같아요."

"그럴 땐 어떤 느낌, 어떤 기분이 듭니까?"

"죽고 싶어져요."

"남편에게 바라는 점이 있을 것 같은데요."

"남편 회사에 여직원이 많아요. 그래서 그런지 남편이 여직원과 바 람피운다는 생각이 들기도 해요. 아니란 걸 아는데, 자꾸 그런 생각이 들어요."

"그래서 남편에게 바라는 점은 무엇인가요?"

"저만 바라봐주었으면 좋겠어요."

"당신은 남편과 떨어지는 걸 무척 싫어하는 것 같네요."

"네, 그래서 제가 남편에게 죽고 싶다고 말하면 남편이 점심시간에도 제 회사로 찾아오기도 해요. 남편도 제가 남편과 떨어지기 싫어하는 걸 잘 알아요."

"남편이 많이 열정적이시네요. 비위도 다 맞춰주시고."

"그런 편이에요."

"남편이 당신만 바라보는 걸 포기할 수 없으시죠?"

"네, 솔직히 그래요."

"그래서 우울증이 더 심해지는 건데… 생각해보세요. 당신이 죽고 싶다고 하면 남편이 뛰어옵니다. 그런데 당신의 우울증이 사라지면, 죽고 싶다는 말을 꺼내지 않겠지요. 그럼 남편은 당신에게 뛰어올 일이 없어져요."

"…."

"그런데 포기할 수 없잖아요. 남편의 헌신과 애정, 관심을요."

"네, 놓기 싫어요."

"그럼 아주 죽는다고 시위해보는 건 어떨까요? 그럼 남편이 절대로 당신 옆에서 떨어지지 않을 것 같은데요."

"솔직히 그런 생각도 해봤어요."

"그럼 실천에 옮겨보지 그러셨어요. 약을 먹는 것도 좋은 방법일 것 같습니다. 남편이 늦는 날에 약을 먹고 침대에 누워 있는 거예요. 그럼 남편이 다시는 늦지 않을 것 아닙니까."

"…"

"아니면 자해를 해보는 건 어떨까요? 손목을 칼로 긋는 거예요. 그리고 피 흘리는 모습을 사진으로 찍어 보내세요. 그럼 남편이 당신을 불쌍하게 봐서라도 옆에서 떨어지지 않을 것 같은데… 불쌍한 모습을 유지하고 싶잖아요. 그래야 도와주는 사람, 남편이 나타나니까요."

"이젠 효과가 없어요."

"어떤 의미지요?"

"남편이 그런 제 모습을 싫어하는 것 같아요."

"에이, 그렇다고 포기하면 됩니까? 더 심하게 죽는다고 호소해야죠. 그래야 남편이 일도 그만두고 당신 옆에서 떨어지지 않을 것 아닙니까? 당신이 원하는 걸 이루셔야죠."

"그래도 그건 좀 아닌 것 같아요."

"흠, 그렇습니까? 그럼 우울증, 불쌍한 모습은 사랑받는 데 효과적이지 않네요."

"네, 그런 것 같아요."

우울증이 그녀에게 주는 이득은 명확하다. 남편의 사랑이다. 그녀는 남편의 사랑을 원할 때마다 더 우울해질 것이며, 더 불쌍한 모습이 될 것이다. 그럴 때마다 남편이 영웅처럼 달려오지 않는가? 이 좋은 걸 어떻게 포기할 수 있겠는가? 이제 다른 이득을 포기할 수 있는지 설득할 차례다.

"혹시 일하기 싫은 마음이 있나요?"

"그렇진 않아요. 지금 일이라도 하니 조금 괜찮은 것 같아요."

"그럼 시어머니와의 관계는 어떤가요?"

"너무 싫어요. 동서와 절 비교하는 것도 싫고, 찾아오는 것도 싫어요. 남편이 장남이라 아끼는 건 알겠는데, 그렇다고 집에 찾아오는 건 싫어요."

"남편은 그것에 대해 뭐라고 하십니까?"

"다행히 남편이 나서서 막아주고 있어요. 그렇지 않으면 시어머니는 더 찾아오셨을 겁니다."

"그럼 아주 인연을 끊은 겁니까?"

"그렇진 않아요. 전화도 종종 하고, 찾아오기도 하세요."

"우울증이 도왔네요."

"예?"

"생각해보세요. 당신이 편안하고 긍정적인 사람이었다면 시어머니와 편한 사이가 되었겠지요. 그런데 예민하고 우울하니 남편이 막아주잖습니까. 우울증에 감사하세요. 덕분에 시어머니를 피할 수 있잖아요."

"그건 그래요."

"그런데 시어머니와 친해질 생각은 있나요?"

"솔직히 그러기 싫어요."

"그럼 우울증을 더 키워보는 건 어때요? 당신이 조금 편해진다면 남편은 다시 시어머니를 막지 않을 것 같아요. 당신이 편안하다면 시어머니를 막을 이유는 없잖아요."

"…."

"시어머니가 보기 싫다고 더 죽는시늉을 하면 어떨까요? 시어머니가 찾아오면 죽는다고 하는 겁니다. 시어머니에게 당하는 불쌍한 며느리의 모습을 더 강화하는 거예요. 대들어서 빰을 맞는 것도 좋은 방법이에요. 그럼 남편이 더 막아주지 않을까요?"

"그렇진 않을 것 같아요. 시어머니 문제로 남편과 싸우기도 했거든요."

"시어머니를 적당히 싫어하니 그렇죠. 마치 시어머니를 악마 보듯 하시라고요. 시어머니의 '시' 자만 나와도 죽는시늉을 하는 겁니다. 약을 먹고, 목도 매고, 자살소동도 벌이고요."

"그런데… 그렇게 나쁜 분은 아니에요. 아이도 종종 봐주시고, 남편을 아끼시는 것도 분명하고요. 그냥 일반적인 시어머니예요."

"그럼 불쌍한 내 모습이 시어머니를 피하는 데도 별 도움이 안 되는군요."

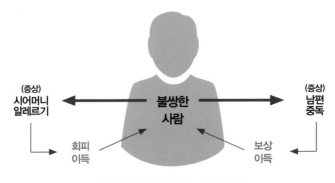

〈우울증의 자아상, 증상, 이득의 흐름〉

자아상은 증상의 직접적인 원인이다. 내가 나를 불쌍히 여기는 사람이라 불쌍함을 보상해야 한다. 누군가에게 보호, 사랑, 관심을 얻으려 노력해야 한다. 사실 불쌍함의 보상이라기보다는 이득을 원하기에 자신을 불쌍하게 바라보는 것이다.

자신을 불쌍하게 본다면, 자신을 불쌍하게 만드는 주변 상황을 피해야 한다. 사실 피한다기보다 주변 사람들과 상황을 이용해 불쌍함을 유지하려는 것이다. 섞이고 싶지 않기에 자신이 불쌍한 이유를 찾으며, 불쌍한 모습을 유지해야 한다. 그리고 우울증이란 병을 얻게 된다.

그녀의 우울증은 얼마나 감사한가. 시어머니를 피할 수 있게 해주었고, 남편의 사랑을 확인하게 도와주었다. 우울증에 감사해야 할 일이다.

"불쌍한 당신의 마음이 우울증을 만들었어요. 그런데 그 우울증이 남편의 사랑을 받고, 시어머니에게 상처받지 않는 데 큰 도움이 되지 않는 것 같아요."

"사실 상담받으면서 가장 두려웠던 부분이에요. 우울증이 사라지면 남편의 사랑을 받지 못할 것 같았거든요. 지금 이야기해보니 큰 도움은 안 되네요."

"맞아요, 큰 도움이 되지 않아요. 그런데 주변 사람들 중에 노력하지 않아도 사랑받고, 관심받고, 상처받지 않는 사람이 있나요?"

"네, 제 언니가 그래요. 이상하게 언니는 다른 사람에게 관심이 별로 없어요. 그런데 형부도 잘해주고, 시어머니와 사이도 좋아요. 어린 시절부터 언니가 좋으면서도 미웠어요. 제가 갖지 못한 그런 모습이 있었으니까요."

"언니는 자기 자신을 불쌍하다고 여길까요?"

"아니요, 그렇지 않을 것 같아요. 언니는 자존감이 높거든요."

"좋아요. 그럼 언니는 시어머니에게 상처받지 않으려 애쓸까요? 시어머니를 피하려고 할까요?"

"그건 잘 모르겠어요."

"만약 언니의 시어머니가 언니 집에 찾아온다면 언니는 어떻게 할까요?"

"언니는 별로 대수롭지 않게 여길걸요."

"당신과 많이 다르네요."

"네."

"그런 언니는 형부가 회식을 한다거나 야근을 하면 어떤 생각을 할까요?"

"언니는 오히려 좋아해요. 자기 시간이 생겼다고 좋아하더라고요. 아이들을 다 키워놓았으니, 혼자 영화도 보러 다녀요. 형부에게 의지하지 않더라고요."

"그럼 형부는 그런 언니를 싫어하나요?"

"아니요, 둘 사이는 너무 좋아요."

"그럼 언니처럼 되는 건 어떨까요? 언니처럼 자존감이 높아지면 무엇이 달라질 것 같나요?"

"머리론 이해하겠는데, 아직 실감이 나지 않아요."

"그렇죠. 경험해보지 않았으니 실감 나지 않는 건 당연합니다. 생각해봅시다. 인간도 생명체이기에 에너지가 있어요. 동양에선 '기氣'라 부르기도 합니다. 어떤 심리학자는 자존감이라고 부르기도 하지요. 어떻게 불러도 좋아요. 아무튼 당신의 기운이 언니보다 약한 건 사실입니다. 그런데 언니처럼 강한 기운을 가졌다고 생각해봅시다. 당신이란 사람이 하나의 큰 자석이 되는 거예요. 사람을 끌어당기는 자석이 되는 거지요. 그럼 무엇이 달라질까요? 지금은 당신의 자력이 약해서 다른 사람들의 자력에 끌려다녀야 했습니다. 하지만 강한 자석이 된다면 무엇이 달라질까요? 당신은 알고 있잖아요. 저도 당신이 이미 답을 알고 있음을 알고 있어요. 약한 자력에 끌려다니는 사람이 좋다면 평생 상처받고, 시어머니를 피해 다니고, 남편의 외도를 걱정하며 살아야 할 겁니다. 그건 변하지 않아요. 당신의 자력이 약하기 때문이죠. 하지만 강한 자석이 되었다고 생각해봅시다. 당신은 가만히 있어도 주변 상황과 환경이 당신에게 쏠릴 거예요. 얼마나 멋진 일입니까? 그렇게 멋진, 그리고 강한, 더욱더 강력한 자력을 몸에 넣는 거예요. 우울증 대신에 말이죠. 어때요? 우울증을 선택하시겠습니까, 아니면 언니처럼 강한 자력을 몸에 넣겠습니까?"

"정말 그렇게 될 수 있을까요?"

"얼마나 강한 에너지를 넣길 원하시나요?"

"잘 모르겠어요. 노력해야지요."

"그럼 안 돼요. 노력한다고 변하는 건 없어요. 목표는 선택하는 겁니다. 누구처럼 강한 에너지를 원하세요?"

"언니처럼요."

"그럼 언제부터 언니처럼 되실 겁니까?"

"노력해야 할 것 같아요."

"노력한다고 되는 일이 아니에요. 선택하는 일입니다. 변화는 노력이 아니라 선택으로 이뤄지는 겁니다. 언제부터 언니처럼 되실 겁니까?"

"지금부터요."

"언제부터요?"

"지금요."

"그럼 지금, 당신은 불쌍할 필요가 있나요, 없나요?"

"없어요."

"그럼 사랑받으려 애쓸 필요가 있나요, 없나요?"

"없어요."

"당신은 어떤 사람인데요?"

"언니 같은….."

"언니처럼 끌어당기는 사람. 뭐라고요?"

"끌어당기는 사람이요."

마음과 몸이 다른 곳을 향하면
공황이 나타난다

심리상담사도 상담을 받는다. 혹자는 상담사가 무슨 상담을 받느냐고 할 수도 있다. 그런데 의사라고 아프지 않은 것은 아니듯, 심리상담사라고 마음이 아프지 말란 법은 없다. 오히려 심리상담의 효과를 잘 알기에 상담에 더 호의적일 수도 있다. 나 또한 나에게 문제가 생겼을 때는 지도교수를 찾는다.

40대 중반의 그녀는 자신이 상담사인 것을 쑥스럽게 밝혔다. 늦게 결혼해서 두 아들은 아직 초등학교에 입학하기 전이었고, 남편은 자상한 사람이라고 했다. 시댁과의 관계도 좋은 편이었다. 직업도 만족스럽다고 했다. 그런데 그녀는 공황장애를 해결하려 나를 찾았다. 의구심이 드는 부분이었다. 공황장애는 보통 애쓰며 사는 사람에게 나타난다. 착하지 않은데 착하게 살려 애쓰거나, 도망치고 싶지만 두려움 속에서 살아가거나, 화가 나는 상황을 묵묵히 버티는 사람들에게 나타나는 증상이다. 공황장애의 발생 경로와 심리를 비유적으로 설명해보자.

심각한 경제난을 겪는 사람이 있다고 가정해보자. 그리고 그에겐 고소공포증이 있다는 가정도 해보자. 어느 날 그에게 돈을 주겠다는 사람이 찾아온다. 그리고 그에게 롤러코스터를 한 번 탈 때마다 10만 원씩 주겠다고 제안한다. 그에겐 거절할 수 없는 제안이다. 먹고 살아야 하니까 말이다. 롤러코스터는 공포지만 그에겐 생존과 같다. 그는 제안을 승낙한다. 그리고 매일 2회씩 롤러코스터를 탄다. 고소공포증을 이겨내며 말이다. 공포는 그의 심장과 팔다리와 머리에 누적된다. 두 달, 석 달이 지난다.

그러던 어느 날 롤러코스터에 작은 이상이 생긴다. 안전장치에 문제가 생긴 것이다. 안전요원은 사고를 막기 위해 롤러코스터 운행을 중단한다. 방송을 들은 그는 생각한다.

'롤러코스터를 타다간 죽을지도 몰라.'

그의 심장은 폭발할 것처럼 뛰고 팔다리의 힘이 빠진다. 머리에선 굉음이 들린다. 죽음의 두려움이 엄습한다. 공황발작Panic Attack이 발생한다. 그는 더 이상 롤러코스터를 타지 못한다. 공황장애는 그에게 어떤 이득을 주는가? 롤러코스터를 피할 수 있게 돕는다. 또한 공황장애는 가난을 극복하려던 그의 훈장이 된다. 이런 유형의 공황장애라면 두 가지를 해결해야 한다. 고소공포증, 그리고 가난을 벗어나기 위해 롤러코스터를 탈 수밖에 없었던 그의 생존법이다.

상담사인 그녀에게는 공황장애를 유발한 환경이 뚜렷하게 보이지 않았다. 그녀를 압박하는 상황을 볼 수 없었다. 단 하나 걸리는 것이 있다면, 상담사란 직업이었다. 이런 경우라면 성장 과정과 성격부터 확인해야 한다.

"부모님은 어떤 분이셨나요?"

"아버지와 어머니는 제가 고등학교 때 이혼하셨어요. 어머니는 작년에 돌아가셨고요."

"아버지와는 연락하십니까?"

"아니요, 이혼 후 한 번도 만난 적이 없습니다. 연락한 적도 없어요."

"일부러 하지 않으신 건가요, 아니면 다른 이유가 있나요?"

"일부러 하지 않은 건 아니에요. 딱히 연락을 드릴 필요성을 느끼지 못했어요."

"그럼 현재 아버지는 생존해 계십니까?"

"잘 모르겠습니다."

"그렇군요. 돌아가신 어머니는 어떤 분이셨나요?"

"무척 억척스러운 분이셨어요. 동생이 한 명 있습니다. 남동생이요. 그런데 저와 차별을 많이 하셨어요. 남동생만 무척 아끼셨어요."

"차별했다는 건 어떻게 아시나요?"

"저도 살아보니 왜 그랬는지 이해는 됩니다. 그리고 어머니를 용서했어요."

그녀의 미간이 찌푸려졌다. 용서했다고는 하나 표정은 다른 이야기를 하고 있는 것 같았다. 무엇보다 차별을 이야기했는데 엉뚱하게 "용서했다"는 대답이 나왔다. 내가 듣고 싶은 것은 '차별'이란 단어가 의미하는 어머니의 구체적 행동이었다. 내담자의 동문서답은 두 가지 이유가 있다. 첫째로 질문을 명확히 이해하지 못했을 때다. 두 번째는 저항이다. 상담사인 그녀가 나의 질문을 이해하지 못했을 리는 없다. 저항이 분명하다.

"어머니께서 차별을 했다고 하셨는데, 구체적으로 어떻게 차별하셨나요?"

"겪어봐서 알지요."

"그럼 겪어본 일은 무엇이죠?"

그녀는 한숨을 내쉬었다. 무언가 포기한 듯, 그리고 애써 설명하려는 듯 말을 이었다.

"어머니는요, 제가 아버지라도 이혼했을 것 같아요. 이상하게 동생만 감싸셨어요. 아버지와 저에겐 히스테리를 많이 부리셨고요. 지금은 이해합니다. 어머니도 심리적으로 안정되지 않은 분이라 그러셨다는 걸요."

"그러니까 차별했다는 것이 히스테리가 있었단 의미인가요?"

"꼭 그런 것만은 아니에요."

"그럼 또 어떤 일이 있었나요?"

"어머니는 제 대학 등록금도 내주지 않으셨어요. 제가 벌어서 다녔어요. 정말 힘들게 대학을 마쳤습니다. 대학원까지 용돈 한 번 받은 적이 없어요. 그럴 수 있다고 생각해요. 어머니 혼자 자식 둘을 키우려니 힘드셨을 겁니다."

"또 이해하고 용서한 건 무엇인가요?"

"절 방치한 것? 그리고… 그런데 다 말씀드려야 하죠?"

"아시잖아요. 제가 질문하는 의도를요."

"전 어머니와 관련된 것들을 모두 용서했어요. 더 이야기한다고 해결되는 건 없을 것 같아요. 자꾸 안 좋은 기억을 꺼낼 필요는 없잖아요."

"그렇죠. 안 좋은 기억을 꺼내서 해결되는 게 없을 수도 있어요. 그리고 당신은 계속 어머니를 용서하고 이해하시면 됩니다. 어머니를 이해하는 방법은 옳아요. 그 안의 정서를 숨겨두는 것도 옳아요. 당신의 방법이니까요. 당신이 원한다면 이야기하지 않아도 됩니다. 그리고 공황장애는 그대로 가지고 계세요."

"아니요, 다 말씀드릴게요. 사실 같은 상담사끼리 이런 이야기를 꺼내는 게 너무 창피했어요."

상담심리학을 공부하는 계기는 사람마다 다양할 것이다. 아무것도 모르고 심리학과에 진학했다가, 상담심리학에 매력을 느껴 시작하는 사람들이 있다. 누군가를 도우려는 순수한 마음에 시작한 사람도 있다. 심리상담사라는 직업이 주는 자율성, 얽매이지 않음에 매력을 느껴 시작하는 사람도 있다. 심리상담을 경험하고 변화의 매력과 효과를 나누기 위해 시작하기도 한다. 그리고 자신의 문제를 해결하려는 목적으로 시작하는 사람도 있다.

이 책의 주제와 같이 어떠한 문제든 이득이 있기 마련이다. 따라서 자신의 문제를 적극적으로 해결하기가 두렵기도 하고 아까운 마음이 들기도 한다. 하지만 삶이 불편한 것은 사실이다. 그래서 상담심리학을 공부한다. 이득을 대체할 방법을 스스로 찾기 위함이다. 그런데 이득을 포기하지 않는 한 근본적인 문제는 사라지지 않는다. 현재 심리상담사로 일하는 나 또한 이 규칙으로부터 자유로울 수 없다.

"그런데 심리학과는 왜 들어가셨습니까? 어떤 목적이 있었을 것 같은데요."

"어머니를 이해하고 싶었어요. 왜 그렇게 차별을 했는지, 왜 그렇게 악다구니를 썼는지, 아버지는 왜 그렇게 착하기만 한 건지… 모두 궁금했습니다."

"답은 찾으셨나요?"

"어머니와 아버지도 그분들의 부모님 영향을 받았겠죠. 제가 얻은 결론은 여기서 더 나아가지 않네요."

"그런데 이해해야 할 어머니가 돌아가셨네요. 기분이 어떠세요?"

"허망하다는 느낌이 강해요."

그녀에게는 공황장애란 표현보다 '이해하는 데 중독'되었다는 편이 어울린다. 지독히 싫었던 어머니를 이해하며 살려고 했고, 어머니를 이해하기 위해 심리학과로 진학했으며, 지금은 내담자를 이해하기 위해 심리상담을 하고 있다. 남을 이해하는 인생이다. 좋다. 타인을 이해하는 삶이 왜 나쁘단 말인가? 우리는 이타적이어야 한다고 초등학교 도덕 시간에서 배우지 않았는가? 그녀가 저항했던 이유도 강한 이타심 때문일 것이다. 그런데 내가 궁금한 것은 그녀에게 이타심이 무엇 때문에 필요했느냐는 점이었다.

"이해한다는 말씀을 참 많이 하십니다. 그런데 당신은 언제부터 타인을 이해하려, 용서하려 했나요? 원래 그랬던 것 같습니까, 아니면 출생 이후에 그랬던 것 같습니까?"

"태어난 이후에… 아주 어린 시절부터 시작된 것 같네요. 어머니가 절 마구 때리셨던 기억이 나요. 무섭고 도망치고 싶단 생각을 했겠지요. 이유는 무엇인지 모르겠어요. 어머니가 저에게 물건을 던지고 절 때린 기억만 나니까요."

"그 사건과 이해하는 것과는 어떤 관련이 있지요?"

"그래야 살 수 있으니까요."

"만약 이해하지 못했다면 어땠을까요?"

"살지 못했을 거예요. 자살했을지도 모르죠."

앞서 공황장애를 롤러코스터에 비유했다. 그녀의 이해와 용서는 롤러코스터다. 그리고 그녀가 느끼는 자신의 모습, 즉 '죽을 수도 있는' 모습은 고소공포증으로 비교된다. 죽을 만큼 두렵고, 죽을 만큼 힘들다면 도망쳐야 한다. 가출이라도 해야 하고, 반항이라도 해야 한다. 하지만 그녀는 비행을 선택하지 않았다. 착하게 모범적으로 어머니를 이해하면서 살았다. 그녀의 이타심은 어머니에 대한 마음을 넘어선다. 생존법이며 현재 위치까지 오게 한 동력이다. 생각해보자. 반항하고, 비행하고, 탈출했다면 그녀가 현재 위치를 얻을 수 있었을까?

영화 〈허트 로커〉(The Hurt Locker, 2008년, 캐스린 비글로 감독)는 중독, 불안장애, 공황장애의 심리를 명쾌하게 표현한다. 이 영화는 이라크 바그다드에 투입된 폭발물 제거반의 이야기다. 극 중 주인공 제임스(제러미 레너 분)는 폭발물제거의 대가다. 그리고 폭발물 제거를 즐긴다. 놀이처럼 웃으며, 때로는 레고 블록을 가지고 노는 아이의 모습으로 폭발물을 제거한다. 그는 죽음도 두려워하지 않는 불사신이라도 된 듯 행동한다. 이라크에서 활약하는 제임스는 마치 영웅 같다. 관객들의 탄성을 자아낸다.

하지만 그의 폭발물 제거 놀이로 팀 내 갈등이 생긴다. 분열 위기도 찾아온다. 그래도 임무를 성공적으로 완수한다. 제임스에게는 가족이 있기에 임무를 마치고 고국으로 복귀한다. 아이와 아내가 있는 집으로 돌아간다.

전쟁터를 떠나 집으로 돌아온 제임스, 영화의 마지막 장면에서 그의 숨은 모습이 드러난다. 평안하고, 안전하고, 조용한 집으로 돌아왔다. 편안함 속에서 그 또한 편안했을까? 아니다. 그는 깊은 불안감을 느낀다. 다시 군복을 입고 이라크로 떠난다. 폭발물을 찾아 죽음의 공포 속으로 돌아간다. 그는 영웅이 아니라 단지 '폭발물 제거' 중독자였을 뿐이다. 폭발물 제거를 통해 느끼는 죽음의 공포… 그는 공포를 마시려 다시 이라크로 떠난다.

다시 그녀의 이야기로 돌아가자. 제임스가 폭발물 제거를 즐겼듯, 그녀는 어머니에 대한 이해를 즐기고 살았다. 제임스라고 폭발물이 두렵지 않았을까? 그녀라고 어머니가 밉지 않았을까? 폭발물이 사라진 본국에서 제임스는 불안감을 느낀다. 어머니가 돌아가신 후 그녀는 불안감을 느낀다. 하지만 찾을 수 없는 어머니… 그녀에게 어머니에 대한 이해는 삶의 에너지였다. 따라서 어머니의 사망은 삶의 목적을 상실한 셈이 된다. 그녀에게 공황장애란 삶의 목적을 잃은 결과다.

"끊임없이 이해하려 했던 당신의 모습이 어떻게 느껴집니까?"

"애쓰고 산다는 생각이 들어요. 최근 그런 생각이 많이 들었어요. 예전엔 애쓴단 생각이 없었는데, 요즘은 아무것도 하기 싫고 놓고 싶어지는 경우도 많습니다."

"그럼 당신은 언제부터 애쓰고 산 것 같습니까?"

"아주 오래된 것 같아요. 어린 시절부터 그랬던 것 같네요."

"그럼 애쓰는 당신의 모습을 상상해보세요. 어린 자신이 애쓰던 모습을요. 무엇을 바랐기에 그렇게 애쓰고 살았을까요?"

"큰 건 없었어요. 어머니의 칭찬?"

"아버지에게 바란 건 없었을까요?"

"아버지에게 크게 바란 건 없었어요. 이혼하실 때 제가 붙잡고 싶은 마음이 있었는데, 잡지 않았어요. 그게 제일 후회되네요. 그러고 보니 아버지는 절 많이 예뻐하셨어요. 그래서 이혼할 때 잡지 않았던 것 같아요. 아버지가 편하게 사셨으면 하는 생각도 들었고, 제가 잡지 않는 것이 아버지를 돕는 것 같았어요."

"그럼 애쓰면서 제일 피하고 싶었던 건 무엇입니까?"

"아무래도 차별이겠죠."

"차별, 소외, 무시, 외면 등의 상황을 많이 안 좋아하시죠?"

"네, 상당히 싫어해요."

"반대로 인정을 많이 원하시고요."

"네, 그래서 남편에게 고마워요. 제가 하는 일이나 제 의견을 많이 지지해주거든요. 그러고 보니 상담사를 하며 제일 기분 좋은 점이 인정받는 느낌 같아요. 누구를 돕고, 그들로부터 인정받는다는 느낌이 참 좋거든요."

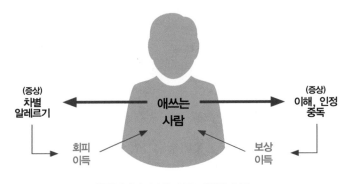

〈공황장애의 자아상, 증상, 이득의 흐름〉

공황장애는 극단적인 불안이 발생하며, 공황발작이라는 증상을 동반한다. 공황발작이란 가슴 조임, 가슴 통증, 숨 막힘, 온몸의 식은땀, 힘 빠짐, 죽을 것 같은 두려움 등이 한꺼번에 몰려오는 증상을 말한다. 공황장애를 겪는 사람들은 실제 죽을 것 같은 느낌 때문에 병원 응급실을 찾는 경우가 있다. 심장병, 혈압, 호흡기 질환으로 착각하여 평균 70% 이상이 10명 이상의 의사를 찾는다는 연구결과도 있다. 그만큼 고통이 심한 정신장애란 의미다.

상식선에선 공황장애를 앓고 있다면 심리치료에 적극적으로 참여할 것만 같다. 신체적 고통 또한 그만큼 동반하니 해결에도 적극적일 것만 같다. 그러나 적극적인 해결에 주저하는 사람들이 의외로 많다. 그녀와 대화를 이어가 보자.

"다행히도 대인공포나 광장공포는 없어 보이네요. 그런데 공황장애는 애쓰고 산 사람들에게 나타나는 증상이거든요. 애쓰고 살다가 어떤 이유에서든 부러지는 겁니다. 마음이 부러진 것이 공황이에요. 이 문제를 해결하려면 애쓰고 사는 당신의 모습을 포기해야 할 것 같습니다. 동의하십니까?"

"…."

"힘들 겁니다. 그렇죠?"

"네, 어떻게 노력하지 않고 살 수 있겠어요. 제 인생도 있는데요."

"공황이 애쓰는 모습에서 나타났으니, 애쓰는 모습을 버려야 공황이 사라질 겁니다. 하지만 그러기엔 놓치는 것들이 너무 많을 거예요."

"…."

"우선 애쓰는 삶으로 얻은 것이 있습니다. 인정받을 수 있었어요. 그렇지 않습니까?"

"그 부분은 많이 동의해요. 저도 원했던 부분이에요."

"그리고 애쓰면서 피하고 싶었던 것이 다른 사람들의 소외와 차별 등이에요. 그렇지요?"

"네, 동의합니다."

"그럼 공황장애에 감사하셔야 해요. 애쓰고 살아온 훈장이에요. 인정받기 위해, 차별받지 않기 위해 살아온 훈장입니다. 공황장애에 감사할 필요가 있어요."

"그런데 힘든 건 어쩔 수 없는데요."

"또 이런 이득이 있습니다. 어머니를 이해하기 위해, 어머니의 인정을 받기 위해 애쓰며 살았어요. 그런데 어머니가 돌아가셨습니다. 이제 무엇을 이해해야 하고, 무엇을 위해 애써야 합니까? 그럼 병이라도 있어야지요. 병을 이해해야 하고, 병을 이겨내기 위해 애써야 할 것 아닙니까."

"제가 갑자기 왜 그렇죠? 이런 적이 없었는데."

눈물을 흘리지 않던 그녀가 가슴을 부여잡고 서러움을 터트렸다. 울기 시작했다. 그녀 마음의 빗장이 풀리기 시작한 것이다. 결심을 미루기 전에 더 몰아세울 필요가 있었다. 우는 그녀에게 질문을 계속했다.

"언제까지 이해하고, 견디고, 애써야 하는 대상이 필요합니까? 당신 스스로에게 미안하지 않으세요? 성장 과정의 트라우마를 치유했다고 하진 않으셨어요. 단지 이해했다고만 하셨어요. 그런데 이해할 대상이 사라지자 병이라도 이해해야 하잖아요. 언제까지 이해할 대상이 필요하고, 언제까지 애쓰며 사실 겁니까? 대답하세요. 언제까지 애쓰실 겁니까?"

"이젠 애쓰며 살기 싫어요. 제가 너무 안타까워요. 다 잊은 줄 알았어요. 지금 너무 살기 좋았거든요. 인정받고, 좋은 남편 만나고… 부모님을 보지 않고 사니 편했어요. 이젠 애쓰고 살기 싫어요. 참기 싫다고요. 저도 힘들다고요."

"그럼 이렇게 합시다. 애쓰고 사는 당신의 모습 대신 당연히 인정받고, 당연히 존경받는 사람이 됩시다. 자존감을 높이자고요."

"전 제가 자존감이 높다고 생각했어요."

"자존감 높은 사람이 왜 공황장애가 생기겠어요. 자존감이 아니라 자존심이 높았겠지요."

'자존심'이란 단어에 그녀는 또 울기 시작했다. 공황장애를 치유하는 과정에서는 한풀이가 필수적이다. 한이 터져 나왔다면 치유가 시작된 것이다. 그녀가 울면서 말을 이었다.

"어머니가 너무 싫어요. 너무 미웠어요. 그런데 내색하지 않았어요. 전 인정하지 않았는데, 제가 엄마의 자존심을 너무 닮았어요. 똑같은 모습이에요. 너무 슬퍼요. 그렇게 싫었던 어머니의 모습을 닮았다는 것을 인정하고 싶지 않았어요."

"어떤 모습을 닮았습니까?"

"인생이 그런 것 같아요. 엄마는 자존심 하나로 산 사람이에요. 사람들에게 기죽지 않으려 애쓰며 살았고, 그래서 저하고 아버지에게 자주 짜증을 냈어요. 저도 지금 그래요. 남편에게 자주 화를 내고, 아이들을 혼내고요. 이런 제 모습을 이해할 수 없었어요. 참으려 해도 제어가 잘 안 되었어요. 제가 선생님을 찾은 이유도 이런 거예요. 아이들을 자주 혼내는 제 모습을 이해할 수 없었거든요. 남편이 좋은 사람이라 다 받아줘서 감사해요. 그런데 이제 알 것 같아요. 엄마가 그랬네요. 그 모습을 보고 자라서…."

"그렇게도 싫었던 어머니의 모습을 닮았지만, 스스로 부정하며 살았겠지요. '난 그렇지 않아'라면서요. 자신을 억압하며 어떻게 자신을 이해할 수 있겠습니까? 이해하는 척했을 뿐이지요. 그런데 돌아가신 어머니에게 공황장애나 화병은 없었을까요?"

"그런 생각은 못 해봤네요. 그런데 지금 생각해보니 있었을 것 같아요."

"이제 가슴 속에 묻어놓은 어머니를 보내드리시죠. 전 알고 있어요. 당신이 싫어한다고 말씀하셨지만 어머니의 인정을, 그리고 사랑을 원했다는 것을요. 오히려 당신은 어머니의 사랑이 간절하셨을 겁니다. 하지만 아직도 어머니의 사랑을 다 채우지 못했기에, 아직도 그 사랑이 필요하기에 붙잡고 있다는 걸 전 알고 있습니다. 이제 놓아주시지요. 가슴에 묻고 있다고 해결되는 건 없잖아요. 돌아가신 어머니를 그렇게 붙잡고 있다고 어떤 이득이 있을까요? 마지막 효도라고 생각합시다. 가슴에 묻어놓은 어머니를 보내주시겠습니까? 이젠 어머니의 사랑보다 남편과 아이들의 사랑을 채우시는 건 어떨까요?"

"네, 좋은 곳으로 가셨으면 좋겠어요. 이제는 힘들지 말라고, 애쓰고 살지 말라고, 하늘에선 평안하라고 기도하고 싶어요."

"당신이 그동안 느낀 한, 슬픔, 고통, 애쓰면서 산 인생은 어머니로부터 받았습니다. 누구보다 어머니를 잘 이해하실 겁니다. 이제 어머니를 보내드리겠습니까?"

"네, 좋은 곳으로 가셨으면 좋겠어요."

"좋아요. 그럼 눈을 감으세요. 그리고 마음속에 있는 어머니를 떠올려보세요. 어머니의 모습이 보일 겁니다. 웃고 계실 수도 있고, 눈물을 흘리고 계실 수도 있겠군요. 어쩌면 편안한 표정일 수도 있을 겁니다. 이제 어머니를 불러보세요. '엄마'라고 불러보세요."

"엄마… 엄마…."

"그리고 어머니께 말씀드리세요. 너무 힘들었다고, 엄마의 사랑이 받고 싶었다고요."

"엄마, 나 너무 힘들었어. 왜 그랬어, 왜 그랬어!"

"그럼 따님 가슴 속에 계신 어머니께 질문드립니다. 어머니, 이젠 미안하다고 사과하셔야죠. 그리고 따님에게 사랑한다고 말씀하고 싶으셨지요? 대답하세요, 어머니."

"○○아, 미안해! 엄마가 미안해! 그리고 사랑한다! 미안해!"

마음속에 있던 어머니는 딸의 입을 통해 오열하기 시작했다. 어머니 사망 1년 뒤, 죽은 자와 산 자의 화해는 이렇게 시작되었다.

강박장애는
낮은 자존감의 조력자

30대 후반의 그녀는 부부 문제로 나를 찾았다. 그녀는 남편에게 상담을 권유했지만 강하게 거부당했다고 전했다. 그러고는 혼자서 나를 찾은 것이다. 부부 문제 때문에 혼자 상담을 받는 여성들은 의외로 많다. 가족 문제로 힘들 때 교회, 절, 무속인을 찾는 것처럼 심리상담사를 찾는다.

그녀 또한 큰 기대 없이 단순한 조언, 해법을 듣고 싶은 듯했다. 하지만 그녀에겐 만성적인 외로움이 있었다. 이 문제를 해결하고 나니 많은 것들이 바뀐 것 같았다. 직장 생활도 만족스러워졌고, 남편을 이해하는 마음도 커졌고, 무엇보다 본인의 마음과 몸이 가벼워졌다고 전했다.

그녀는 상담 중 남편의 이야기를 들려주었다. 강박장애로 정신과를 다닌 지 10년이 넘었다고 했다. 남편은 항불안제를 복용하고 있으며, 직장 생활로 많은 스트레스를 받고 있었다. 그녀가 남편에게 다시 상담을 권했던 모양이다. 아내가 변한 모습을 보고, 자신의 문제도 해결할 수 있다는 자신을 얻은 듯했다. 그녀의 남편이 나를 찾아왔다.

강박적 사고Obsessive는 끊임없이 이상한 생각이 드는 것을 의미한다. '죽을 것 같다, 죽이고 싶다, 때리고 싶다' 같은 생각이 계속 떠오른다. 성적·폭력적·반사회적인 사고, 안전, 청결 등의 생각이 계속 떠오르고 제어가 되지 않는다. 강박적 행동Compulsive은 청결 행동, 정리 행동, 숫자 세기의 반복, 수집 행동 등이 제어되지 않는다. 그리고 강박적 행동과 강박적 사고가 병적으로 나타나면 강박장애Obsessive Compulsive Disorder라고 부른다.

"당신의 강박장애는 구체적으로 어떤 행동을 의미하는 건가요?"

"우선 일 처리가 너무 늦어요. 간단한 문서도 작성하는 데 몇 시간씩 걸립니다. 불필요한 일이라는 걸 알면서도 계속 글을 수정하고 다듬고, 글자 크기와 줄 간격을 바꾸고 있어요. 이 문제로 직장 생활을 정상적으로 할 수가 없습니다."

"혹시 직장을 그만두고 싶은 생각이 있으신 건 아닌가요?"

"조금은 있는 것 같아요. 그런데 그럴 수 없으니 계속 다녀야지요."

"조금 있다는 건 어떤 생각인가요?"

"죽을 것 같다는 생각이 많이 들어요. 제가 낙오자가 된 느낌도 들고요. 그럴 때면 제가 죽거나 제 가족이 살해당할 수도 있다는 생각이 들어요. 물론 말도 안 되는 생각이란 걸 잘 압니다. 이 강박증이 오래되어서 이젠 그 생각이 합리적이지 않다는 것도 잘 알아요. 그런데 그런 끔찍한 생각들이 계속 들 때면 낙오된 느낌을 버릴 수가 없어요. 그럴 때 직장을 그만두고 싶습니다."

"끔찍한 생각이 계속 떠오르나 보군요. 그럼 다른 증상은 없나요?"

"죽을 것 같다는 생각 때문에 쉽게 무엇을 잘 못 하겠어요. 제가 담배를 피우는데 꽁초를 길에 버릴 수도 있잖아요. 그런데 길에 버리지도 못합니다. 윤리에 조금이라도 어긋나는 일을 하면 죽을 수도 있다는 생각이 들어요. 제 가족이 큰 피해를 입는다는 생각도 들고요."

"또 다른 건 없으신가요?"

"주차할 때도 그렇습니다. 주차장에 마음에 드는 장소가 없을 때는 몇 번이고 돌아서 찾기도 해요."

"마음에 드는 장소는 어딘가요?"

"옆에 차가 없는 곳이요. 그곳에선 주차선이 비뚤지 않거든요."

"만약 주차선과 비뚤게 주차하면 어떤 생각이 드나요?"

"역시 같아요. 죽을 것 같다는 느낌이 들고, 큰일이 일어날 것만 같아요."

"그런 생각이 올바르지 않다는 건 아시지요?"

"네, 그래서 약을 먹고 있습니다. 약을 먹을 때는 조금 괜찮아요. 그런데 스트레스를 받으면 그런 생각이 더 많이 들어요."

강박적 사고는 하나의 생각이 계속 떠오르기도 하지만, 생각이 꼬리에 꼬리를 무는 특징을 보이기도 한다. 예를 들어보자.

줄 간격이 맞지 않는다 → 직장 상사가 화를 낸다 → 화가 난다 → 상사와 싸울 수도 있다 → 상사가 날 공격한다 → 상사를 살해한다 → 경찰이 날 쫓는다 → 가족이 피해를 입는다 → 나는 상사의 가족에게 살해당한다 → 가족은 상처를 입고 동반 자살한다

줄 간격이 어긋날 수 있다는 생각이 가족의 동반자살로 이어지는 전
개가 펼쳐지는 것이다. 그의 강박증은 우선 '죽을 수도 있다'는 생각이
계속 떠오르는 것을 의미한다. 어떠한 생각이 떠오르든 꼬리를 물고 결
국 '죽을 수도 있다'로 결론을 내린다. 강박을 모르는 사람들은 어처구
니없다고 여길 수도 있다. 하지만 그들의 사고는 실제 이렇다. 그렇기에
그들 스스로 병원을 찾는 것이 보통이다. 견딜 수 없으니 말이다.

"그렇게 떠오르는 생각은 누구의 생각이지요?"

"제 생각이죠."

"그럼 누구를 위해 일하고 있습니까?"

"저를 위해서 일하는 거 아닙니까?"

"맞아요. 당신을 위해 일하고 있어요. 그 생각이 당신을 위해 일한다
면, 당신에게 어떤 이득을 주려 일하고 있을 겁니다. 그런가요?"

"그건 잘 모르겠습니다."

"구체적으로 어떤 이득인지는 몰라도 괜찮아요. 하지만 당신을 위해
일한다는 점은 인정하시나요?"

"네, 그건…."

"그럼 조금 더 구체적인 이야기를 나눠보지요. 언제부터 그런 생각이
끊임없이 들었나요?"

"정확히 시작된 시점은 잘 모르겠어요. 그런데 군대에 가기 전에도
있었던 건 확실해요. 군대에서 강박증 때문에 무척 힘들었거든요."

과거 한 공군 대위와 식사를 할 기회가 있었다. 그는 당시 조종간을
놓았지만, 조종사가 되고 싶어 공군에 입대한 청년이었다. 조종훈련을

수료하지 못했지만 하늘의 꿈은 버리지 못한 군인이었다. 나 또한 공군에서 근무한 경력이 있으므로 쉽게 깊은 이야기를 나누었다. 그렇게 대화를 나누다 조종훈련 중 자살한 동기의 이야기까지 나오게 되었다. 나는 그에게 자살한 동기에게 혹시 결벽증(강박장애의 하위유형)이 없었냐고 물었다. 그는 놀란 얼굴로 동기가 결벽증이 심했다고 답했다. 자살을 선택한 그의 동기생은 심한 결벽증을 앓았다.

군대에서 샤워실을 함께 사용하는 것은 일상적이다. 편하게 샤워할 수 있다는 것만으로도 감사한 일이다. 하지만 그의 동기는 심한 결벽증으로 늘 기상 시간 30분 전에 일어났다고 했다. 아무도 사용하지 않는 시간에 샤워실을 쓰기 위해서 말이다. 함께 샤워를 하면 타인의 세균이 옮을 수도 있으니까.

그 동기생은 작은 먼지, 옷의 구김, 정리정돈의 흐트러짐도 견딜 수 없었다고 했다. 그 때문에 동료들과 마찰이 있었다고도 전했다. 이런 사람이 어떻게 단체생활을 할 수 있단 말인가? 그의 자살은 어쩌면 세균 지옥으로부터 피하기 위함이었을지도 모른다.

"그래도 군대생활을 무사히 마치셨네요."

"다행히 행정병이었어요. 그래도 행정 일도 만만치 않았습니다. 아, 문서 작성은 그때부터 힘들었던 것 같아요. 오타가 있거나 줄 간격이 맞지 않으면 고참들이 심하게 혼냈거든요."

"입대 전엔 강박이 없었나요?"

"아니요. 대학 때도 있었고, 고등학교 때는 잘 모르겠습니다."

"고등학교 시절부터 기억나는 일을 떠오르는 대로 들려주세요."

"고등학교 때까진 그리 모범생은 아니었어요. 친구들 돈도 빼앗고, 때리고 다니는 나쁜 학생이었습니다. 공부해야겠다는 생각도 하지 않았고요. 큰 이유는 없었어요. 그냥 센 힘으로 인정받는 느낌을 얻고 싶었던 것 같아요. 그러다 대학에 떨어졌습니다. 친구들은 고3이라고 다들 열심히 공부했는데, 전 그때도 정신을 차리지 못했거든요. 지방대도 가지 못하는 제 모습이 너무 창피했습니다. 부모님에게도 너무 죄송스러웠고요. 저 때문에 어머니가 병을 얻으셨어요."

"그리고 대학엔 어떻게 입학하신 건가요?"

"재수학원에 등록했어요. 좋은 대학은 아니더라도 꼭 대학에 가고 싶었거든요. 죽을 각오로 했습니다. 대학에 들어가지 못하면 자살하려고 생각도 했어요. 그렇게 하니까 좋은 성적이 나왔습니다. 다행히도 서울에 있는 4년제 대학에 입학했어요."

"죽으려고 하니 좋은 성적이 나왔네요."

"네, 그랬어요."

"그럼 좋은 성적을 기대할 때마다 죽는다는 생각을 하면 되겠네요?"

"네? 아, 그래서…."

그의 강박증 공식은 '죽는다=좋은 결과'다. 따라서 좋은 결과를 기대할 때마다 죽는다는 생각을 했을 것이다. 그리고 그 생각에 중독된 것이다. 농구선수 서장훈은 방송에서 그와 동일한 강박증을 털어놓았다.

"정말 농구를 잘하고 싶었습니다. 정말 정말 남과 비교할 수 없는 훌륭한 선수가 되고 싶었습니다. 잘하고 싶다는 열망이 어느 정도였냐면,

국보센터가 되면서 수천 개의 징크스가 생겼습니다. 방 안에 음료수가 있다면 잘하고 싶다는 생각으로 정리하기 시작했습니다. 라벨까지 질서정연하게 맞추어야 했습니다. 그리고 '아, 이러면 이길 수 있을 것 같아'라며 안도했습니다. 승리에 대한 부담감이 만들어낸 징크스들입니다. 10시 식사, 10시 반 화장실, 11시 샤워. 이 시간을 꼭 맞춰야 했습니다. 원정경기를 위해 지방 호텔에 묵는 경우가 있었습니다. 싫어하는 호수의 방을 배정받으면 후배의 작은 방과 바꿔서 잘 정도였습니다."

나를 찾은 그와 서장훈 선수의 강박은 같은 의도를 띈다. 승리와 성공의 동력이었던 것이다. 이 시점에서 강박장애의 '장애'라는 표현을 다시 생각해볼 필요가 있다. 서장훈 선수의 강박은 병일까, 조력자일까? 그의 강박은 명확하게 그의 승리를 돕고 있었다. 얼마나 감사한 강박인가. 내담자의 '죽을 수 있다'는 생각은 병일까, 조력자일까? 죽는다는 생각은 좋은 성과를 만드는 데 큰 도움을 주었다. 얼마나 감사한 생각인가. 표현이 거칠어서 그렇지 죽는다는 생각은 그를 대학 합격으로 이끌었다. 그리고 지금도 그를 돕고 있을 것이다.

증상을 병으로 다루면 해결은 개인의 몫이 아니다. 병을 해결하는 몫은 전문가에게 있다. 따라서 강박장애란 '나는 해결할 수 없고, 의사만이 해결해줄 수 있는 일'이 된다. '장애'란 표현은 '나는 증상을 다룰 수 없어'라는 수동적 태도를 야기한다.

그렇다면 적절한 표현은 무엇일까? '중독'이 주체적 접근이다. 중독은 선택의 문제가 된다. 물론 정신의학에서는 중독 또한 병으로 간주한다. 하지만 주변에 의지만으로 금연에 성공한 사람은 얼마든지 있다.

중독이란 표현은 '끊을 것인가, 말 것인가'를 고민하게 한다. 장애란 표현보다 훨씬 주체적이며, 더 명쾌한 방향을 제시한다. '계속 선택할 것인가, 아니면 선택을 포기하고 끊을 것인가'로 말이다.

장애 딱지를 달고 방문한 내담자에게는 꼬리표를 떼줄 필요가 있다. 문제 해결의 주체를 상담사에게서 내담자에게로 돌리기 위함이다. 그래야만 내담자는 자신의 문제를 해결하는 데 더 주체적이고 적극적이 된다.

"그런데 말씀을 들어보니, 당신의 증상은 강박장애가 아닙니다."

"예?"

"강박장애가 아니라고요."

"병원에선 그렇게 얘기하던데요?"

"그건 정신의학의 입장이고요. 우리는 그렇지 보지 않아요. 당신의 증상은 그냥 중독이에요. 죽을 것 같다는 생각에 중독된 거라고요."

"잘 이해가 안 되는데요."

"거꾸로 질문드릴게요. 알코올 중독자에게 술이 왜 필요할까요?"

"글쎄요. 외로워서일 수도 있고, 스트레스를 받으니까 필요한 것 아닐까요?"

"빙고, 정답이에요. 정확합니다. 그럼 당신에게 죽을 수도 있단 생각은 왜 필요할까요?"

"좋은 성적을 얻고 싶으니까…."

"맞아요. 알코올 중독과 구조가 같잖아요. 그러니 중독 맞지요. 알코올 중독자들이 외로울 때마다 술을 찾는 것처럼, 당신은 잘하고 싶을 때마다 죽고 싶단 생각을 찾는 거예요. 그런데 당신에게 필요한 생각을 억지로 지우려 했으니, 그 생각이 사라질까요? 한쪽 마음에선 좋은 성적을 바라기에 죽고 싶단 생각을 찾고, 한쪽 마음에선 그 마음을 없애려 하고… 그러니 힘들지요."

"무슨 말씀이신지 알겠어요. 어떻게 해야 할지도 조금은 알 것 같고요."

"그렇지요? 중독이에요."

"그럼 제가 어떻게 하면 될까요?"

"그 생각을 끊어야죠. 흡연자가 담배를 끊듯, 애주가가 술을 끊듯, 당신은 그 생각을 찾지 않으면 됩니다."

"네, 이해했습니다. 그럼 앞으로 제가 어떻게 하면 될까요?"

"어떻게 하는 것 이전에 조금 더 깊은 이야기를 나눠봅시다."

중독이란 프레임은 증상을 해결하는 데 무척 유용하다. 끊임없이 수치심을 느끼는 사람은 수치심 중독이라고 표현하면 된다. 만성적으로 우울감을 느끼는 사람은 우울 중독이라고 표현하면 된다. 불안감을 만성적으로 느끼는 사람은 불안 중독이라고 표현할 수 있다. 이렇게 증상을 리프레이밍Reframing 하는 것만으로도 자가치유가 되기도 한다. 병이라면 약을 먹어야 하고, 의사의 처치를 기다려야 한다. 하지만 중독이라면 나 스스로 그것을 찾지 않으면 된다. 우울을 찾지 않으면 되고, 수치심을 찾지 않으면 되고, 불안을 찾지 않으면 된다. 중독이라는 프레임은 치유에 매우 유용하다.

"당신이 그 생각을 끊임없이 찾는 이유가 있지 않습니까? 당신에게 '죽을지도 모른다'는 생각은 성공의 동력이에요. 만약에 그 생각을 찾지 않으면 성공하지 못할 가능성도 있거든요."

"그럴 수도 있을 것 같아요."

"그런 결과가 나타나면 안 되잖아요. 그래서 그 생각이 없이도 성공할 수 있는 사람이 되어야 합니다. 이해하시겠습니까?"

"네."

"그런데 당신은 어떤 분이시기에 '죽을지도 모른다'는 절실함이 필요할까요?"

"스스로 자신감이 없어요. 죄책감도 크게 느끼고요."

"재수 시절을 떠올려봅시다. 그 생각이 필요한 당신의 모습을 떠올려보세요. 그 모습이 어떻게 느껴지나요?"

"실패자 같아요."

"실패자요?"

"학창시절에 부모님 속 썩이고, 말썽부리고, 친구들 괴롭히고… 그래서 고등학교 동창들을 만나지도 못해요. 미안한 마음도 들고 죄책감이 들어요."

"실패자란 생각이 먼저인가요, 죄책감이 먼저인가요?"

"실패자가 먼저인 것 같아요. 실패자여서 죄책감이 들어요. 아직도 그렇거든요. 실수하거나 일을 완수하지 못하면 실패자란 생각이 들어요. 그리고 죄책감이 몰려오고…."

"당신은 스스로 실패자라 여기시는군요."

"맞습니다."

"당신을 실패자라고 여기는 것도 이득이 있기에 그렇거든요. 실패란 단어를 들으면 어떤 기분이 느껴집니까?"

"싫어요. 피하고 싶어요. 끔찍하고…."

"반대로 성공하기 위해 애쓰고 사실 겁니다. 그런가요?"

"네, 꼭 성공하고 싶어요. 그래야 부모님께 보답하고, 아내에게도 보답할 수 있으니까요. 아이들에게도 미안하고…."

"죄책감을 느낀다, 미안하다는 말씀을 자주 하시는데, 주변 사람들에게 좋은 모습을 보여주고 싶으신 것 같아요."

"그런 생각도 많이 들어요."

"실패를 피하고 싶기에 스스로를 실패자로 보고, 성공하고 싶고 좋은 모습을 유지하고 싶기에 스스로를 실패자로 보시겠네요. 생각해봅시다. 만약 실패가 좋다면, 그리고 성공이 필요 없다면, 좋은 모습을 보일 필요가 없다면 스스로를 실패자로 보실 것 같습니까?"

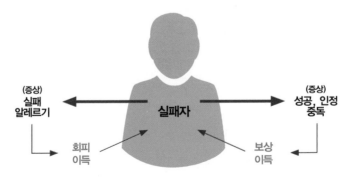

〈강박장애의 자아상, 증상, 이득의 흐름〉

"그렇지 않을 것 같아요."

"그렇지요. 당신이 당신 스스로를 실패자로 여기는 건 실패를 회피하고, 인정받고, 성공하는 방법이에요. 그런데 그 방법이 효과적이지 못하니 '죽을 수도 있다'는 절박한 생각이 필요한 겁니다."

"하아, 이제야 퍼즐을 다 맞춘 느낌이 듭니다. 제가 왜 힘들었는지 막연했는데 명쾌하게 정리가 되네요."

"그럼 당신의 실패자란 자아상을 포기하실 수 있겠어요?"

"그렇게 하고 싶습니다."

"그럼 실패에 대한 두려움도 포기하실 수 있겠습니까?"

"네, 이젠 강해지고 싶습니다."

"그럼 인정받으려는 노력, 성공하려는 노력도 포기하실 수 있나요?"

"노력이요?"

"당신의 자아상, 강박… 모두 인정과 성공을 향한 노력이거든요. 당신이 인정받으려고 할수록, 성공하려고 할수록 다시 강박이 나타날 겁니다."

"그럼 포기하겠습니다."

"그리고 노력하지 않아도 되는 단단한 내공을 넣으셔야죠. 마음 체력이 좋아지면 노력하지 않아도 쉽게 얻을 수 있거든요."

"정말 그렇게 되고 싶습니다. 간절합니다."

"그럼 이제 변화 작업을 시작합시다. 눈을 감아보세요. 그리고 편안하게 호흡하면서…."

사랑을 원하기에
알코올을 찾는다

제2차 세계대전이 끝난 직후, 두 곳의 수용시설을 대상으로 정신병리 연구가 진행되었다. 한 곳은 여성 죄수들의 아이들을 위한 탁아소다. 다른 한 곳을 부모를 잃은 아이들을 위한 보호소다.

탁아소 시설은 교도소의 시설 중 일부였다. 죄수의 아이들을 위해 좋은 시설을 갖추는 것은 사치에 가까웠다. 탁아소 아이들은 마치 가축처럼 한 방에 몰려 있기도 했으며, 아이들을 위한 개인 침대나 개인 담요는 없었다. 위생상태 또한 낙후할 수밖에 없었다. 아이들은 한곳에 엉켜 서로의 살을 비비고 지내야 했다. 반면에 보호소 시설은 좋은 편이었다. 보호소는 아이들을 위해 개인 침대와 소독된 담요를 지급했다. 탁아소에 비해 좋은 음식도 지급했다. 보호소 아이들은 탁아소 아이들과 비교할 때 귀공자 대접을 받은 셈이다.

오스트리아의 레네 스피츠Rene A. Spitz 박사는 이 두 곳의 수용시설을 비교 관찰했다. 당시 육아의 정설은 아이들을 독립적으로 보호하고, 깨끗한 환경을 유지하고, 좋은 음식을 먹이는 것이었다. 당시 개념으로 이

두 곳의 수용시설을 비교하면, 보호소의 아이들이 더 건강하고 안정된 심리를 유지해야만 했다. 하지만 결과는 완전히 반대였다.

보호소의 아이들 중 약 30%는 한 해를 넘기지 못하고 사망했다. 죽지 않은 아이들도 이상행동을 보이기 시작했다. 몸을 심하게 뒤틀거나, 소리를 지르거나, 외부자극에 반응이 없는 자폐적 모습을 보이거나, 극심하게 무기력한 행동을 보였다. 반면 탁아소의 아이들은 건강했다. 보호소 아이들은 탁아소 아이들보다 환경적으로 청결하고 건강한 지원을 받았다. 그럼 무엇 때문에 뒤집힌 결과가 나타났을까?

보호소의 인력은 아이들에게 충분한 스킨십을 줄 수 없었다. 인력 부족 탓도 있겠지만, 당시 스킨십의 중요성이 인식되지 않아 간과된 결과이기도 했다. 아이들의 20~30%는 입소 첫해를 넘기지 못하고 죽었다.

반면 탁아소 아이들은 달랐다. 탁아소 아이들은 한데 엉켜 뒹굴었다. 하지만 죽은 아이들은 한 명도 없었다. 마치 동물 우리를 연상케 했지만, 아이들은 한 방에서 서로의 체온을 느끼고 있었다. 또한 생모와 스킨십을 나눌 기회도 있었다. 탁아소 아이들은 보호소 아이들보다 더 많은 스킨십을 누렸다.

스피츠는 사랑이 담긴 손길이 없다면 생기를 잃고 죽어간다는 사실을 알아냈다. 아무리 좋은 음식을 먹이고 깨끗한 환경을 제공해도 말이다. 생명유지의 비밀은 사랑의 손길이었다.

해리 할로우Harry Harlow 박사는 실험을 통해 적극적으로 스킨십의 중요성을 밝혔다. 할로우는 붉은털원숭이를 풀어놓고 마음에 드는 어미를 찾도록 했다. 인형으로 만든 어미 2개가 준비되었다. 하나의 어미는 철망으로 만든 원숭이 인형이었고, 새끼가 마실 수 있는 우유 공급 장치가 있었다. 다른 하나의 어미는 따뜻한 솜털로 만든 원숭이 인형이었으며, 우유를 준다든가 하는 별다른 장치는 없었다. 단순히 솜으로 만들어진 인형이었다.

원숭이 새끼는 우리에서 나오면 철망으로 만든 인형으로 갔다. 그리고 우유를 마신 후, 즉시 솜털 인형에게 안겨 있었다. 12시간 동안 솜털 인형에서 떨어지지 않은 경우도 있었다. 철망 인형에게는 우유만 마시고 대부분 시간은 솜털 인형에게 자신의 몸을 맡겨놓았다. 이런 결과는 위협이 다가올 때도 나타났다. 큰 소리를 들려주는 등 위협을 가했을 때 새끼 원숭이는 즉시 솜털 인형에게 매달렸다. 새끼 원숭이가 더 찾았던 것은 따뜻하고 포근한 스킨십이었다.

이 두 연구결과는 본능적으로 인간이 무엇을 필요로 하는지를 시사한다. 우리에게 필요한 것은 보호자의 스킨십이다. 깨끗한 환경, 좋은 음식, 독립된 공간, 안전함 등은 두 번째 조건이다. 애착 대상의 스킨십과 체온은 생명을 유지하는 생명공급원이다. 이 이론에 착안한 미숙아 치료법이 '캥거루 케어'다.

캥거루 케어는 엄마가 아이를 캥거루처럼 안고 있는 치료법이다. 마치 캥거루처럼 아이를 품고 있기만 하면 된다. 아이에게 따뜻한 체온을 전해주고 엄마의 심장 소리를 들려주는 방법이다. 국제아동권리기관 세이브더칠드런Save the Children은 캥거루 케어가 미숙아 생존에 효과적인 방법이라고 권하고 있다. 세이브더칠드런의 연구결과에 따르면, 캥거루 케어를 받은 2kg 미만 저체중 신생아의 사망률은 51% 감소했다.

캥거루 케어는 일종의 '인간 인큐베이터'다. 기계로 만든 인큐베이터가 주지 못하는 효과를 준다. 따뜻한 엄마의 체온, 숨소리, 맥박의 두근거림과 심장 소리. 아이는 기계가 주지 못하는 안정감을 얻어 생존한다. 인간은 애착 대상과 스킨십을 교환하며 생존한다. 그렇다면 성인은 애착 대상의 스킨십이 필요 없을까? 아니다. 스킨십이 없다면, 대체품이라도 있어야 한다.

그녀는 알코올 중독 문제로 나를 찾았다. 30대 젊은 여성이었으며 아이가 둘 있었다. 술 때문에 출근하는 것이 너무 힘들다고 했으며, 무엇보다 아이들에 대한 죄책감이 크다고 말했다.

"술을 마신다는 건 당신에게 술이 필요하단 의미거든요. 무엇 때문에 술이 필요할까요?"

"그건 잘 모르겠어요. 저도 모르게 술을 마시게 돼요. 술이 없으면 불안하고 초조한 기분이 들어요."

"얼마나 술을 드시기에 상담을 받으려 하신 겁니까?"

"출근하지 않는 날엔 아침부터 술을 마셔요. 술을 마시다가 낮잠을 자고, 그러다 다시 일어나서 밤에 또 마시고요. 아이들에게 너무 미안해요. 이런 엄마의 모습을 보여주면 안 될 것 같고, 또 제 모습을 닮을 것 같아 두려워요."

"닮을 것 같아 두렵다고요? 혹시 가족 중에 술을 많이 드신 분이 계십니까?"

"어머니가 많이 드셨어요. 아버지도 드시긴 했는데 어머니처럼 많이는 아니었어요."

"지금 살아 계신가요?"

"아니요, 몇 년 전에 돌아가셨어요. 암으로요."

"그렇군요. 아버지는요?"

"아버지는 지금 다른 분 만나서 살고 계세요."

"아버지의 재혼에 대해선 어떻게 생각하시나요?"

"그건 그럴 수 있다고 생각해요. 아버지도 외로우실 거니까 누군가 옆에 계신 것도 좋다고 생각해요."

알코올 중독의 경우 가족력을 무시할 수 없다. 부모 또는 조부모가 알코올 중독이 있었던 경우, 대물림되는 경우가 많다. 물론 알코올 중독 뿐만이 아니다. 우울증, 공황, 강박, 성격적인 문제, 상처도 대물림되는 경우를 자주 목격한다. 내가 자녀에게 어떤 모습을 보여주느냐는 자녀의 미래를 결정한다.

"그럼 술 문제 때문에 불편하신 건 무엇입니까?"

"글쎄요, 불편한 건 별로 없어요."

"그런데 무엇 때문에 상담을 받으려고 하시죠? 불편함이 없다면 그냥 마셔도 될 것 같은데요."

"엄마로서 죄책감이 너무 커요. 아이들이 엄마가 술 마시는 걸 보지 않았으면 좋겠어요. 그런데 저도 제어가 되지 않으니…."

"그렇군요. 부모의 책임감은 개인의 욕구를 넘기도 하지요. 그런데 언제 처음으로 술을 드셨나요? 호기심에 마신 것 말고, 본격적으로 마시기 시작한 기억이 있을 텐데요."

"20살 넘어서요. 외롭다는 생각이 많이 들었어요. 그래서 친구들과 술을 자주 마셨어요. 술자리 분위기가 참 좋았거든요."

"술친구들이 좋았네요."

"그 친구들과 노는 것이 좋았어요."

"그럼 술을 마시면 외로움을 잊을 수 있었겠네요."

"네, 그래서 술을 마시는 것도 있어요. 그런데 외로움보다 공허함이 더 커요. 왜 사는지도 모르겠고, 잘못 살고 있다는 느낌도 들고요."

"술을 마시면 공허함이 사라지나요?"

"술을 마시는 동안에는요. 그런데 술이 깨고 나면 더 큰 공허함이 몰려와요."

"그럼 공허함이 없다면 술을 마시지 않을까요?"

"그럴 것 같네요. 정확히는 모르겠어요."

"남편분은 술 문제에 대해 어떻게 말씀하시나요?"

"처음엔 싸우기도 했는데, 이제는 신경 쓰지도 않아요."

"그럼 당신이 술 마시는 동안 남편은 어디서 뭘 하나요?"

"보통 게임을 하고 있어요."

"게임에 대해선 어떻게 생각하시죠?"

"그건 그 사람이 좋아서 하는 거니까… 별로 신경 쓰고 싶지 않아요."

"남편과 사이가 좋지 않으신가요?"

"이 이야기는 창피해서 안 하려고 했는데… 결혼하고 처음엔 사이가 좋았어요. 그런데 외롭다는 느낌이 강해서 중간에 다른 남자를 사귄 적이 있어요. 그걸 남편이 알게 되었고요. 남편은 지금도 잘해주는 편이긴

해요. 살림도 잘 도와줘요. 그런데 그 사건 이후로 남편과 멀어졌어요."

"당신은 다가서지 않으셨나요?"

"저도 노력은 하긴 했는데… 솔직히 남편 일에 간섭하고 싶지 않아요."

"그렇군요. 문제가 여기 있었네요."

"어떤 문제요?"

"그 이야긴 조금 뒤에 합시다. 그런데 당신은 언제부터 공허함을 가지고 있었을까요?"

알코올 중독, 폭식증, 카페인 중독, 약물 중독 등과 같이 먹는 것과 관련된 중독이 있다. 이 중독의 공통된 특징은 외로움과 공허함이다. 외로움을 많이 느끼기에 잊을 음식이 필요하다. 공허함을 많이 느끼기에 채울 음식이 필요하다. 이런 중독을 끊으려면 단순히 물질만 끊어서는 안 된다. 만약 하나의 물질을 끊는다면 외로움을 채울 다른 물질이 필요하다. 예를 들어 근본적인 해결 없이 알코올을 끊게 된다면 폭식증이 발생할 수도 있다. 이런 패턴을 두고 교차 중독Cross Addiction이라 한다.

"공허했던 건 잘 모르겠고, 어릴 때부터 많이 외로웠어요. 부모님이 장사를 하셨는데 절 혼자 두는 경우가 많았거든요."

"기억나는 일들이 있습니까?"

"정확히 기억나진 않는데, 부모님이 저를 귀찮아한다는 느낌을 많이 받았어요. 그래서 저 혼자 방에서 TV를 틀어놓고 잔 기억이 많아요."

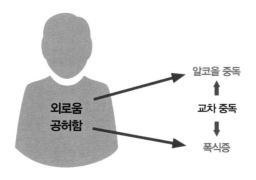

〈교차 중독의 원인과 구조〉

"그때 그 아이가 바란 건 무엇이었을까요?"

"부모님의 관심이겠죠."

"그런데 부모님에게 표현한 적은 있으세요?"

"아니요. 어차피 바쁜 분들이고…."

"학창시절엔 어떠셨나요? 외롭거나 공허함을 느낀 기억이 있습니까?"

"그때도 늘 그랬어요. 친구들과는 잘 지냈어요. 즐거웠던 기억도 많고요. 그런데 집에 들어오면 역시 부모님은 바쁘시고, 전 혼자 있어야 하니까… 집에 들어가기 싫다는 생각을 많이 했어요."

"TV 틀어놓고요?"

"네, 맞아요."

"누군가 당신을 소외한다는 느낌은 어떠세요? 많이 예민하십니까?"

"그러고 보니 그 부분에 많이 예민해요."

"반대로 누군가 다가와 주길 기다리는 마음이 크실 것 같아요. 어린 시절 방에서 부모님이 들어오길 기다리던 아이처럼 말이죠."

"…."

"그런데 누가 다가와 주길 기다리는 만큼 적극적으로 다가서시는 편인가요?"

"아니요."

"흠… 이 문제요, 과연 해결될 수 있을지 모르겠습니다."

"왜요?"

"남편이 싫으시죠?"

"네, 좋지 않아요. 게임하는 모습도 싫고, 바쁘게만 사는 것 같아서도 싫고요."

"당신이 알코올 중독을 해결하려면 남편과 적극적으로 화합해야 합니다. 그럴 용의가 있으신가요?"

"왜 그래야 하죠?"

"당신 인생과 현재 상황을 돌아보세요. 어떠신가요? 성장 과정엔 아무도 없는 집에서 외롭게 TV와 친구 하며 살았습니다. 부모님에게 적극적으로 애교부리고 사랑받으려 하지 않았을 거예요. 부모님이 당신을 밀쳐내는 게 두려웠겠지요. 그런가요?"

"네, 그랬던 것 같아요."

"그리고 지금은 남편에게 다가서지 않으시네요."

"사실 남편 삶에 제가 없는 것 같은 느낌이 싫어요."

"남편의 삶에 당신이 없다는 걸 어떻게 알지요?"

"남편은 자기 일만 중요한 사람이에요."

"자기 일만 중요하다는 건 어떻게 알지요?"

"매일 늦고, 방에 들어가서 게임하고…."

"결국 남편이 당신과 함께하지 않는 것이 싫은 거군요."

"네, 그래요."

"그럼 당신 스스로 다가서려고 시도는 하십니까?"

"…."

"외롭고 공허하다고 하셨어요. 그럼 친구라도 있어야 합니다. 그래서 결혼 생활 중에 다른 남자를 만나기도 하셨고요. 그런데 어떻게 그 만남이 유지될 수 있나요. 그래서 술친구라도 있어야지요. 술친구는 술을 마셔주는 친구가 아니에요. 술 자체가 친구란 의미입니다. 술 마시면서 혼잣말한 적은 없으세요? 소주병 앞에 두고 소주와 대화를 나눈 적은 없으신가요?"

"있어요. 자주 그랬어요."

"옆에 남편이 있어요. 그런데 당신 스스로 차단하셨잖아요. 그렇다고 외로움이 없는 건 아니죠. 그래서 친구가 필요하니 술을 친구로 찾는 겁니다. 이해하십니까?"

심리학에 제한적 신념Limited Belief이란 용어가 있다. 제한적 신념이란 '~하지 않을 거야'라는 신념을 의미한다. 예를 들어 '쓰레기를 길에 버리지 않을 것이다, 타인에게 피해를 주지 않을 것이다, 규범을 어기지 않을 것이다' 등과 같은 자신과의 약속을 의미한다. 보통은 이렇게 사회규범을 유지하는 범위로 제한적 신념이 나타난다.

그런데 능력의 성장, 대인관계의 원활함, 사랑받음, 성공, 자신의 표현 등에도 제한적 신념이 나타날 수 있다. '노력하지 않을 거야, 사람들에게 마음을 열지 않을 거야, 사랑을 주지 않을 거야, 사랑받지 않을 거야, 높은 자리에 오르지 않을 거야, 부자가 되지 않을 거야' 등과 같이 나타나기도 한다.

불경 〈화엄경〉에는 "일체유심조一切唯心造"라는 표현이 있다. 모든 현상과 유형들은 그것을 인식하는 마음이 나타남이고, 존재의 본체는 오직 마음이 지어낸다는 의미다. 나는 상담에 일체유심조의 논리를 자주 활용한다. 가난한 사람의 경우, 돈과 관련된 제한적 신념이 있다. 사랑이 부족한 경우, 사랑과 관련된 제한적 신념이 있다. 늘 바쁘게 사는 사람은 편안함과 관련된 제한적 신념이 있다. 주변 상황은 나의 마음이 선택한 결과다.

중독은 사랑이 부족해서 발생한다. 따라서 사랑받지 않겠다는 제한적 신념이 분명히 존재한다. 그녀의 경우가 좋은 예가 될 수 있다. 어린아이였던 그녀는 사랑받기 위해 부모에게 다가섰다가 거절당했을 것이다. 그때 무의식은 '다가서지 않을 거야'란 신념을 프로그래밍한다. 그리고 다가서지 않도록 행동한다. 누군가 다가와 주길 기다리지만 말이다. 하지만 그녀도 사람이다. 누군가의 사랑이 그립고, 누군가의 따뜻한 위로가 필요하다. 그런데 사람에게 다가서지 못하니 술과 친구 해야 한다.

"어떻게 하실 겁니까? 남편과 사랑하시겠습니까, 아니면 술과 사랑하시겠습니까?"

"…."

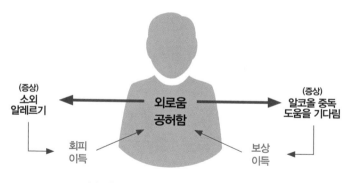

〈알코올 중독의 자아상, 증상, 이득의 흐름〉

"술과 사랑하는 편이 손쉽기는 합니다. 당신을 거절하진 않으니까요. 그렇다면 당신의 자녀에게 알코올 중독을 물려주시면 됩니다. 아마 아이들은 외할머니의 모습을 당신의 술 마시는 모습을 통해 볼 겁니다. 그리고 아이들은 당신을 닮겠지요. 수십 년이 흐르면 아이들은 알코올 중독에 빠질 겁니다. 당신이 어머니를 닮았듯 말이죠."

"그럼 안 되는데요…."

"그럼 남편분과 적극적으로 친해지세요. 외로움이나 공허함도 없애야겠지요. 소외를 두려워하는 마음도 없애야 할 겁니다. 남편이 다가오길 기다리는 마음을 포기하고, 당신이 다가서야 할 거고요."

"사실 남편은 저에게 자주 다가와요. 제가 싫어서 많이 피하는 편이에요. 그래서 남편도 저 때문에 상처를 많이 받았어요."

"그렇지요. 내가 차이느니 먼저 차는 편이 아프지 않으니까요. 그럼 어떻게 하실 겁니까? 술을 택하실 겁니까, 남편을 택하실 겁니까?"

"아직 잘 모르겠어요."

"술을 택하면 평생 공허하게 살다가 자녀에게 당신의 모습을 물려주게 됩니다. 당신의 어머니가 당신에게 그랬듯 말이지요. 남편을 택한다면 자녀에게 화목함을 물려주겠지요. 공허함과 알코올을 물려주려면 알코올을 택하세요. 화목함을 물려주려면 남편을 선택하시고요. 무엇을 선택하시겠습니까? 무엇을 물려주고 싶으세요?"

"화목한 가정이요. 제 아이들은 저처럼 살면 안 돼요. 그럼 안 돼요."

그녀는 참았던 눈물을 터트렸다. 그녀 마음속 어머니도 함께 울고 계셨을까.

입이 말하지 않으면
몸이 말한다

히스테리(《독》Hysterie): 정신 신경증의 한 유형. 정신적 원인으로 운동 마비, 실성(失性), 경련 따위의 신체 증상이나 건망 따위의 정신 증상이 나타난다.

– 출처: 국립국어원 표준국어대사전

히스테리는 정신적 문제가 신체적 문제로 이어진 결과를 포함한다. 히스테리는 정신분석 사례에서만 나타나는 특별한 일처럼 느껴지곤 한다. 단어가 주는 어감도 썩 좋지 않다. 하지만 마음의 문제가 몸으로 나타나는 증상은 우리에겐 흔한 일이다. 생각해보자. 스트레스를 받아 속이 쓰린 적 없는가? 신경을 많이 써서 두통이 생긴 적은 없는가? 각종 근육통으로 병원을 찾았을 때 '신경성'이란 진단을 들은 적은 없는가? 이런 다양하고 가까운 사례들도 마음이 몸으로 전이된 히스테리의 한 부분이다.

클리니컬 심리학의 아버지인 프로이트는 히스테리를 집중적으로 연구했다. 그리고 나름의 치료법을 발견했는데, 관련된 사건을 말하는 방법이다. 신체적 증상과 관련된 기억, 사건, 감정, 정서 등을 말로 표현하는 것이다. 이런 과정에서 무의식적 감정과 기억이 의식으로 나타나며, 몸으로 전이된 정서적 문제는 해체(소산, Abreaction)된다. 그러면 증상이 사라진다. 이런 치료법은 우리에게 다음의 메시지를 시사한다.

"말하면 증상이 사라진다. 따라서 말하지 않기에 몸이 대신 말한다."

비만 사례: 전 사랑받기 싫어요

나는 내담자들의 외형적인 부분도 눈여겨보는 편이다. 한눈에 볼 때도 반짝거리는 사람들은 반짝거려야 하는 그들 나름의 이유가 있다. 타인에게 잘 보이고 싶은 욕구가 강할 수도 있고, 자신감을 표현하고 싶은 경우일 수도 있다.

반대로 외모가 볼품없는 경우도 있다. 그녀는 우울증 문제로 상담을 받았다. 그녀는 1회기 상담을 만족스럽게 마쳤다. 그리고 2회기 상담 때 최면으로 비만을 해결할 수 있냐고 물었다. 가능하다. 해결할 수 없는 문제는 아니다.

최면을 활용한 비만 해결은 신체적 변화가 핵심이 아니다. 최면과 NLP 시각에서 비만이란, 비만일 수밖에 없는 마음의 구조가 있다고 전제한다. 마음의 구조를 살이 빠지는 쪽으로 변화시킨다면, 행동이 변화하고 신체에 영향을 주게 된다.

"왜 살을 빼고 싶으신가요? 비만 때문에 불편한 점이 있습니까?"

"저번 상담을 마치고 곰곰이 생각해봤어요. 왜 남편이 절 싫어하는지요. 그런데 제 외모도 문제가 있는 것 같아요. 직장에서 예쁜 사람들만 보다가 뚱뚱한 절 보면 싫을 수도 있다고 생각해요."

"남편에게 사랑받기 위해 살을 빼고 싶단 의미죠?"

어떤 문제를 해결하든 목적이 명확해야 한다. 목적이 서지 않으면 중상이 쉽게 해결되지 않는다. 그녀는 남편과의 불화가 우울증의 원인이었다. 상담 전에는 남편의 변화를 기다렸다면, 이젠 그녀 스스로 변하려는 것이다. 그녀의 목적은 긍정적이고 명확하다. 목적이 명확할수록 해결도 빠르다. 치유에 앞서 일련의 사전상담을 마치고, 그녀와 변화 작업을 시작했다.

"눈을 감고 편안하게 호흡하세요. 그리고 당신이 가장 빼고 싶은 신체 부위를 떠올려보세요. 어느 부분입니까?"

"배요."

"배의 살을 바라보세요. 무엇이 어떻게 보이나요?"

"지방이 보여요. 물컹거리고… 흉해요."

"흉해요? 좋습니다. 당신의 지방이 흉하게 보이는군요. 그런데 지방이 흉하게 보이더라도, 당신에게 필요하니까 있는 거거든요. 지방의 말을 들어볼 필요가 있겠어요. 지금 지방 속으로 들어가 보세요. 그리고 지방이 되어서, 지방의 마음으로 저와 대화를 해봅시다. 지방, 대답하세요."

"네."

"지방에게 질문합니다. 지방 당신 때문에 ○○씨가 남편에게 충분하게 사랑받지 못하는 것 같아요. 그리고 남편이 멀리합니다. 어떤 목적으로 당신은 흉한 모습으로 ○○씨 배에 있는 겁니까?"

"○○이를 흉하게 보이게 하려고요."

"그럼 흉하게 보이려는 것도 나름 긍정적인 목적을 지니고 있는 것 같아요. 어떤 목적이 있을까요?"

"○○이는 예쁨받으면 안 돼요."

"예쁨받으면 안 된다니, 구체적으로 어떤 의미인가요?"

"○○이가 예뻐지길 원하지 않아요."

"아, 그럼 ○○씨가 예뻐지길 원하지 않는 마음이 있군요?"

"네."

다이어트를 하면 보통 이런 마음이 생기기 마련이다. '야식을 먹을까?', '참고 이겨내자' 같은 마음이 나도 모르게 나타난다. 우리의 마음은 이렇게 하나가 아니다. 먹고 싶은 마음도 있고, 살을 빼고 싶은 마음도 있다. 우리의 마음은 여러 가지가 모여 하나를 이룬다. 그리고 마음의 일부분을 '분아Part'라고 부른다.

앞의 대화는 의도적으로 마음을 쪼개고 분아의 의도를 파악하는 과정이다. 이렇게 마음을 쪼개는 방법을 '치료적 해리Dissociation'라 부른다. 해리란 사전적으로 나누어지고 분해되는 것을 의미한다. 앞의 대화는 치유를 위해 마음을 의도적으로 나눈 것이지만, 의도하지 않고 마음이 해리된 사람들이 있다. 이들의 증상을 두고 '다중인격장애' 또는 '해리성 정체감장애'라 부른다.

분아 간의 대화는 치유에 무척이나 효과적이다. 자신도 몰랐던 내면을 들여다볼 수 있고, 마음 한곳의 의도를 파악할 수도 있다. 그녀는 지금 '지방'이라는 마음과 대화를 나누는 중이다. 그리고 지방은 그녀가 예뻐지지 않길 바란다고 주장한다. 지방의 이야기를 더 들어보자.

"지방에게 다시 묻습니다. 당신은 ○○씨가 무엇 때문에 예뻐지지 않으려는지 아실 것 같아요. ○○씨는 무엇 때문에 예뻐지지 않으려고 하나요?"

"만약에 예뻐졌는데도 남편이 싫어하면 더 상처받으니까요."

"아, 그럼 지방 당신은 ○○씨를 상처받지 않게 도와주고 계시군요."

"네, 맞아요."

그녀는 비만 때문에 남편에게 사랑받지 못할 것 같다고 했다. 하지만 마음 깊은 곳에서 나온 이야기는 다르다. 오히려 비만이 사랑받지 못함을 지켜주고 있었던 것이다. 생각해보자. 만약 아주 예뻐졌는데도 남편이 미워하면 얼마나 자존심이 상하겠는가? 어차피 미움받을 거라면 '난 뚱뚱해서 사랑받지 못하는 거야'라고 자위하는 편이 속 편할지 모른다.

"그럼 ○○씨에겐 상처받길 두려워하는 마음도 있겠군요?"

"네."

"○○씨, 지금 지방에게 고맙다고 말씀하세요. 지방이 보기엔 흉하더라도, 상처받지 않게 도와주고 있었잖아요. 그렇지요?"

"네, 고마워요."

"이제 결정하실 때입니다. 지방을 보내려면, 그리고 살을 빼려면 설령 남편이 상처를 주고 사랑해주지 않더라도 '난 그래도 괜찮다'란 마음가짐이 되어야 합니다. 그리고 이젠 스스로에게 예뻐지는 것을 허락해야 해요. 사랑받는 걸 허락해야 해요. 그리고 남편의 관심과 주목을 받는 걸 허락해야 합니다. 동의하십니까?"

"네, 이젠 사랑받고 싶어요."

"좋습니다. 그럼 사랑받지 않겠다는 신념이 생긴 건 언제부터였을까요? 결혼 전에도 그런 생각이 있었나요?"

"초등학교 때 일이 있었어요. 동네에 변태가 살았거든요. 바바리맨이요. 너무 당황하고 무서웠어요. 몇 번 계속 겪었어요. 골목길에서 돌아서면 그놈이 절 쫓아오고, 제가 도망치면 웃으면서…."

"그때 경험이 당신이 사랑받지 않겠다는 것과 어떤 관련이 있나요?"

"남자가 무서워요."

보통 사랑에 대한 알레르기, 남성성에 대한 알레르기가 있는 사람들은 외형적인 모습을 스스로 못나게 만들곤 한다. 이상한 행동을 하기도 하고, 여성임에도 남성처럼 행동하기도 한다. 스스로 사랑을 거부하는 것이다. 사랑을 원해 다가섰다가 상처받을 것이 두렵기 때문이다. 그래서 다른 사람들이 다가서지 못하게 해야 한다. 그녀의 무의식이 택한 방패는 무엇일까? 비만이다.

어깨 통증: 일하기 싫습니다

어깨 통증은 만성 통증의 대표적 사례라 할 수 있다. 스트레스가 쌓이면 어깨가 뭉치고 아프다. 누구나 조금씩 겪어본 일이다. 하지만 만성적으로 생활을 할 수 없을 정도로 아프다면 문제가 된다.

그녀는 이혼 과정에서 나를 찾았다. 대기업에 근무하고 있었으며, 남편이 일방적으로 이혼을 요구하는 상황이었다. 그녀도 이혼을 결심했고, 이혼 후 막막한 미래를 해결하고 싶다며 상담을 요청했다. 한 번의 상담이 있었고, 마지막 2회기 상담 때 어깨 통증도 함께 해결하길 원했다. 그녀는 통증을 해결하려 병원, 한의원, 물리치료 등 안 해본 것이 없다고 했다. 상담을 받던 중 심리적인 원인이 크다는 것을 알았다고 했다. 그녀와 치유 작업에 들어갔다.

"눈을 감고, 마음의 눈으로 아픈 어깨를 바라보세요. 그럼 통증의 색이 보일 겁니다. 크기도 떠오르고, 모양도 떠오를 겁니다. 마음의 손으로 통증을 만져보세요. 촉감도 떠오르겠지요. 온도와 단단함도 떠오를 겁니다."

"붉은색이에요. 크기는 커다란 돌 같아요. 단단하고요. 온도는 미지근한 것 같고요."

"그럼 이제 통증 속으로 들어가세요. 그리고 통증이 되어서 저와 대화해봅시다. 통증, 대답하세요."

"네."

"○○씨가 당신 때문에 많이 아프답니다. 당신은 ○○씨의 일부분인데, 무엇 때문에 ○○씨를 힘들게 하는 겁니까?"

"이 사람은 힘들어야 해요."

"무엇 때문에 힘들어야 하죠? ○○씨를 힘들게 하는 것도 ○○씨에게 도움을 주려고 하는 거잖아요."

"힘들면 일을 못 해요."

"일을 못 하면 무엇이 좋지요?"

"회사를 그만둘 수 있으니까요."

"아, 그럼 ○○씨가 회사를 그만두려는 마음이 있는가 보군요."

"네, 맞아요."

"그럼 ○○씨는 무엇 때문에 회사를 그만두려 하나요? 통증 당신은 알고 있잖아요."

"이혼하면서 창피하니까. 그리고 일할 정신이 없으니까."

"하긴 그렇습니다. 이혼하면서 일이 손에 잡히면 이상하죠. 힘든 상황에 일이 손에 들어오지 않는 게 당연합니다. 그럼 통증 당신은 ○○씨를 편안하게 해주고, 창피함을 막아주는 역할을 하고 계시네요?"

"그렇죠."

대부분의 만성 통증은 이런 이득을 지니고 있다. 눈이 아파서 모니터를 들여다보지 못한다면, 모니터를 보기 싫은 마음이 있는 것이다. 어깨가 아파 큰 짐을 들지 못한다면, 짐을 들기 싫은 마음이 있는 것이다. 손목이 아파 집안일을 하지 못한다면, 집안일을 하기 싫은 마음이 있는 것이다. 통증은 상황으로부터 자연스레 멀어지게 할 수 있는 이득을 준다.

"○○씨에게 질문하겠습니다. 지금 직장을 그만둘 상황이 되십니까? 아니면 휴직을 한다거나 휴가를 갈 수 있는 상황은 되시나요?"

"아니요. 일도 많고, 제가 빠지면 조직에 큰 무리를 줄 수 있어요."

"그렇군요. 그럼 창피함을 포기하고, 지금 힘든 상황이라도 일하기 싫은 마음을 포기해야 합니다. 그래야 통증이 사라질 것 같아요. 동의하십니까?"

"그렇게 될 수 있을까요?"

"원하신다면 가능하지요. 그런데 무엇이 창피하고, 무엇 때문에 일하기 싫으신 걸까요?"

"제 이혼 사실이 알려질 것이 두려워요. 직장 사람들의 시선이 두려워요. 그래서 책상에 앉아 있는 것도 너무 눈치 보이고…."

"그럼 사람들의 시선이 두려운 마음을 해결한다면 직장 생활이 편해질까요? 그렇게 되기 위해선 사람들이 이혼 사실을 알아도 담담해야 할 겁니다. 그것에 대해서도 동의하십니까?"

"네, 좋아요. 그만둘 수 있는 직장도 아니고, 어차피 알게 될 거라면…."

만성 다리 통증: 인정받고 싶습니다

만성 통증은 상황을 피할 수 있는 이득을 준다. 반대로 무언가를 얻고자 할 때 통증을 찾는 경우도 있다.

"통증 때문에 불편하신 점이 있나요?"

"아니요, 딱히 그렇진 않습니다."

"그럼 무엇 때문에 치유를 원하시는 건가요? 그냥 가지고 살아도 될 것 같은데요."

"우선 잠을 이루기 힘들고, 제 아내가 치료받으라고 권해서요."

30대 직장인인 그는 오랜 시간 다리 통증을 앓아왔다고 했다. 학창시절부터 모범생이었으며, 성적도 좋은 편에 속했다. 다리 뼈마디가 쑤시는 그의 고통은 중학교 때부터 있었다. 통증 때문에 생활하는 데 큰 무리는 없지만, 최근 통증이 심해졌으며 밤이면 잠을 이룰 수 없는 정도였다.

　그는 아내가 적극적으로 치료를 권했기에 여러 방편으로 치료법을 알아보는 중이었다. 한의원에 다니기도 했고, 정형외과를 다닌 적도 있었다. 하지만 해결되지 않았다. 그러던 어느 날, 그는 한 한의원 원장님에게 심리적인 문제일 수 있다는 이야기를 들었다. 그리고 나를 찾은 것이다.

　"그런 이유라면 치유가 될지 모르겠습니다. 치유의 정도는 적극성이나 필요성과 비례하거든요. 생활에 불편함이 없다면 그냥 가지고 사는 것도 나쁘지 않아요."

　"그래도 아픈데요?"

　"그건 그 나름대로 이유가 있을 겁니다. 통증을 포함한 인간의 모든 행동은 나름대로 의미가 있어요. 모두 긍정적인 이득을 주고 있지요. 예를 들어봅시다. 칼에 찔려 피를 흘려도 아프지 않은 사람이 있다고 가정해봅시다. 그럼 그는 편할까요? 그렇지 않을 겁니다. 잦은 사고로 쉽게 몸이 망가지고, 생명을 잃을 가능성이 커져요. 지금 당신의 통증도 당신에게 어떤 이득을 주고 있을 겁니다."

　"그래도 병 아닙니까?"

　"병이냐 아니냐는 중요하지 않아요. 중요한 건 지금 당신의 증상은 당신을 위해 일하고 있다는 사실입니다."

　"그럼 전 계속 이렇게 살아야 합니까?"

　"꼭 그런 건 아니에요. 치유된다면 다른 것들도 함께 바뀌어야 하기에 그런 거죠. 대표적인 것이 흡연이에요. 담배를 끊는 건 단순하게 담배를 끊는 것이 아니에요. 담배를 끊음으로써 손해 보는 것들을 감수하겠다는 의지가 있어야 합니다. 생각해보세요. 금연하면 손해 보는 것이 있어요. 동료들과의 대화가 줄어들 수도 있고, 스트레스를 해소하는 방법도 줄어들고, 혼자 있는 시간도 줄어들죠. 당신의 통증도 같습니다."

"조금 이해가 되네요. 가끔 일부러 아픈 걸 티 낸 적도 있거든요."

"언제 아픈 걸 티 내셨죠?"

"아내에게 자주 그랬어요."

"그럼 아내는 어떻게 반응하십니까?"

"주물러주기도 하고, 걱정해주기도 합니다."

"그 반응이 어떻게 느껴지시죠?"

"솔직히 기분이 좋아요."

"그것 보세요. 만약 통증이 사라지면 그 기분 좋은 안마를 포기해야 합니다. 안마만이 아닐 겁니다. 아내가 당신을 대하는 태도, 행동, 걱정, 위로 등을 모두 포기해야 해요. 아깝잖아요. 그냥 가지고 계신 건 어떠세요?"

"…."

"아프면 생기는 이득이 있습니다. 주변 사람의 위로를 받을 수 있고, 응원도 들을 수 있어요. 마치 아이들이 조금만 다쳐도 엄마에게 뛰어가는 것처럼 말이죠. 통증은 얼마나 감사한 증상입니까? 말하지 않아도, 요구하지 않아도 주변 사람들이 알아서 해주잖아요."

"인정받고 싶었어요. 제 아내에게도 그렇고, 어릴 때도 그랬던 것 같아요. 제가 얼마나 힘든지 주변 사람들은 잘 모르니까 그걸 알리고 싶었어요."

치유 과정에서 해결하려는 문제가 생활에 어떤 지장을 주는지 파악하는 것은 무척 중요하다. 심리적 통증이든 신체적 통증이든 생활에 지장을 주기 때문에 찾는 것 아니겠는가? 같은 알코올 중독자라도 치유가 되는 사람이 있고, 그렇지 않은 사람이 있다. 중독의 문제로 대인관계, 가족관계, 직업적 문제, 가치관의 혼란 등이 있다면 치유가 가능하다. 하지만 알코올 중독에 죄책감이 없거나, 알코올 중독으로 인해 얻는 이득이 많다면 치유가 무척 힘들다. 변화의 필요성을 느끼지 못하는 사람을 강제로 변화시키는 것은 불가능한 일이다.

"아프면 주변 사람들이 당신이 얼마나 힘들게 일하는지 자연스레 알릴 수 있어요. 당신의 통증 문제를 해결하려면 그 욕구부터 해결해야 합니다. 타인이 내가 고생하는 걸 인정하지 않아도 된다는 자세가 통증 해결의 전제조건이에요. 어떻게 하시겠습니까?"

긴 시간 동안 대화와 설득이 있었지만 그는 끝내 치유를 받지 않았다. 그의 통증은 주변 사람들에게 인정받기 위한 수단이다. 통증을 해결하려면 인정의 욕구를 포기해야 한다. 인정의 욕구를 포기하면 앞으로의 노력, 인내, 미래에도 영향을 줄 수 있다. 벼룩을 잡기 위해 집을 태울 수는 없는 일 아닌가.

4장
미래와 방향의 역설

재관신몰在官身沒 이청분익렬而淸芬益烈 이민애도吏民愛悼
반이호도攀輀號挑 기구이불능망자旣久而不能忘者 현목지유종야賢牧之有終也:
수령이 재임 중에 죽어, 고결한 인품이 더욱 빛나서
아전과 백성들이 슬퍼하여 상여를 붙잡고 울부짖고 오래도록 잊지 못한다면,
어진 수령의 유종의 미가 될 것이다.

– 정약용의 《목민심서(牧民心書)》 중

미래를 바꾸는 첫 단추,
나는 이미 주체적이다

정서를 크게 두 가지로 구분해보자. 긍정적 정서와 부정적 정서다. 기쁨, 환희, 따뜻함, 편안함, 만족감 등은 긍정적 정서가 분명하다. 술이 너무 좋으면 알코올에 중독된다. 게임이 너무 좋으면 게임에 중독된다. 커피가 너무 좋으면 커피에 중독된다. 어떤 대상에 긍정적 정서가 강하면 강할수록 그 대상에 중독되기 마련이다. 그러므로 이제부터는 긍정적 정서를 모두 '중독'이라 표현하겠다.

슬픔, 미움, 분노, 짜증, 불쾌함, 불만족 등은 부정적 정서다. "난 공부에 알레르기가 있어요"라고 표현하기도 한다. "그 사람을 생각하기만 해도 알레르기가 일어나"라고 말하기도 한다. 우리는 싫은 것을 "알레르기가 일어난다"고 표현한다. 따라서 이제부터는 부정적 정서를 모두 '알레르기'라 부르겠다.

중독		알레르기
+10	0	-10

긍정적 정서		부정적 정서

〈중독과 알레르기의 수준〉

우리나라 사람 중에 통닭을 싫어하는 사람은 몇 안 될 것이다. 그럼에도 통닭에 알레르기가 있는 사람도 어딘가 분명히 있다. 통닭 냄새만 맡아도 구역질이 날 수도 있고, 닭고기를 먹으면 두드러기가 날 수도 있으며, 통닭 자체를 싫어할 수 있다. 이런 증상은 문제일까 아닐까?

그런데 생각해보자. 만약 통닭을 먹고 식중독으로 고생한 경험이 있다면 통닭을 기피할 수 있다. 이때 통닭 알레르기는 식중독을 막는 방패다. 또 이런 경우가 있을 수도 있다. 기름진 음식을 먹기만 해도 쉽게 살찌는 체질인 경우 말이다. 그렇다면 통닭을 싫어해야만 한다. 그래야 건강을 지킬 수 있지 않겠는가? 통닭 알레르기는 좋은 것이다.

반대로 통닭에 중독된 사람이 있을 수도 있다. 매일 통닭을 한 마리씩 먹어야 잠을 잘 수 있는 사람이라면 중독이라 볼 수 있다. 의학적인 관점에서 본다면 통닭 중독은 좋지 않다. 문제라고 할 수 있다.

하지만 이런 경우는 어떨까? 만약 식물단백질에 알레르기가 있는 사람이 있다고 가정해보자. 그는 콩 비린내만 맡으면 구역질을 할 정도로 싫어한다. 그렇다면 통닭은 그에게 꼭 필요한 단백질 공급원이다. 이런 경우도 있다. 힘들고 어려웠던 시절, 부모님이 사주신 통닭을 기억한다.

그래서 매일 통닭을 먹으면 긍정적 에너지가 충만해진다. 힘든 세월을 이겨내신 부모님을 생각하며 매일 통닭을 먹는 것이다. 이 경우의 통닭은 그에게 정신적 충전제가 된다. 통닭 중독은 좋은 것이다.

반려동물에 관심이 점점 높아지고 있다. 강아지, 고양이를 비롯하여 특별한 동물을 키우는 사람들이 있다. 대표적인 반려동물인 강아지를 떠올려보자. 귀엽고, 부드럽고, 주인에게 충성하며, 배를 뒤집고 애교 부리는 모습이 떠오를 수도 있다. 하지만 반대로 개 공포증이 있는 사람은 몸서리친다. 그렇다면 개 공포증은 좋은 것인가 나쁜 것인가?

개 공포증이 있는 사람은 의외로 많다. 원래 강아지를 좋아했지만 싫어진 사람도 의외로 많다. 실제로 어떤 사람은 강아지를 키웠는데, 출산 후 강아지 털이 아기의 이불과 옷에 묻는 것을 견딜 수 없어 했다. 그때부터 개털 알레르기가 생겼고, 강아지를 미워하는 마음이 생겼다. 이때 개 알레르기는 좋은 것이다. 아이의 건강을 지켜주고, 아이의 청결을 유지하지 않는가. 또 개에게 물려서 개 공포증이 생긴 경우라면 어떨까? 개 공포증은 그의 안전을 지키는 방패가 된다. 개 알레르기는 좋은 것이다.

개를 좋아하다 못해 가족보다 더 챙기는 사람들이 있다. 친구보다 강아지, 부모님이나 배우자보다 강아지를 더 아끼고 사랑하는 사람들이다. 이들은 때론 사회적 이슈가 된다. 그런데 이들의 성격이 대인관계를 잘 이루지 못하는 경우라면 어떨까? 사람들과 소통하기 힘들다. 사람들을 피하고 싶을 수도 있다. 그러면 외로워진다. 이때 강아지는 이들의 친구이자 배우자이자 자녀가 된다. 친구들은 비난하고, 부모님은 사랑해주지 않고, 배우자는 날 외면하지만, 강아지만은 그렇지 않다. 절대 충성하고 꼬리를 흔들어준다. 이들에게 개는 유일한 친구다. 개 중독은 좋은 것이다.

부모는 애착의 대상이지만 그렇지 않은 사람들도 있다. 상담 현장에서는 부모님을 증오하고, 부모님으로부터 도망치려는 사람들을 자주 만난다. 이들의 부모 알레르기는 문제인가 아닌가?

성장 과정에서 심한 학대를 받은 사람이 있었다. 그의 부모님은 매질을 일삼았고, 어린 그를 고아원에 보내기도 했다. 차라리 고아원이 편하게 느껴질 정도로 부모님의 학대는 심했다. 그에게 부모 알레르기는 좋은 것인가 나쁜 것인가? 좋은 것이다. 만약 학대하는 부모님을 좋아한다면 더 많은 학대를 받을 위험이 있다. 부모 알레르기는 학대를 피할 수 있는 좋은 수단이 된다.

반대로 부모에게 중독된 내담자들도 자주 접한다. 결혼했지만 배우자나 자녀를 챙기기보다 부모님을 아끼는 일에 더 에너지를 쏟는 사람들이다. 이들은 마마보이, 마마걸이라며 비난의 대상이 되곤 한다. 하지만 속사정을 알고 나면 이 또한 문제라고 할 수 없다.

성장 과정에서 심한 병을 앓은 아이가 있었다. 그의 어머니는 그를 살리기 위해 무척 애썼다. 그리고 아이는 깊이 감사함을 느꼈다. 자신을 살게 해준 어머니를 생각하며 공부했고, 어머니를 생각하며 성공했다. 어머니 생각만 하면 에너지가 넘치고, 어머니가 없는 세상을 생각할 수도 없다. 그래서 늘 어머니 옆에 붙어 있으려 한다. 어머니가 돌아가시면 고인의 사진이라고 붙잡고 있어야 한다. 꿈속에서라도 만나야 한다.

어머니는 삶의 에너지이며 동력이니까. 그에게 어머니 중독은 좋은 것이다.

지금까지는 일상적이고 주변에서 흔히 접할 수 있는 사례들이다. 이해할 수 있는 범주다. 하지만 정신의학 기준에서 치료대상이며 병으로 구분되는 문제도 있다. 이런 병적인 경우를 부정적이라고만 할 수 있을까? 반대로 우리가 긍정적이라 여기던 정서는 과연 긍정적이기만 할까? 다음 사례들을 살펴보자.

원칙적으로 문제란 없다

알코올 중독은 치료의 대상이다. 우리나라가 술에 관대하다고 하지만, 사회적 비난을 받는 것은 피할 수 없는 사실이다. 하지만 알코올 중독에도 이득이 있다. 알코올 중독자는 술에 취해 있는 시간보다 깨어 있는 시간을 힘들어한다. 세상과 단절되었다는 외로움, 실패한 인생에 대한 괴로움 등이 눈앞에 있기 때문이다. 이때 어딘가로 숨어야 하지만 숨을 곳이 없다. 자신을 인정해주고 위로해줄 친구도 없다. 그러면 술이라도 찾아야 한다. 이슬이라도 붙잡고 말해야 한다. 이슬이는 대답하진 않지만 자신을 위로해주고 고통으로부터 숨겨준다. 이들에게 알코올이란 숨을 수 있는 장소이며, 위로해주는 친구다.

또 이런 경우도 있다. 사람들과의 소통을 더 깊이 하기 위해 술을 찾는다. 사람들과 깊은 대화를 하고, 깊은 관계를 유지하기 위해 술을 찾을 수도 있다. 영업사원은 술을 도구 삼아 거래처와 돈독한 관계를 유지하기도 한다. 이들에게 술이란 관계를 깊게 하고, 성과를 만들어주고, 결과를 이끌어주는 도구인 셈이다. 알코올은 좋은 것이다.

반대로 알코올 알레르기가 있는 사람도 있다. 조금만 술을 마셔도 몸이 붉게 달아오르고 정신을 못 차린다. 몸과 마음이 술을 거부한다. 상담 현장에서 술 트라우마가 있는 사람들을 자주 접한다. 아버지의 주정과 폭력, 어머니의 알코올 중독 등이 대표적인 술 트라우마의 사례다. 아이는 '술은 나쁜 것이야'라고 여기며 절대 술과 친해지지 않기로 결심한다. 그러면 술 알레르기가 생긴다. 자신이 술을 마시지 못하기도 하고, 술 마시는 사람들을 싫어하기도 한다. 이들의 술 알레르기는 자신을 지키는 방패다. 얼마나 감사한 일인가? 술 알레르기는 좋은 것이다.

편안함이란 정서는 보편적으로 긍정적으로 여겨진다. 그리고 편안함을 극도로 추구하는 사람들이 있다. 편안함에 중독된 것이다. 이들은 누군가에게 의존하려 한다. 도전하면 땀 흘려야 하고, 실패가 따른다. 땀도 싫고 실패도 싫기에 도전하지 않는다. 만성적으로 게으르고, 편안한 생활만 찾는다. 편안함 중독이 커지면 의존성 인격장애로 발전하기도 한다.

그렇다면 의존성 인격장애는 문제인가 아닌가? 의존성은 좋은 것이다. 우선 몸과 마음을 편안하게 해준다. 실패를 피할 수도 있다. 고생하지 않아도 되며, 노력하지 않아도 되고, 땀 흘리지 않아도 된다. 얼마나 감사한 장애인가? 의존성 인격장애는 좋은 것이다. 편안하게 해주니까 말이다.

반대로 편안함에 알레르기가 있는 사람들이 있다. 이들은 한시도 가만히 있지 못한다. 무언가를 하지 않으면 안 되고, 안락하거나 여유 있는 생활을 하지 않는다.

편안함 알레르기가 커지면 커질수록 불안장애로 발전한다. 불안장애는 편안함 알레르기의 이면, 즉 불안감에 중독된 것이라 할 수도 있다. 이들이 편안함 알레르기를 추구하는 것은 좋은 결과를 이끈다. 바쁘게 살기에 성과를 얻어낼 수 있다. 불안감을 찾기에 불안한 상황이나 환경을 통제할 수도 있다. 걱정에 걱정을 하면서 주변 사람을 챙겨줄 수도 있다. 좋은 사람, 열심히 사는 사람이라는 평을 들을 수 있다. 얼마나 감사한가? 성과와 평가를 동시에 얻어낼 수 있으니 말이다.

기쁨 또한 보편적으로 긍정적이라 여긴다. 그렇기에 기쁨만을 추구하려는 사람들이 있다. 이들은 기쁨을 추구하면 추구할수록 우울함에 극도의 알레르기를 보인다. 따라서 자신의 기쁨을 방해하는 것에 히스테리가 나타나기도 한다. 기쁨 중독이 강하면 강할수록 조울증으로 발전한다. 기쁨의 상황을 추구하다가 비관적인 상황이 나타나면 극도로 신경질을 부린다. 자기애성 인격장애, 연극성 인격장애로도 발전할 수 있다.

그런데 이들의 기쁨 중독은 좋은 것이다. 기쁨을 추구한다는 것은 그만큼 그들에게 도움이 되는 결과를 추구한다는 의미다. 성과를 얻는 동력이 되고, 결과를 이루는 에너지가 된다. 관심과 사랑을 얻으려는 목적이다. 그렇다면 조울증은 좋은 것인가 나쁜 것인가? 좋은 것이다. 원하는 것을 얻을 수 있는 에너지가 되지 않나.

그런데 기쁨에 알레르기가 있는 사람들도 있다. 이런 증상을 두고 만성우울증이라 부른다. 만성우울증은 기쁨의 이면이며, 우울 중독이라 부를 수도 있다. 만성우울증은 오랜 시간 정신의학의 단골 치료대상이 었으며, 상담심리학의 주요 내담자다. 그렇다면 만성우울증은 나쁘기만 한 것일까? 우울한 정서 또한 도움이 되기에 있는 것이다.

만성우울증으로 직장 생활이 힘든 사람이 있다고 가정해보자. 계속 죽고 싶다는 생각은 그의 친구다. 그에게 자아실현은 먼 나라의 동화일 뿐이며, 행복이란 사치일 뿐이다. 죽고 싶다는 생각을 친구로 여기고 있으면 그를 구해줄 사람이 나타난다. 마치 나쁜 친구와 어울리는 자식을 잡으려 나서는 엄마처럼, 그를 우울의 늪에서 꺼내줄 사람이 나타난다.

게다가 환자의 모습을 하고 있으면 일을 하지 않을 수도 있다. 아프다고, 죽고 싶다고 하면 주변의 위로도 받을 수 있다. 경제적 지원을 하는 사람이 나타날 수도 있다. 이겨낼 수 없는 상황과 직면하지 않아도 된다. 그들에게 만성우울증이란 좋은 도피처가 된다. 얼마나 감사한 우울증인가? 기쁨 알레르기, 우울 중독, 만성우울증은 좋은 것이다.

이처럼 모든 정서는 우리를 위해 일하고 있다. 타인의 시각에서는 문제일 수 있지만 무의식은 완벽히 나를 위해 일하는 중이다. 조현병(정신분열증)의 경우도 그렇다. 현재 상황을 이겨내기에 정신적 체력이 한계에 부딪힐 수 있다. 그럼 차라리 미쳐버리는 편이 낫다. 미쳐버린다면 아무도 건드리지 않는다.

간질 중에 '가성간질'이란 증상이 있다. 뇌 이상으로 발생한 간질이 아니라 심리적으로 발생하는 간질이다. 이들의 무의식은 간질이라는 증상을 활용한다. 주변에서 공격, 비난, 멸시 등을 받게 되면 간질 증상을 일으키는 것이다. 그러면 건드리는 사람들이 사라진다. 또한 가해자에게 죄책감을 심어줄 수 있다. 가성간질은 상황을 모면하고 수동적으로 공격하는 좋은 수단이 된다.

해리장애, 특히 다중인격장애는 어떨까? 견딜 수 없는 상황, 피하고 싶은 환경에 놓인 경우 도망쳐야 한다. 그래야 산다. 하지만 도망칠 여건이 안 될 수도 있다. 참고 견뎌야 하는 경우도 있다. 그럼 도망치기 위해 어떻게 해야 할까? 새롭게 만든 인격 뒤에 자아가 숨어버리면 된다. 그러면 내가 아닌 다른 인격이 도피를 돕는다. 실제 도망치기도 하고 주변을 공격하면서 말이다. 상황이 마무리되면 "내가 그런 것 아닌데요. 전 기억나지 않아요"라고 하면 된다. 새롭게 등장한 내 안의 '또 다른 나'가 나를 돕는 것이며, 그 뒤로 숨는 것이다.

미래를 바꾸는 첫 단추, 나의 주체성을 인정하기

가톨릭 미사 중에 "내 탓이오"란 표현을 한다. "내 탓이오"는 매우 주체적인 표현이다. 작게는 현 상황을, 교리를 따르지 않은 결과를 두고 "내 탓이오"라고 할 수도 있다. 조금 더 넓게 보자면, 세상을 미움의 눈으로 보고 용서하지 않는 결과라고도 할 수 있다. '내 이득을 취하기 위해 용서하지 않은 내 탓이오'가 되는 것이다.

인간의 원죄는 하나님의 말씀을 어기고 선악과를 따먹은 것이 아니다. 선악과를 먹음으로써 생긴 결과, 즉 선과 악을 구분하는 '색안경'이 원죄다. 선과 악을 구분하기에 기쁨을 추구하려는 욕망이 생기고, 악을 피하려는 욕망도 생긴다. 그러기에 고통받는다. 악을 선이라 보고 따르기도 하며, 선을 악이라 보며 피하기도 한다. 그러기에 고통받는다.

인간은 선과 악을 구분하기에 실낙원이 되었다. 기독교적 시선에서 선악의 판단은 신의 몫이지 인간의 몫이 아니다. 하지만 현재 인간은 선과 악을 판단하는 숙명을 지녔다. 그러기에 고통받는다. 그러기에 '내 탓'이다. 가톨릭의 '내 탓이오'는 인간으로서의 책임과 방향을 안내한다.

불교의 핵심 사상 중 하나는 '윤회'다. 윤회란 열역학 제1법칙, '에너지 보존법칙'과 유사하다. 에너지 보존법칙이란, 에너지의 총량은 일정하고 에너지는 형태만 바뀔 뿐 사라지지 않는다는 법칙이다. 불교의 시각에서 우리의 정신 에너지는 죽음으로 사라지는 것이 아니다. 죽음을 통해 형태만 바뀔 뿐 어딘가에서 다시 태어난다. 그렇다면 현재의 나는 과거의 어떤 다른 누구였다는 의미가 된다. 이를 불교에서는 '전생'이라 부른다.

불교 신자를 상담할 때 문제가 빠르게 해결되는 경우가 있다. 특히 부부상담, 대인관계 문제의 경우가 그렇다. "당신 업보네요"라는 한마디는 그들의 삶과 관계의 시각을 단숨에 바꿔놓는다.

시어머니, 남편, 본인의 관계에 대해 상담을 요청한 여성이 있었다. 그녀에게 "당신과 시어머니와 남편의 관계가 전생에 어떤 관계였던 것 같습니까?"라고 질문했다. 그녀는 "시어머니가 남편의 아내이고, 전 첩인 것 같아요"라고 답했다. 그리고 "아, 제가 왜 이렇게 힘들었는지 알 것 같습니다"라고 했다. 시어머니의 질투, 자신의 적개심 등을 그녀 스스로 단숨에 해석했다. 그리고 그녀는 말했다.

"앞으로 제가 어떻게 해야 하는지 알겠어요."

업보라는 한마디가 그녀를 주체적으로 변화시켰다. 이런 접근은 상황의 주체를 타인에서 '나'로 돌려놓는다. "아이고, 내 업보려니 살아야지"라는 푸념 한마디는 상황을 대하는 시각을 바꾼다. 접근도 달라진다. 작금의 고통이 타인이 주는 것이라면 해결할 수 없지만, 나의 업보라고 여긴다면 해결법은 무궁무진하다.

우리는 이미 주체적이다. 상황이 두려운가? 그렇다면 상황을 직면하기보다는 피하기를 주체적으로 선택한 것이다. 외롭고 공허한가? 그렇다면 자신을 즐겁게 하기보다는 타인의 인정과 관심을 주체적으로 선택한 것이다. 자신의 모습이 싫은가? 내 모습을 사랑하기보다는 타인으로부터 사랑받길 선택했다는 의미다. 더 피하기를 선택했기에 더 고통스러워야 하고, 더 많은 것을 얻고 싶기에 고통스러워야 한다. 더 편안하기 위해 무기력을 선택했으며, 더 안전하기 위해 의존을 선택한 것이다. 우리의 무의식은 이미 주체적이다.

주체적으로 살고 싶은가? 세상을 더 넓게 보고 싶은가? 원하는 것을 얻고 싶은가? 이루고 싶은 것이 있는가? 그렇다면 현재 당신의 삶, 당신의 마음은 당신의 선택이었다는 것을 인정해야 한다. 과거의 잘못된 선택이라 여기는 그 선택도 당시에는 최선이었다. 스스로 결정하기보다 타인의 결정을 따른 것도 당시에는 최선의 선택이었다.

세상과 타인이 싫은 것은 '싫은 마음'을 선택한 것이다. 현재 상황에 불만이 있다면 '불만'을 선택한 것이다. 작은 선택이 모여 현재 상황을 만들었고, 현재의 환경으로 들어오게 되었다. 이 점을 인정해야 당신이 원하는 삶을 이룰 수 있다.

변화의 과정

미래를 바꾸기 위해서는 특별한 과정이 필요하다. 첫째는 '나는 이미 주체적이다'라는 논리를 받아들이는 것이다. 현재 상황이 고통스럽고 변화가 필요한 상태라 하더라도 말이다. 현 상황은 과거의 선택에 따른 결과이며, 현 상황은 나의 무의식이 이득을 추구한 결과라는 사실을 받아들여야 한다.

둘째는 '무엇을 해결할 것인가'를 정의해야 한다. 해결하고 싶은 것이 없다면 그냥 현 상태로 살면 된다. 그렇다고 과제가 많다고 해서 큰 변화를 얻을 수 있는 것도 아니다. 하나에 집중하고 하나씩 해결해야 한다. 그래야만 해결된다.

셋째는 '어떤 이득을 주고 있는가'를 파악하는 과정이다. 해결하려는 문제는 분명히 이득을 추구하고 있다. 이득을 찾아야 변화할 수 있다.

넷째는 '나는 누구인가'를 확인해야 한다. 정체성의 문제다. 내가 살아가는 목적, 방향, 추구하는 가치 등을 확인할 필요가 있다.

다섯째는 '어떻게 해결해야 하는가'이다. 해결 방향의 정의가 필요하다. 보편적으로 올바른 해결법과 방향이라도 나에게 적합하지 않으면 무가치하다. 나에게 맞는 방향과 방법이 필요하다.

마지막 단계는 '익숙함'이다. 문제가 많다고 많은 것을 뒤집을 필요는 없다. 작은 돌 하나 빼는 것으로도 공든 탑이 무너질 수 있다. 하나에 익숙해지는 것으로도 큰 변화를 얻을 수 있다.

이번 장에서 이 과정을 한 단계씩 밟아갈 것이다. 실제 상담을 받는다는 기분으로 글을 읽어가기 바란다. 과거의 선택이 당신의 선택이 었듯, 변화를 선택한 당신이 미래를 바꿀 수 있다.

구체적으로 무엇에서
벗어나고 싶은가

 40대 여성 A의 사례

많은 내담자들이 막연한 기대를 하며 나를 찾는다. 힘들고, 괴롭고, 도망치고 싶기에 심리상담이란 안식처로 도피한다. 40대 이혼 여성인 그녀 또한 막연한 기대로 나를 찾아왔다.

"절 찾으셨다는 건 현재 상황이 편하진 않다는 의미입니다. 최근 사연을 들어보고 싶습니다."

"어디서부터 말씀을 드려야 할지…."

그녀는 눈동자를 이리저리 움직이며 할 말을 찾고 있었다. 깍지낀 손가락이 바쁘게 움직이며 그녀의 초조함을 대신 말하고 있었다. 말을 꺼내려다가도 한숨을 쉬고 이내 말을 삼켰다. 기다려주었다. 하지만 말을 꺼내지 못하기에 다른 질문을 할 수밖에 없었다.

"어떤 이야기든 좋습니다. 말씀하시기 편한 이야기부터 해주세요. 최근 가장 힘든 일은 무엇인가요?"

그녀는 말을 꺼내지 못했다. 기다려주었다. 그녀는 몇 시간 같은 몇 초가 지나서야 고개를 숙이고 어색한 표정으로 대답했다.

"제가 사실 만나는 사람이 있습니다. 전 이혼한 지 10년 가까이 되었고요. 그런데 다 말씀드려야 하죠?"

"그럼요. 사연을 정확히 알려주시지 않으면 제가 해결해드릴 수 없지요."

"네, 말씀드릴게요. 제가 만나는 사람이 있어요. 그런데 유부남이에요. 지금 그 사람의 부인이 알게 되었고요. 그는 학원 원장이고 전 학원의 강사였습니다. 부인이 학원 살림을 하고 있어서 전 학원에서 계속 일할 수 없었어요."

"그리고요?"

"지금 불면증이 너무 심해요. 처음에는 약을 먹고 잘 수 있었는데, 지금은 약을 먹어도 잠을 잘 수 없어요. 그래서 술을 마시기도 해요."

"네, 그리고요?"

"그 사람과는 이별했는데 계속 연락은 하고 있어요. 서로 메시지도 주고받고, 전화통화도 해요."

"그렇군요. 그런데 가장 큰 문제는 무엇일까요?"

"힘들어요. 잠도 잘 수 없고, 몸도 너무 아프고요. 병원에 갔는데 스트레스를 많이 받아서 그런 거라 하고… 지금 이명도 너무 심합니다. 가슴도 답답하고…."

"다른 신체 증상은 없나요?"

"숨쉬기 힘든 것 말고는… 아, 팔이 많이 떨려요. 힘이 안 들어가요.

그게 제일 힘들어요. 그런데 지금 밖에 나가지도 못하고 있어요. 상담사님을 만나러 올 때도 간신히 왔습니다. 힘이 하나도 없어서요.”

“그 남성분과 헤어진 건 맞습니까?”

“네, 헤어졌어요. 만날 수 없죠. 만나서도 안 되고요.”

“연락은 계속하신다면서요.”

“그 사람도 절 놓지 못하는 것 같아요. 만나면서 들은 이야기인데 아내에게 불만이 참 많았거든요. 성격이 독사 같다고 하더군요. 함께 일해보니 정말 그랬어요.”

“그분과의 관계가 깨끗하게 정리된 건 아닌 듯하군요. 그런데 절 찾으실 때 어떤 기대를 하고 오신 것 같은데요. 어떤 목적으로 절 찾으셨나요?”

“지금 많이 힘들어서….”

“그래요. 지금 상황에 힘들지 않으면 이상한 사람이지요. 그런데 해결하고 싶은 게 뭔가요?”

“….”

“해결하고 싶은 문제가 없나요?”

“무슨 말씀인지 잘 모르겠어요.”

“지금 힘드시다면서요. 그럼 해결하고 싶은 문제가 있을 것 같은데요.”

“지금 상황에서 벗어나고 싶어요.”

“구체적으로 무엇에서 벗어나고 싶습니까?”

“잘 모르겠어요. 어떤 말씀을 하시는지 잘 이해가 안 됩니다.”

"힘드신 건 알겠어요. 많이 힘드신 것 같아요. 몸도 안 좋으시고요. 그
럼 해결하고 싶은 문제가 있을 것 아닙니까?"

"힘들지 않았으면 좋겠어요."

"그러니까 어떤 걸 해결하면 힘들지 않을 것 같습니까?"

이런 식의 대화는 의도적이다. 의존성이 높은 사람은 '제 문제를 해
결해주세요'라고 자신의 문제 해결 또한 의존한다. '난 가만히 있을 것
이니 네가 알아서 하라'는 태도를 보인다. 그래서 나와 대화가 안 통한
것이다.

이들의 경우 문제가 발생하면 집 밖으로 나오지 않거나, 자신을 구해
줄 영웅을 기다린다. 당연히 몸은 아파야 한다. 그래야 구해질 확률이
높아진다. 그녀가 기다리는 영웅은 그녀와 교제했던 학원 원장이다. 그
와 헤어졌다곤 하지만 이별을 가장한 기다림일 뿐이다. 다가서지는 않
지만 그가 찾아오면 그의 아내에게 덜 미안할 것이다. "날 찾은 건 당신
남편이다"라고 변명할 수 있다.

그녀의 태도로는 아무것도 해결되지 않는다. 자신의 문제를 스스로
해결하겠다는 의지가 선행되어야 심리치료도 가능하다. 그녀에게 질문
을 이어갔다.

"그와 헤어져서 힘드신가요?"

"네, 힘들어요."

"그리고 몸도 안 좋다고 하셨어요. 무기력이 심하신 것 같아요. 불면
증이 심하다고 하셨죠? 이명도 있고요. 가슴이 답답하다고 하셨습니다.

맞나요?"

"네, 죽고 싶다는 생각도 들어요."

"우울감도 심하시군요. 그럼 그중에 무엇을 해결하고 싶으신 건가요? 죽고 싶다는 생각인가요, 무기력인가요? 아니면 이명을 해결하고 싶으신 겁니까, 가슴 답답함을 해결하고 싶으신 겁니까? 불면증을 해결하고 싶으신 건가요? 이 많은 문제 중에 무엇을 해결하고 싶으신가요?"

"솔직히 말씀드려도 되지요?"

"그럼요."

"솔직히 그 사람을 다시 만나고 싶어요. 그런데 그럴 수 없어서….."

"그럼 타인의 가정을 파탄 내면서 만남을 유지하고 싶으신 건가요, 아니면 만나고 싶은 마음을 지우고 싶으신 건가요?"

"모르겠어요. 선택하지 못하겠어요."

"그분을 계속 만나겠다면 제가 도와드릴 일은 없습니다. 그분에게 만나고 싶다고 연락하시면 되거든요. 당신이 보고 싶다고, 만나고 싶다고 말한다면 그분은 지금이라도 당장 달려올 것 같아요. 하지만 그분을 잊고 싶다면 제가 도와드릴 수는 있지요. 만약 이도 저도 아니라면, 불면증이나 아픈 몸을 치유하겠다면 그것도 제가 도와드릴 수 있습니다. 선택하세요. 무엇을 해결하고 싶으신가요?"

40대 남성 B의 사례

이메일을 통해 한 남성에게 연락이 왔다. 우울증이 심하다며 상담을 받고 싶다는 간단한 내용이었다. 날짜와 시간을 협의하고 그를 만났다. 아이가 하나 있는 40대 유부남이었으며, 우울증이 심해서 직장 생활도 힘들다고 했다.

"우울증을 앓고 계신다고요?"

"작년부터 심하게 앓았습니다. 정신과에 가서 약도 먹어보고, 심리 상담도 받고 있어요. 약을 먹은 지는 1년 정도 되었습니다. 그런데 상담소에선 제 어릴 적 이야기만 계속하고 있고… 해결되는 건 없는 것 같아요. 그래서 선생님을 찾게 되었습니다."

"많이 힘드셨겠네요. 그런데 우울증이 생긴 특별한 이유가 있나요?"

"아내가 외도 중이에요. 정확히는 전남편을 만나고 있어요. 아내와 전 재혼입니다. 작은 아이는 아내와 저 사이의 아이고…."

그는 말을 잇지 못했다. 무슨 사연이 있는 것 같아 기다려주었다. 그는 한참을 생각하더니 담담하게 말을 꺼냈다.

"전 아이가 둘 있습니다. 작은 아이는 현재 아내와 저 사이의 아이이고, 큰 아이는 전처 사이의 아이예요. 정말 사랑스러운 아이였습니다. 그런데 2년 전 교통사고로 그만 죽고 말았어요. 그때부터 우울증이 생겼습니다."

"그렇군요. 그럼 아내분은 큰아이의 죽음을 어떻게 대하셨나요?"

"아내도 많이 슬퍼했어요. 하지만 자기가 낳은 자식이 아니라 그런지

금방 잊더군요. 참 매몰차단 생각이 들었습니다. 이해는 합니다. 하지만 더 화나는 건 지금 아내의 외도예요."

"언제부터 알게 되셨나요?"

"저번 달에 우연하게 문자 메시지를 봤어요."

"어떤 내용이 있었죠? 사랑한다는 표현도 있었나요?"

"네, 보고 싶다고 하고 다시 시작하고 싶다는 얘기도 있었고요. 잠자리를 한 건지는 잘 모르겠어요. 최근 관계가 소원해졌습니다. 아내가 여행을 가고 싶다 하더군요. 아이는 제가 보기로 하고 주말에 여행을 보내준 적이 있습니다. 그런데 문자를 주고받은 내용을 보니 전남편과 함께 갔던 여행이었습니다. 제주도로요. 전 그것도 모르고…."

부부의 우울증은 무척 위험하다. 행복하고 즐거운 사람과 살아도 다툼이 있기 마련이다. 그런데 우울증이 있는 배우자와 함께 산다면 기분이 어떨까? 우울증의 당사자도 힘들겠지만 옆에서 받아주는 사람도 지치기 마련이다.

여성의 우울증이라면 조금 낫다. 위로받길 바라고 기대길 바라면서 남편에게 의지하게 된다. 대부분 남성은 이런 여성의 태도를 이해하기 마련이다. 하지만 남편의 우울증은 조금 다르다. 남편이 의지하고 싶고, 울고 싶고, 기대고 싶다면 아내는 어떻게 될까? 받아주다 체력이 고갈된다. 그러다 자신도 다른 사람에게 기대고 싶어진다. 결국 다른 남성에게 기댄다. 외도의 패턴 중 일반적인 경우다.

"잠을 잘 수 없습니다. 계속 술만 찾게 돼요. 상담받는 것도 지쳤어요. 했던 이야기를 계속해야 하고… 지금 만나는 상담사 선생님은 여성분이신데 외도 문제에 대해선 잘 모르시는 것 같다는 생각도 들었어요."

"상담 현장에서 간혹 그런 경우가 있습니다. 그런데 다른 아픈 곳은 없으신가요? 심장이 조인다거나 하는 증상이요."

"늘 왼 다리가 아픕니다. 가끔 걸을 수 없을 만큼 아파요. 그리고 가슴이 자주 아파요. 병원에선 별다른 이야기는 해주지 않더라고요. 죽을 것 같아 응급실에 간 적도 있는데, 심전도 검사를 해봐도 별다른 이상이 나타나지 않았습니다."

우리는 특정 정서를 신체적으로 비유하곤 한다. 골치가 아프다, 발걸음이 무겁다, 어깨가 무겁다, 가슴이 아프다, 심장이 터질 것 같다, 눈을 뜰 수 없다 등의 표현이다. 이런 표현의 상황과 정서는 실제 몸으로 나타난다. 그는 지금 걸을 수 없을 만큼 마음이 무겁고, 가슴이 터질 듯 슬픈 것이다.

"그런데 절 찾으신 목적이 있을 것 같습니다. 어떤 목적으로 찾으셨나요?"

"어떻게 해결해야 할지 모르겠습니다. 한없이 우울하고, 죽을 것 같다는 생각이 들고, 아내는 외도 중이고…."

"몸도 아프고 잠도 잘 수 없고요?"

"네."

"상담을 받아봤다고 하셨죠? 그때 어떤 목적으로 상담을 받게 되신 건가요?"

"아이를 잃은 슬픔 때문에요. 지금도 슬픔이 사라지지 않은 것 같아요."

"좋아요. 저 또한 상담사이기에 같은 것을 요구할 겁니다. 해결할 문제가 명확해야만 해결할 수 있거든요."

"…"

"아내와의 화합을 목적으로 상담을 하는 건지, 아니면 본인의 우울증을 해결하기 위해 상담을 하는 건지, 불면증이나 신체적 문제를 해결하고 싶은 건지 정해야 해요."

"정하지 않으면 해결이 안 되나요?"

"될 수는 있겠지요. 그런데 오래 걸립니다. 이런 종합적인 문제라면 하나씩 우선순위를 두고 해결해나가야 합니다. 엉킨 실을 어떻게 한 번에 풀겠습니까? 가장 먼저 해결할 문제를 결정해야 상담해드릴 수 있습니다."

그는 한참을 고민했다. 나는 묵묵하게 그의 대답을 기다렸다. 선택과 결정이 변화의 시작이다. 그의 선택이 그를 조금 더 주체적으로 만들 것이다. 나의 기다림은 그의 주체성에 대한 응원이다. 그는 나와 담배를 한 대 피울 시간 동안 고민했다. 그리고 대답했다.

"제 우울증을 먼저 해결하고 싶습니다. 아내와의 관계는 뒤로 미루고 싶어요. 그건 어떻게든 되겠지요. 저부터 사는 게 우선인 것 같아요."

"좋습니다. 그럼 이제 조금 더 깊은 이야기를 나눠보지요."

미래를 바꾸는 두 번째 단추, 해결할 과제를 선택하기

나는 낚시를 초등학교 입학 전에 배웠다. 낚시광인 아버지의 영향이다. 그런데 연필 쥐는 일도 힘들어하는 어린아이가 낚시를 해봤자 얼마나 잘했겠는가? 서투름의 연속이었다. 미끼를 꿰는 것도 어려웠고, 고기가 낚싯바늘을 문 것도 알아차리기 힘들었다. 그나마 잡힌 고기를 건져 올리는 일마저 어려웠다.

무엇보다 가장 어려운 것은 엉킨 낚싯줄을 푸는 일이었다. 서툴렀기에 줄이 엉키는 것은 다반사였다. 던질 때도 엉켰고, 걷어 올릴 때도 엉켰다. 낚싯줄이 엉뚱한 곳에 걸려 힘들기도 했고, 여러 대의 낚싯줄이 함께 엉키는 일도 자주 있었다. 어린 시절 아버지를 따라간 낚시터는 '엉킨 줄 풀기' 훈련장이었다고 해도 과언이 아니다.

엉킨 낚싯줄을 풀기란 여간 어려운 일이 아니다. 바늘은 원래 풀리지 않도록 만들어진 놈이고, 낚싯줄이란 놈은 투명하고 가늘기에 손에 잡기 어렵다. 고기를 잡는 것보다 줄 푸는 일이 더 어려웠다. 엉킨 줄을 풀기가 싫어 아버지에게 집에 돌아가자고 하기도 했다. 그런데 아버지는 다정다감과는 워낙 거리가 먼 분이었다. 내 자식이라면 줄 푸느라 고생하는 걸 도와줄 만도 한데, 당신의 찌만 바라보고 계셨다. 고생은 오롯이 내 몫이었다. 그래서 엉킨 줄 풀기는 지금도 자신 있다. 강한 훈련의 결과다.

낚싯줄과 싸움하며 배운 것이 있다. 복잡하게 엉킨 것이 줄이라고 풀기 더 어려운 것은 아니다. 두 줄이 엉켜 있든 세 줄이 엉켜 있든 푸

는 속도와 난이도는 비슷하다. 엉킨 줄을 쉽게 푸는 방법은 다음과
같다.

먼저 풀 줄을 결정한다. 엉킨 줄의 간격을 넓히고, 하나의 줄에만 집
중하며 풀어야 한다. 그럼 하나의 줄을 푸는 동안 나머지 줄도 헐거워
진다. 다른 줄들은 쉽게 풀린다. 정 풀기 어렵다면 줄 하나를 끊어버리
면 된다. 아까워하지 말고 '단 하나'만 과감하게 끊으면 다른 줄들은 쉽
게 풀린다.

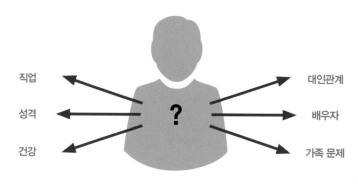

〈문제의 본질과 '나'를 둘러싼 문제〉

우리는 어떤 일로든 힘들 수 있다. 힘들지 않다면 어떻게 살아 있다
고 할 수 있을까? 하나의 문제만 발생한다면 견디기 어렵지 않다. 하지
만 폭격하듯 한 번에 고통이 쏟아진다면 이야기가 다르다. 직장에서 문
제가 생기고, 친구와의 관계도 틀어지고, 성격적으로 문제가 있는 것
같기도 하고, 스트레스 때문인지 건강도 악화된다. 배우자는 이런 모습
을 견디지 못하고 한눈을 팔고, 부모님과 자녀도 내 편이 아닌 것 같을
때가 있다. 여러 문제가 동시에 엉키면 공황상태가 된다.

언뜻 각각의 문제가 각각 발생한 것처럼 느껴진다. 물론 그럴 수도 있다. 하지만 속사정을 들여다보면 꼭 그렇지도 않다. 어떤 문제든 '나'를 중심으로 발생하기 마련이다. 잘 깨지는 유리는 어디서든 깨지기 마련이다. 그리고 한 번 깨진 유리는 다른 곳에서도 깨진 유리다. 여러 장소에서 깨진 것 같지만, 원래 깨져 있던 상태로 여러 장소를 다닌 것이다.

문제의 본질은 '나'다. 나를 중심으로 문제들이 엉킨 것이다. 어떤 문제를 해결하고 싶은가? 하나의 문제에 집중하라. 그러면 필연적으로 내면의 본질을 다룰 수밖에 없다. 집중한 문제가 해결되었다면, 당신의 내면도 강화되어 있을 것이다. 하나의 과제를 완벽히 해결한 당신을 상상해보라. 당신의 내면은 얼마나 강해졌는가? 그리고 그 강해진 내면을 통해 미뤄두었던 다른 과제들을 바라보라. 어쩌면 그 과제들은 이미 문제가 아닐 수도 있다. 하나의 과제를 다루며 당신의 내면은 이미 강해졌다. 다른 곳에서도 강한 당신일 수밖에 없다. 하나에 집중하라. 그럼 다른 문제는 저절로 해결된다.

불확실한 것은
'상황'인가 '나'인가

　　앞의 40대 남성 B의 사례를 이어가 보자. 그는 현재 극심한 우울증에 시달리고 있다. 아내와는 재혼이다. 전처 사이의 아이는 B가 양육하고 있었고, 사고로 목숨을 잃었다. 아내는 현재 전남편을 만나고 있다. 직장 생활이 힘든 것은 당연하고, 술로 나날을 보내고 있다. 우울증으로 상담을 받고 있고, 문제는 해결되지 않았다. 그는 단순히 '힘들다'는 상황만 벗어나려 했다. 무엇을 해결하고 싶은지 명확한 방향이 서지 않은 결과다. 하지만 그는 현재 우울증을 해결하고 싶다는 명확한 목표를 설정했다. 이제 다시 상황을 돌아볼 시간이다.

"그럼 우울증을 해결하는 겁니다. 맞습니까?"

"네."

"그 우울증이란 걸 저에게 설명해주시겠습니까? 어떤 증상이나 행동, 정서를 말하는 건가요?"

"그냥 계속 제가 왜 살아야 하는지 모르겠어요. 죽고 싶다는 생각도 들고, 제가 죽으면 사람들이 제 고통을 알아줄지도 모르겠다는 생각도 들어요. 그런데 그게 아니란 건 압니다. 그래서 상담을 받은 거고요. 제가 죽어도 사람들은 제가 얼마나 힘든지 모를 거예요."

"죽고 싶다는 생각은 언제 가장 크게 드나요? 특정한 날이라든가, 아니면 시간이나 장소가 있습니까?"

"집에서요. 저녁 시간 때… 퇴근하고 집에 들어오면 계속 우울해져요. 그래서 집에 들어오기 싫어서 밖에서 술을 마시고 들어오는 일이 잦아요."

"그럼 퇴근하고 집에 들어왔을 때 마음이 편안하다면, 당신의 우울증은 해결되었다고 할 수 있나요?"

"잘 모르겠어요."

"그럼 당신의 우울증이 해결되었다는 건 어떻게 알 수 있죠?"

"우울한 기분이 들지 않고, 죽고 싶다는 생각이 들지 않으면…."

"그런데 그런 생각과 기분이 저녁 시간에, 그것도 집에서 가장 많이 든다면서요. 그럼 그 시간과 장소에서 우울함을 느끼지 않는다면, 우울증이 해결되었다고 볼 수 있는 겁니까?"

"그런 것 같기도 하네요."

문제 해결을 위해서는 지표가 필요하다. 그리고 지표를 찾는 과정은 무척이나 중요한 과정이다. 바라는 결과, 원하는 목적, 행동이 구체적이지 않다면 목적지도 흐릿한 것이다. 명확한 목적지가 빠른 항해를 이끌 수 있다.

"퇴근 후 편안하게 되는 것을 상담의 목표로 합시다. 괜찮으신가요?"

"네, 좋습니다. 그럼 편안할 것 같아요. 집에 들어가려면 우울하고 슬픈 기분을 지울 수가 없었거든요."

"조금 더 깊은 이야기를 나눠보지요. 집에서 우울하다면 집이 싫다는 의미거든요. 집에서 당신을 우울하게 하는 건 무엇인가요?"

"아내요."

"아내가 어떻기에 당신을 우울하게 하지요?"

"아까 말씀드렸듯이 전남편을 만나고 있어요. 그래서 집에 들어가기 무척 싫어요."

"그럼 아내분의 외도가 사라진다면 당신은 편안해질까요? 아내가 전남편과 교제를 끊는다면 편안해지시겠습니까?"

"그랬으면 좋겠어요. 그 사실에 화가 많이 나고… 그런데 말하지도 못하는 제 모습이 싫습니다."

"그랬으면 좋겠다는 건 아내의 교제가 끊기면 우울증도 사라진다는 의미인가요?"

"꼭 그렇진 않은 것 같아요."

"아내가 싫으시죠? 그래서 집에 들어가기 싫고요."

"네, 솔직히 싫어요."

"특히 어떤 모습이 싫습니까?"

"언제인지 모르겠는데 아들의 죽음 이후인 것 같아요. 퇴근 후 집에 들어갔는데 아내가 TV를 보면서 웃고 있더라고요. 전 이렇게 아픈데… 지금도 이해할 수가 없어요. 어떻게 그럴 수 있는지…."

"아내가 TV를 보는 행동이 어떻게 느껴지죠? 소외한 것 같나요, 무시한 것 같나요? 아니면 비난하는 것 같나요, 버린 것 같나요? 아내의 행동에서 무엇을 느끼시지요?"

"버려진 것 같은 느낌… 그런 느낌이 강해요."

"그럼 당신의 우울증은 버려진 것 같은 기분과 어떤 관련이 있나요?"

"그런 느낌 때문에 우울한 것 같아요."

우울증이라는 증상을 구체적인 정서로 재해석할 필요가 있다. 그의 우울증은 '아내에게 버려진 기분'을 의미한다. 그렇기에 집에 들어가기 싫었던 것이고, 퇴근 후 아내를 마주했을 때 더 우울했을 것이다.

"그런데 모든 남성이 아내가 바라보지 않는다고 버려진 기분을 느끼나요?"

"아니요. 그래도 전 그렇게 느껴집니다."

"그런 기분을 느끼는 건 누구지요?"

"제가 느끼는 겁니다."

"그럼 아내는 의도적으로 당신에게 그런 기분을 느끼게 하나요?"

"그런 것 같지는 않아요."

"그럼 누구의 문제입니까?"

"제 문제예요. 그런데…."

"혹시 싫어하는 동물이 있습니까?"

"쥐가 특히 싫어요."

"왜 싫지요?"

"더러워서요."

"그럼 그 쥐가 예쁜 행동을 하면 어떨까요? 당신 앞에서 애교를 부리거나 당신에게 뽀뽀하려 한다면?"

"정말 싫을 것 같아요. 그럼 더 싫을 것 같아요."

"지금 아내가 쥐 같은 겁니다. 아무리 좋은 행동을 하더라도 '날 버린 사람'이라고 여기기에 싫은 겁니다. 이해하십니까?"

"네, 무슨 말씀이신지 알겠어요."

모든 관계의 문제는 '나'로부터 시작한다. 내가 타인을 예쁘게 보면 좋은 관계가 되고, 내가 타인을 밉게 보면 안 좋은 관계가 된다. 마치 그와 쥐의 관계처럼 말이다. 쥐가 아무리 깨끗하게 씻고, 예쁜 옷을 입고, 귀여움을 부려도 그의 눈엔 차지 않는다. 쥐에게는 '넌 더러운 놈'이란 낙인이 찍혀 있다. 그가 찍은 낙인을 스스로 바꾸지 않는 한, '넌 깨끗하고 귀여워'란 낙인으로 바꾸지 않는 한, 쥐와 그의 관계는 변하지 않는다. 모든 관계는 이렇다.

"직장 생활은 어떠신가요? 우울증 때문에 불편한 점이 있습니까?"

"인간관계로 힘들지요. 대부분 그렇지 않나요?"

"네, 대부분 그렇죠. 그런데 인간관계라면 구체적으로 누구와의 관계를 말씀하시는 건가요?"

"사장님도 그렇고 거래처도 그렇고… 사람들과 대화 나누기가 힘들어요. 말도 잘 통하지 않는 것 같고요."

"혹시… 직장을 그만두고 싶은 마음이 있나요?"

"네. 우울증 때문에 쉬고 싶은 생각도 있고, 사장님의 마인드가 이상한 것 같기도 합니다."

"그만두고 싶은 마음이 큰가요?"

"솔직히 억지로 다니는 기분이 듭니다."

"마음이 떠난 곳에 억지로 붙어 있으니 당연히 힘들지요. 지금 사장님이든 거래처든 직원이든 무엇이든 마음에 들지 않으실 겁니다."

"그런 것 같아요. 그런데 우울증 때문에⋯."

"우울증이 없다면 직장 생활이 활기차질까요? 사장님, 거래처도 모두 즐겁게 대할 수 있을까요?"

"아니요."

"그럼 우울증이 먼저인가요, 그만두고 싶은 마음이 먼저인가요?"

"그만두고 싶은 마음이 우선이에요."

"그럼 우울증이 도와주고 있군요. 직장을 그만두라고요. 더 우울해야 그만둘 수 있지요. 즐거우면 어떻게 직장을 그만둘 수 있겠습니까?"

"사실 그런 것도 있고, 절 건드리지 않았으면 좋겠어요. 좀 편안하게 다녔으면 좋겠는데 위에서 원하는 게 너무 많아요."

"우울증이 일을 피하는 데 도움을 주고 있어요. 즐겁고 활기차다면 위에서 많은 일을 주었을 것 아닙니까."

"맞아요, 그런 마음이 있어요."

그가 씽긋 웃었다. 우울증이 일을 피하는 데 도움을 준다는 것을 그도 알고 있었단 의미다. 하기 싫은 일을 피할 때 가장 좋은 방법은 아파 버리는 것이다. 아픈 사람에게 억지로 일을 맡기기란 여간 불편한 게 아니다. 아픈 사람을 도와주는 것이 인지상정 아닌가. 나는 그의 행동을 두고 '환자 코스프레'라 부른다. 아픔을 이용해서 어려운 과업을 회피하거나 주변의 관심을 받으려는 노력이다.

"그런데 이 우울증이 해결될 수 있을까요? 지금 상황이라면 솔직히 해결이 어려울 것 같습니다."

"왜 그렇죠?"

"우선 아내와의 관계입니다. 아내가 지금 전남편을 만난다고 하셨어요. 그래서 더 우울할 수도 있고요. 그럼 우울증을 해결하기 위해선 아내가 설령 이혼하자고 하더라도 무덤덤해져야 하거든요. 그걸 수용할 수 있으신가요?"

"…."

"또 한 가지가 직장 문제예요. 직장 다니기 싫으시죠? 그럼 직장을 때려치우거나 즐겁게 다니거나 둘 중 한 가지 방향이 서야 해요. 어떤 방향을 원하시나요?"

"…."

"마지막으로 하늘나라로 간 아이와의 관계입니다."

"예?"

"아직 아이를 마음에 품고 계신 것 같아요. 아빠라면 그래야죠. 어떻게 자식이 죽었는데 편안하게 지낼 수 있겠어요. 우울해 하고, 슬퍼하고, 괴로워해야 좋은 아빠가 될 수 있지요. 지금 즐겁다면 너무 뻔뻔하지 않습니까? 아마 아내의 편안한 모습이 싫은 것도 같은 이유 같고요."

"맞아요. 아이가 죽은 후 아내도 한동안 힘들어했어요. 그런데 얼마 가지 않아 다시 일상을 회복하더라고요. 그 모습을 보고 '자기 자식이 아니라 그런가' 하는 생각을 자주 했습니다."

"당신은 우울해야 해요. 그래야 좋은 아빠가 될 수 있어요."

"사실… 그런 생각도 많이 했습니다."

"당신의 우울증이 해결되려면 최소한 지금 말씀드린 세 가지를 해결해야 합니다. 아내를 좋게 또는 편안하게 바라보셔야 합니다. 직장을 때려치우고 다른 직업을 알아보셔야 해요. 그럴 수 없는 상황이라면 직장 생활을 즐겁게 해야 하고요. 마지막으로 가슴에 품고 있는 아이를 보내주어야 합니다. 죽은 아이에겐 미안하더라도 편안한 모습으로 살아갈 각오가 되어 있어야 해요. 모두 동의하십니까?"

그는 한참 입을 열지 않았다. 우울증이 자신에게 주는 이득, 그리고 우울증을 벗어났을 때의 이득, 우울증을 포기하면서 발생하는 손실 등을 계산하는 중이었다. 우울증은 그에게 큰 도움을 주고 있다. 그는 아내와의 관계에서 아픈 모습을 보이고 있다. 그럼 아내의 관심을 끌 수 있다. 직장에서도 아픈 모습을 보이고 있다. 그럼 일을 적게 할 수 있다. 또 우울증을 통해 하늘나라로 간 아이에 대한 죄책감을 조금이나마 덜 수 있다. 이렇게 감사한 우울증을 어떻게 쉽게 포기하겠는가? 포기는 쉽지 않다. 고민하던 그가 입을 열었다.

"그럼 제가 어떻게 하면 됩니까?"

"지금 단계에서 어떻게 하는 건 중요하지 않아요. 포기하겠느냐, 아니면 유지하겠느냐가 더 중요하지요. 조금 전에 말씀드린 세 가지, 모두 동의하세요?"

"꼭 모두 동의해야 합니까?"

"그럼요. 그렇지 않으면 다시 재발합니다. 심리치료를 100번 한다고 해도 소용없어요."

"그럼 그렇게 하겠습니다. 이젠 편안해지고 싶어요. 힘들게 살기 싫습니다."

"좋아요. 그럼 이제 조금 더 깊은 이야기를 나눠보지요."

인간은 무언가에 연결되어 있을 때 안정감을 느낀다. 성장 과정에서는 부모와의 연결을 통해 안정감을 느낀다. 부모가 아이를 두고 집을 나서면 아이는 운다. 분리를 두려워한다. 그리고 부모가 돌아와 안아주면 아이는 다시 웃는다. 자신의 인형, 장난감, 물품 등과도 연결하려 한다. 살아 있지 않은 인형에게 생명을 불어넣거나, TV 속 만화영화 주인공과 자신을 동일시하기도 한다. 그리고 자신이 애착하는 대상과 강제로 분리되면 아이들은 스트레스를 받는다. 떼를 쓰고, 울기도 하며, 조르기도 한다.

아이는 조금 더 자라 친구들과 연결을 시도한다. 처음엔 수줍고 함께 노는 것이 익숙하지 않다. 하지만 시간이 흐르면 또래들과 함께 어울린다. 또래와의 연결은 아이 삶의 일부가 된다. 친구들과의 연결을 희망하지만, 친구들이 따돌린다면 상처받는다. 시간이 더 흐르면 아이들은 집단을 형성하려 한다. 동성 친구들끼리, 같은 반 친구들끼리, 같은 동네 친구들끼리, 같은 체육관에 다니는 친구들끼리 집단을 지어 논다. 인간은 이렇게 성장한다.

연결이 잘된 환경에서 자란 아이는 스스로를 '애착된 사람'으로 여기기 마련이다. 따라서 자신을 '애착된 사람'으로 여기는 성인은 눈에 보이지 않는 것과도 애착하려 한다. 자신의 꿈, 소망, 사회적 가치와 가까워지려 한다. 무형의 것, 정신적인 것, 영적인 것과 가까워지려한다. 우리는 그것들과 연결되었을 때, 그것들을 이루었을 때 자아가 실현되었다고 한다. 그리고 자아실현을 통해 안정감을 느낀다. 꿈꾸던 삶과 연결되어 안정감을 느낀다.

미래를 바꾸는 세 번째 단추, 이득을 확인하기

욕구와 상황이 어떻게 연결되는지 확인하면 인간이 힘든 이유를 쉽게 이해할 수 있다. 살아 있다는 것은 어떤 환경 속에 있다는 것을 의미한다. 직장, 가족, 자녀, 일, 공부, 놀이, 휴식, 교통, 자연 등 자신을 둘러싼 환경이 내 마음에 들면 편안하다. 내 뜻대로 연결되었다면 편안하다. 하지만 뜻대로 돌아가지 않거나 마음에 들지 않으면 스트레스를받는다. 그렇기에 환경을 뜻대로 돌아가게 하려 통제한다. 회피하기도한다. 열망이 강하면 강할수록 더 통제하려 하고, 더 도망치려 한다. 하지만 신이 아니기에 환경을 뜻대로 통제할 능력은 없다. 욕구를 강하게가지면 가질수록 힘들어진다.

B의 경우는 자식을 사고로 잃었다. 사고로 잃은 아이를 아직 붙잡고있다. 만약 그가 자녀의 죽음에도 담담한 사람이었다면 우울증을 앓고있을까? 직장에서는 일을 피하고 싶어 했다. 만약 직장이 너무 좋거나, 자신에게 맞는 일이거나, 직장 동료들과의 관계가 돈독하거나, 어떤 일이든 편안하게 하는 사람이라면 우울증을 앓고 있을까? 아내는 전남편

을 만나고 있다. 그럼에도 그것에 무관심했다거나, 아니면 처음부터 아내와의 관계가 끈끈했다면 그는 우울증을 앓았을까?

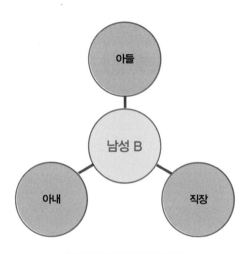

〈남성 B를 둘러싼 상황과 환경〉

그는 아들을 놓지 못하는 사람이었고, 일하기 싫은 사람이었고, 아내에게 존경받지 못하는 남편이었다. 그러기에 우울증을 앓을 수밖에 없었다. 문제는 상황인가 본인인가? 그럼 무엇이 변화되어야 하는가? 답은 뻔하다. 그가 바뀌면 상황과의 관계도 달라진다. 그는 상황이 아니라 자신이 변하는 데 동의했다. 그럼 그가 어떤 사람인지 확인하는 단계로 넘어가자.

나는 무엇을 위해
태어났는가

세계적인 NLP 지도자인 로버트 딜츠Robert Dilts는 인간의 의식과 행동을 결정하는 수준을 '신경언어적 수준Neuro-Logical Level'이라는 이름으로 제시했다. 수준이 가장 높은 곳에 영성이 있다. 여기에서 영성이란 종교에서 말하는 영혼과 소명이기도 하다. 하지만 NLP가 설명하는 영성은 조금 다른 개념이다. '조선의 독립을 위해 이 한목숨 바치겠다'는 독립운동가의 정신이 영성의 좋은 예다. 영성이란 개인적인 욕구를 뛰어넘는 사회 구성원으로서의 삶의 목적을 말한다.

영성에 따라 정체성이 결정된다. '조선의 독립을 위해 이 한목숨 바치겠다'는 영성(정신)으로 사는 사람의 정체성은 무엇일까? '독립운동가'다. 또는 '조선의 독립을 강하게 원하는 사람' 정도로 해석할 수도 있다.

정체성은 신념을 결정한다. 독립운동가에게는 어떤 신념이 있을까? 첫째로 '조선은 독립해야 한다'는 신념이 있을 것이다. 그리고 독립을 지지하는 이념, 행동, 환경을 수용하는 신념도 있을 것이다. 반대로 조선의 독립을 반대하거나 일본을 지지해선 안 된다는 신념이 있다. 일본을 위해 일한다거나, 일본에 경제적 의존을 해서도 안 된다는 신념이 있다.

신념은 능력을 결정한다. '조선은 독립해야 한다'는 신념을 지닌 사람이라면, 그에 맞는 능력과 기술이 생기기 마련이다. 군인으로서 총을 쏘는 능력이 있을 수도 있고, 폭탄을 만드는 능력이 있을 수도 있다. 체력이 약한 독립운동가라면 의식개혁을 위해 연설하는 능력이 있을 수도 있다. 그리고 그런 기술을 발전시키기 마련이다. 일본 사람들을 피해 다니는 능력이 있을 수도 있고, 일본을 저지하는 능력이 있을 수 있다. 독립을 위해서는 투쟁하는 능력, 일본군에게 잡히지 않는 능력 두 가지가 모두 필요하다.

능력은 행동을 결정하기 마련이다. 독립을 위해 일본과 싸우거나 의식개혁 활동을 한다. 민중의 목소리를 모을 수도 있고, 언론활동을 할 수도 있다. 그리고 일본군과 순사를 피해 다녀야 한다. 이런 행동에 따라 환경이 결정된다. 독립군으로 활동한다면 만주에 있을 수도 있다. 종로에서 일본 경찰과 싸우고 있을지도 모른다. 이미 총독부 내부에 침투했을 수도 있다. 지식인이라면 대중 앞에서 연설하고 있거나, 학생을 가르치는 학교에 있을 수도 있다. 어떤 독립운동가는 서대문형무소에 수감 중일 수도 있다.

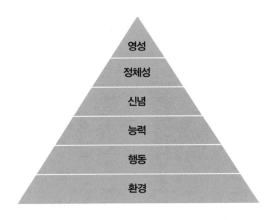

〈로버트 딜츠의 신경언어적 수준〉

"당신은 무엇을 위해 이번 생에 태어났습니까?"

이 질문에 쉽게 답할 수 있는 사람이 몇이나 될까? 어려운 질문이다. 그래서 조금 쉽게 질문한다.

"당신은 목숨과 바꿔 이루고 싶은 것이 있습니까?"

반대로 질문한다.

"당신은 무엇을 잃을 때 목숨을 버릴 생각을 하십니까?"

OECD 국가 중 자살률 1위라는 치욕의 기록을 가진 대한민국이다. 한강 다리에서 생명의 전화를 뒤로하고 뛰어내린 사람들, 그들이 간절하게 원했던 것은 무엇이었을까? 돈, 사랑, 인정, 명예? 무엇이든 좋다. 잃었기에 다음 생을 기약할 수밖에 없었다면, 그것은 그들 삶의 목적임이 분명하다.

어떤 사람은 사랑의 상실로 죽음을 생각한다. 그렇다면 그에게 사랑은 삶의 목적이다. 그의 영성은 사랑받기 위한 삶이다. 그럼 그의 정체성은 무엇인가? 사랑받고 싶은 사람일 것이다. 따라서 사랑받지 못하면 안 된다는 신념과 사랑받아야만 한다는 신념이 생기게 된다. 사랑받지 못하는 상황을 피하는 능력과 사랑받으려는 능력이 생긴다. 그리고 소외, 외로움, 무시, 비난을 받게 되면 히스테리를 부린다.

현재 소외된 환경에 있을 수도 있고, 사랑을 구걸해야 하는 환경에 있을 수도 있다. '사랑받아야 하는 삶'의 영성을 유지하려면, '사랑받아야 하는 사람'의 정체성을 유지하려면, 주변에 자신을 사랑하는 사람이 넘쳐선 안 된다. 있어도 물리쳐야 한다. 넘칠 만큼 풍성하게 받아 버린다면 '사랑받아야 하는' 정체성의 의미는 상실된다. 넘친다면 더는 받을 수 없지 않은가? 사랑받아야 한다면 사랑의 결핍이 필요하다.

이번에도 남성 B와의 대화를 이어가 보자. 그는 어떤 사람이기에 직장에서도 가정에서도 우울감을 느끼고 살아야 했을까? 그가 바란 것은 무엇이었을까?

"우울증은 누구의 것이지요?"

"제 것입니다."

"그럼 누구를 위해 일하고 있을까요?"

"음, 저를 위해 일하나요?"

"맞아요. 우울증의 목적이 무엇인지 모르겠지만, 분명히 당신에게 우울증은 필요한 것이에요. 우리의 마음은 오롯이 우리를 위해 일하고 있으니까요."

"…"

"지금 이해하지 못하셔도 괜찮습니다. 차차 이해하시게 될 겁니다. 그런데 당신은 언제부터 우울했나요? 아내의 사건 전에도 그랬나요, 아니면 아내 사건 이후에 우울해진 건가요?"

"전이에요. 제 아이가 하늘나라로 가고 나서 심하게 우울했어요."

"그럼 아이가 당신 옆에 있을 땐 우울하지 않았습니까?"

"아니에요, 그전이에요. 지금 이야기를 나누다 보니, 제 우울증은 무척 오래된 것 같아요. 최근 느끼는 기분을 전처 사이에서도 느끼고 있었거든요."

"최초의 우울감은 언제인 것 같습니까? 원래 그렇게 태어난 것 같나요, 출생 이후 우울해진 것 같나요?"

"태어난 이후 같아요. 2살 때 아버지가 돌아가셨거든요. 그리고 어머니 혼자 생계를 유지하다 보니 절 돌봐줄 시간이 없었어요. 전 혼자 있는 시간이 많았고요."

"혼자 있는 시간을 자세히 설명해주시겠습니까?"

"늘 혼자였던 것 같아요. 동생은 너무 어려서 어머니와 늘 함께 했어요. 전 그러지 못했고요. 시골집 마루에서 어머니를 기다리던 시간이 기억나요. 저녁이면 마루에 나와 앉아 있곤 했어요."

"그 아이는 무엇을 간절하게 바랐을까요?"

"엄마가 일찍 들어오는 거겠죠."

"그럼 그 아이는 무엇을 간절하게 피하고 싶었을까요?"

"혼자되는 것이 싫었을 겁니다."

"그 아이는 혼자되는 것이 싫었고, 엄마가 일찍 들어오길 기대했습니다. 그런 어린 시절 당신의 모습이 어떻게 보입니까?"

"불쌍해 보여요."

"지금 아내와의 관계에서 당신의 모습은요?"

"같은 것 같아요."

그는 눈물을 흘리지 않았다. 오히려 불쌍한 자신이 담담하다는 듯 또 박또박 말하고 있었다.

"당신은 불쌍한 사람이군요."

"네, 살면서 행복한 기억이 별로 없어요. 불쌍하다… 네, 불쌍한 사람 맞는 것 같습니다."

"그러니 우울증과 친구로 지내시는군요."

"예?"

"우울증과 당신은 친구 사이라고요."

"무슨 말씀이신지…."

"당신에게 불쌍함은 누군가의 관심을 얻기 위한 수단이에요. 만약 불쌍하지 않다면 엄마가 바라봐주었을까요? 생각해보세요. 아마도 당신 스스로 불쌍하다고 여길수록 누군가의 관심이 필요했을 것이고, 누군가의 관심이 필요할 때마다 스스로를 불쌍하다고 여겼을 겁니다. 그렇지요?"

"네, 맞아요."

"불쌍함은 당신이 관심받기 위한 방법이에요. 그런데 아내가 돌아봐주지 않네요. 그럼 어떻게 해야 합니까? 더 불쌍해야지요. 그래서 우울증이 필요한 겁니다. 그래야 더 관심과 사랑을 줄 것 아닙니까? 아프면 아플수록 더 불쌍하게 보일 수 있잖아요."

"이해가 되네요."

"그런데 당신이 스스로를 불쌍하다고 여기면서 바란 건 무엇이었나요? 2살 때를 떠올려보세요."

"자식으로서의 인정? 어머니가 절 자식으로 인정하지 않는다는 생각을 많이 했어요. 그래서 왜 태어났는지도 몰랐고, 왜 사는지도 몰랐어요."

"당신은 인정받기 위한 사람이군요."

"네."

"그래서 인정받아야 한다는 강한 신념이 있을 거예요. 그리고 인정받지 못하는 상황이 너무 싫을 겁니다. 무시, 소외, 비난 등의 태도도 너무 싫을 것 같은데요."

"네, 너무 싫어요."

"당신이 살아온 인생을 되돌아보세요. 무엇을 위해 사셨나요? 인정인가요?"

"네, 맞습니다. 어머니에게 인정받기 위해, 아내에게 인정받기 위해… 직장에서도 그런 것 같고…."

"그리고 하늘나라로 간 아이에게도. 그렇지요?"

"그렇군요. 그래서…."

그가 살아 있는 목적은 타인의 인정이었다. 그래서 불쌍한 사람이되어야 했다. 그가 잘난 사람이라면 타인의 인정 따윈 필요 없어진다. 불쌍해야만 타인의 인정이란 삶의 목적을 따르는 의미가 있다.

정체성이 형성되는 과정과 의미

　다음은 인간의 정체성이 어떻게 형성되며, 어떠한 영향을 주고 있는 지 나타낸 그림이다. 좌측 삼각형은 아들러와 인본주의 심리학의 이론을 간추린 내용이고, 우측 역삼각형은 프로이트의 정신분석과 애착이론을 간추린 내용이다. 그리고 사각형은 두 삼각형(여러 심리학 이론들)을 합친 결과이며, 사각형의 에너지가 채워지는 과정을 통해 인간의 성장을 확인할 수 있다.

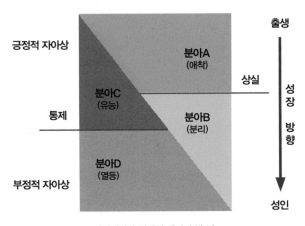

〈이재진의 정체성 에너지 박스〉

　삼각형 내부에 구분된 분아는 마음의 일부분을 의미한다. 긍정적 자아상이란 내가 나를 긍정적으로 바라보는 정도를 의미하며, 박스의 윗부분을 차지한다. 긍정적 자아상이 클수록 매사 자신감이 넘치고, 삶이 주체적이며, 과업을 성공적으로 완수하는 에너지가 크다. 부정적 자아상은 내가 나를 부정적으로 바라보는 정도를 의미하며, 박스의 아랫부분을 차지한다. 부정적 자아상이 클수록 매사 부정적이고, 삶은 수동적이며, 과업을 이루는 에너지가 약하다.

인간은 출생 직후, 빈 박스로 태어난다. 즉 분아D(열등감)와 분아B(분리감)만으로 되어 있다. 할 수 있는 것은 아무것도 없으며, 부모에게 완전히 의존해야 한다. 하지만 시간이 갈수록 긍정적 자아상 부분이 커진다. 분아C(유능감)와 분아A(애착감)가 자라난다. 할 수 있다는 유능감이 생겨 스스로 도전하려 한다. 밥을 혼자 먹으려 하고, 물도 따라보려 한다. 옷도 혼자 입어보려 한다. 공놀이나 철봉 매달리기에도 도전한다. 그리고 성취했을 때 유능감(분아C)은 점점 더 자라나고, 열등감(분아D)은 축소된다.

성인이 되었을 때 열등감은 모두 사라지고 유능감이 꽉 찼으면 좋겠지만, 현실은 그렇지 못하다. 부모의 잘못된 양육방식, 사회적 제도의 불완전함, 실패 이후 주변 사람들의 반응 등이 유능감의 성장을 좌절시킨다. 가장 큰 좌절 요건은 부모의 '통제'다. "하지 마!"라는 잔소리와 탄압이 유능감의 성장을 가로막는다.

아이는 부모의 보호를 받으며 자란다. 잦은 스킨십, 사랑, 관심을 먹고 자란다. 그 과정에서 아이의 분리감(분아B)은 줄어들고, 애착감(분아A)은 자라난다. 유치원에 들어가고 엄마와 조금 떨어지는 훈련을 한다. 하지만 부모가 자신과 애착되어 있다는 사실이 변함없음을 안다. 초등학교에 들어가고 부모와 함께 다니려 하지 않는다. 친구들과 어울리려 한다. 더 성장하고 성인이 되면 부모를 떠나려 한다. 하지만 가족이란 울타리 안에, 안전기지 안에 있다는 애착감은 변함없다.

성인이 되어 분리감이 모두 사라지고, 애착감이 꽉 차면 좋겠지만 그렇지 못한 경우도 있다. 성장 과정에서 부모의 방치, 멸시, 실질적 유기, 긴 시간의 분리 등이 있을 수 있다. 이런 상황은 애착감의 성장을 가로막는다.

유능감이 큰 사람은 과업에 도전하는 데 거침이 없다. 할 수 있다는 자신감으로 넘친다. 자신의 능력을 떠나 도전을 주저하지 않는다. 반대로 열등감이 큰 사람은 도전에 주저한다. 할 수 없다고 여겨 처음부터 시작하지 않는다. 자신의 능력보다 낮은 과업을 선택하기도 한다. 반대로 자신의 열등감을 이겨내기 위해, 자신의 능력을 넘어선 일을 무리해서 수행하기도 한다. 이러한 행동은 자신의 열등감을 보상 또는 회피하려는 것이다. 극도의 실패 알레르기는 열등감이 큰 사람들의 공통적인 특징이다. 실패를 피하려는 마음이 클수록 열등감도 크다고 볼 수 있다.

애착감이 큰 사람은 관계를 유지하는 데 안정적이다. 타인의 소외, 무시, 무관심에 큰 자극을 받지 않는다. 큰 노력 없이도 타인과 애착을 유지한다. 반대로 분리감이 큰 사람은 타인과의 관계를 어려워한다. 따라서 스스로 사람들과 관계 맺기를 거부하기도 한다. 또는 분리되지 않기 위해 좋은 모습만 보이려 애쓰기도 한다. 극단적인 경우는 분리불안장애를 앓는 아동처럼 주변 사람들에게 매달린다. 애인에게 집착하고, 사람들에게 끊임없이 연락하며, 혼자 있는 시간을 견디지 못한다. 이러한 행동은 자신의 분리감을 보상 또는 회피하려는 것이다. 극도의 분리 알레르기는 분리감이 큰 사람들의 공통적인 특징이다. 이별, 소외, 무시, 무관심에 예민하게 반응한다. 타인의 소외에 예민하게 반응할수록 분리감이 크다고 볼 수 있다.

열등감이 큰 사람은 자신을 '난 못하는 사람이야'라고 바라본다. 분리감이 큰 사람은 '난 인정받지도 사랑받지도 못하는 사람이야'라고 자신을 바라본다. 그런데 우리의 무의식은 철저하게 이득 중심으로 움직인다. 이득이 있기에 자신을 부정적으로 보는 것이다.

부정적 자아상은 수동성과 같다. 누군가 자신에게 해주길 바라는 마음, 누군가 자신의 욕구를 채워주기 위한 기다림. 강하고 에너지 충만한 사람은 위로와 보호의 대상이 되지 않는다. 불쌍하고, 외롭고, 능력 없고, 볼품 없어야 조력자가 나타난다. 이들은 누군가 자신의 욕구를 대신 채워주길, 과거의 상처받은 어린아이로 머물길 바란다. 누군가 자신을 사랑해주길 간절히 바란다.

자신의 모습을 어떻게 단 한 가지라 볼 수 있겠는가. 좋은 면도 있고, 나쁜 면도 있다. 뛰어난 부분도 있고, 부족한 부분도 있다. 단 하나의 수식어로 나를 오롯이 표현하기엔 부족하다. 하지만 변화와 관련된 나의 모습은 둘 중 하나다. 나를 열등하게 바라보느냐, 분리된 사람으로 바라보느냐. 이 둘 중 하나가 현재 당신의 문제와 관련이 있다.

남성 B는 자신을 어떻게 바라보고 있는가? '불쌍한 사람'으로 보고 있다. 그리고 '인정받고 싶다'는 강한 욕구를 가지고 있다. 분아B가 유난히 큰 사람이다. 이 한 가지를 해결하면 그의 우울증과 관련된 대부분 문제는 해결될 것이다. 해결방법은 다음에서 설명하겠다.

미래를 바꾸는 네 번째 단추, 정체성을 확인하기

자신의 정체성을 확인하고 변화시키는 가장 손쉬운 방법은 상담을 받는 것이다. 심리상담사, 심리치료사가 큰 도움을 줄 것이다. 그렇지만 혼자서도 확인하는 방법이 있다. 내가 집단상담이나 교육 중에 자주 사용하는 방법인데, 지금 그 방법을 소개하려 한다.

A4 크기의 종이를 한 장 꺼내라. 그리고 색연필 등의 필기구를 준비하라. 준비되었다면 종이 네 귀퉁이와 네 모서리에 변화되길 원하는 상황을 작성한다. 직장 문제, 교우관계, 자아실현의 문제, 사랑의 문제 등무엇이든 좋다.

작성을 마쳤다면 그 문제들 속에 있는 자신의 모습을 종이 가운데 그려보라. 잘 그리려 애쓸 필요는 없다. 편한 마음으로 상황 속에 있는 자신을 그려보는 것이다. 자신의 모습을 모두 그렸다면 이제 그림에게 별명을 붙여주어라. 바둑이, 찌질이, 예쁜이, 못난이 등 무엇이든 좋다. 종이 위에 그려진 인물을 상징할 수 있는 별명이면 무엇이든 좋다. 별명을 지었다면 인물 머리 부분에 별명을 써넣어라. 이제 그림과 대화할 시간이다. 그려진 인물을 편의상 '바둑이'라 부르겠다.

바둑이에게 질문해보자. "넌 무엇을 회피하고 싶니?"라고 말이다. 그리고 바둑이가 피하고 싶어 하는 것들을 바둑이 왼편에 작성하라. 많을수록 좋다. 종이 귀퉁이에 작성된 상황 속에서 무엇을 피하고 싶은지, 어떤 것들을 싫어하는지 작성하는 것이다. 작성을 마쳤다면 다음 질문으로 넘어간다. "바둑아, 넌 무엇을 보상받고 싶니?"라고 물어보자. 바둑이가 타인으로부터 원하는 것, 이루고 싶은 것, 원하는 것, 상황 속에서 바라는 점 등을 작성한다. 많을수록 좋다. 자세하게 작성하라.

작성이 완료되었다면 바둑이에게 마지막 질문을 한다. "그런데 넌 나를 어떻게 도와주고 주고 있니?"라고 질문하라. 분명히 답을 찾을 수 있다. 바둑이는 당신의 마음이며, 당신의 일부분이다. 당신과 살아온 당신의 욕구다. 바둑이는 당신을 위해 일하고 있었으며, 당신에게 어떤 이득을 주고 있다. 이득을 찾았는가? 그럼 그 이득을 추구하려는 바둑이가 바로 당신이다.

나는 어떻게
해결하지 못했는가

30대인 그녀는 공격적인 성격 문제로 나를 찾았다. 그녀 말에 따르면 그녀는 대학 시절까지는 평범한 성격이었다. 하지만 취업 이후 공격적으로 바뀌었다. 그녀는 성격 탓에 사람들과 자주 마찰을 일으켰다. 직장에서 상급자와 다투기도 하고, 친한 동료들과도 멀어졌다. 그녀는 자신의 공격성에 대해 남 탓을 해왔다. 주변 사람들이 자신을 무시하는 표현이나 비난하는 말투를 견디지 못하고 다툼으로 이어졌다. 하지만 직장을 옮길 때마다 같은 일이 반복되어 자신의 문제라고 인식하게 되었다.

"당신의 공격성으로 가장 불편한 것이 무엇인가요?"

"직장을 오래 다닐 수 없어요. 사람들과 마찰이 심해서 자주 그만두게 돼요. 이번이 몇 번째인지 모르겠습니다. 이번 직장은 삼촌 소개로 들어간 곳이어서 그만둘 수도 없어요."

"혹시 직장 생활을 하기 싫다는 마음이 있나요?"

"네."

"그럼 당신의 공격성이 직장을 그만둘 수 있게 도와주고 있네요."

"아… 어떤 말씀이신지 알겠어요. 사실 일하기 싫어요."

그녀의 공격성은 남을 미워해서 나타난 마음이 아니었다. 다니기 싫은 직장을 억지로 다니고 있으니, 그리고 다녀야만 하니, 공격성이 직장을 그만둘 수 있게 그녀를 돕는 것이다. 이런 경우라면 하기 싫은 일도 즐거운 마음으로 할 수 있게 변화되거나 자신이 원하는 일을 찾아야 한다. 그녀는 후자 쪽으로 가길 원했다. 하지만 많은 저항이 있었다. 대화 중에 "할 수 없다, 모른다, 방법이 없다" 같은 표현을 자주 했다. 자신의 길을 갈 의지가 없는 것이다. '의지 없음'이 무너져야 그녀의 인생이 바뀐다.

"오늘 해결해야 할 문제는 공격성입니다. 맞습니까?"

"네."

"좋습니다. 그럼 공격성의 원인은 무엇입니까?"

"직장을 그만두고 싶어서요."

"그럼 당신은 어떻게 공격성을 해결하지 못했나요?"

"네? 어떻게 해결하지 못했느냐고요?"

"네, 당신은… 공격성을… 어떻게… 해결하지… 못했습니까?"

"잘 이해가 되지 않아요. 그럼 제가 참아야 하나요?"

"공격성의 원인이 무엇이죠?"

"직장을 그만두고 싶어서요."

"그럼 당신은 공격성을 어떻게 해결하지 못했습니까?"

"아… 직장을 그만두어야 하는 건가요?"

"질문에 집중하세요. 당신은 어떻게 공격성을 해결하지 못했습니까?"

"…."

"문제의 원인은 무엇이죠?"

"직장을 그만두고 싶어서요."

"그럼 당신은 그 문제를… 어떻게… 해결하지… 못했나요?"

"아까 말씀드렸지만 제가 무엇을 해야 할지 모르겠어요. 그렇다고 일을 아주 놓고 싶은 건 아니에요."

"어떻게 문제를 해결하지 못했지요?"

"방법을 물어보시는 건가요? 제가 좋아하는 일을 적극적으로 찾지 않았어요."

"그럼 그 문제를 어떻게 해결해야 합니까?"

"제가 좋아하는 일을 찾아야죠. 그리고 해야 하고요. 그런데 아까 말씀드린 것처럼 제가 뭘 해야 하는지 모르겠다니까요."

"당신은 어떻게 문제를 해결하지 못했나요?"

"하… 저만의 일을 찾지 않았어요. 그리고 적극적으로 나서지도 않았고요. 전 사실 하고 싶은 일이 있었어요. 그림을 좋아했는데 부모님 반대로 미대에 진학하지 못했어요. 하지만 지금 이 나이에 어떻게 할 수 있겠어요. 다시 대학에 갈 수도 없고…."

"당신은 어떻게 문제를 해결하지 못했나요?"

"하… 하고 싶은 일을 포기했어요. 사실 부모님에 대한 원망도 커요. 그랬던 것 같네요. 제가 망가지는 모습을 보여드리고 싶었던 것 같기도 해요."

"그럼 당신은 어떻게 문제를 해결할 겁니까?"

"제가 원하는 일을 해야죠. 부모님에 대한 원망도 내려놓고요."

"당신은 무엇이 변화되길 원하시나요?"

"제가 조금 더 적극적으로 제 인생을 살아야 할 것 같아요."

"그럼 당신은 '언제' 그 문제를 '멈추실' 겁니까?"

"언제가 될지는 잘 모르겠어요. 돈을 더 모아야 할 것 같기도 하고…."

"어떻게 문제를 해결하지 못했지요?"

"휴… 적극적으로 하고 싶은 일을 하지 않았어요."

"언제 문제를 멈추실 건가요?"

"다음 달…."

"어떻게 문제를 해결하지 못했지요?"

"직장은 당장 그만둘 수 없어요. 하지만 제가 무엇을 해야 하는지는 알고 있어요."

"당신은 어떻게 문제를 해결하지 못했습니까?"

"제가 해야 할 일을 하지 않았어요."

"당신은 언제 그 문제를 멈추시겠습니까?"

"이번 주요."

"당신은 언제 그 문제를 멈추시겠습니까?"

"돌아가면 당장 준비하겠어요. 직장을 당장 그만둘 수는 없지만, 제가 해야 할 일은 지금이라도 할 수 있을 것 같아요."

"돌아가면 당장이요?"

"네, 바로요."

"돌아가서 당장 그 문제를 멈추고, 당신이 해야 할 일을 바로 실천한다는 건 당신에게 그런 능력이 있단 의미입니다. 그렇지요? 당신에게 이미 능력이 있다는 건 당신이 더 잘 알고 있을 겁니다. 그건 저도 알고, 당신도 알고 있잖아요. 그렇지요?"

"맞아요. 저는 하고 싶은 일들을 바로 처리하는 경향이 있어요."

"그것 보세요. 당신에겐 이미 당신의 길을 개척할 능력이 있어요. 가려고 했고, 가고 있었고, 가고 있음을 당신은 잘 알고 있습니다."

"네, 알아요."

"그럼 당신이 가는 길에 문제가 있나요?"

"아니요."

"괜히 사람들에게 화낼 필요도 없겠네요?"

"네, 그럴 필요 없어요."

분노란 보통 참다가 터지는 현상이다. 그녀는 스스로 자신의 욕구를 억압하고 있었다. 하고 싶은 일을 하지 않았다. 그리고 괜히 옆 사람들에게 화를 내고 있었다. 그럴 필요 없었는데 말이다. 원하는 바를 했다면 화낼 일도 없었을 것이다.

관계의 문제

대인관계에 완벽히 자유로운 사람이 있을까? 아무리 좋은 인격과 품성을 갖추었다 하더라도 관계 문제에서 완전히 자유로울 수 없다. 만약 관계에서 완벽하게 자유로운 사람이 있다면 그는 부처님이거나 예수님이 분명하다.

관계의 문제를 가장 적나라하게 보여주는 곳은 가정이다. "안에서 새는 바가지 밖에서 샌다"는 우리말이 있다. 가정에서 하는 나의 행동은 전체 관계를 설명할 수 있는 좋은 지표가 된다. 많은 내담자가 "전 밖에선 그렇지 않습니다"고 답한다. 하지만 그들은 알고 있다. 안에서 새는 바가지를 밖에서 고치려 했다는 것을 말이다.

그녀는 남편과 심각한 문제가 있었다. 남편의 외도가 있었고, 이혼을 심각하게 고민하고 있었다. 하지만 그녀는 화합할 수 있다면 화합하는 것이 옳은 방향이라 생각했다.

첫 번째 상담에서는 그녀의 개인적인 문제를 다루었다. 특히 권위주의 앞에서 무력해지는 모습을 그녀 스스로 확인했다. 남편이 두려워서 피했던 것이다. 남편과의 문제가 직장 생활에서도 나타나고 있다는 것을 그녀는 알고 있었다. 이 문제를 해결하고 두 번째 상담 시간이 되었다. 이제 실질적인 문제를 다룰 시간이 되었다.

"현재 남편과의 관계에서 가장 큰 문제가 무엇인가요?"

"다투고 나면 냉전 기간이 길어요. 특히 이번 사건 이후론 더 그래요. 그도 저에게 상처받았다는 걸 알고 있습니다. 하지만 대화를 회피하는 그의 모습이 너무 답답합니다. 또 하나는 생활비를 주지 않고 있어요. 어쩌면 이게 더 큰 문제인 것 같아요."

"다시 한 번 정리합니다. 두 분 사이의 문제는 무엇인가요?"

"대화가 없고 남편이 생활비를 주지 않아요."

"남편이 대화를 하지 않고 생활비를 주지 않는 원인은 무엇인가요?"

"잘 모르겠어요. 시누 이야기를 들어보면 원래 성격이 그렇다고 하는데…."

"문제는 무엇이죠?"

"대화가 없고, 생활비를 주지 않는 거요."

"남편이 그런 행동을 하는 원인은 무엇입니까?"

"원래 성격이 그렇다고 하네요. 저에게 화가 난 것 같기도 해요. 제가 그 사람에게 큰 실수를 한 것이 있거든요."

"문제의 원인은 무엇입니까?"

"남편이 저에게 화가 났어요."

"당신은 어떻게 냉전을 해결하지 못했고, 생활비를 받지 못했습니까?"

"남편이 말을 걸지 않는데 제가 어떻게 합니까? 그리고 생활비도 안 주는 남편이 답답해요."

"문제의 원인이 무엇이죠?"

"남편이 저에게 화가 났어요."

"그럼 당신은 어떻게… 문제를… 해결하지 못했나요?"

"잘 모르겠어요."

"당신은 어떻게… 문제를… 해결하지… 못했나요?"

"질문을 잘 이해하지 못하겠어요. 해결하지 못했다니요. 저도 해결하고 싶어요."

"문제가 무엇이죠?"

"저에게 말을 걸지 않고, 생활비를 주지 않아요."

"그럼 당신은 어떻게 문제를 해결하지 못했나요?"

"저도 화가 났어요."

"당신은 어떻게 문제를 해결하지 못했나요?"

"화가 나서 저도 말을 걸지 않았어요. 그런데 생활비는 줘야죠."

"당신은 어떻게 문제를 해결하지 못했나요?"

"저도 화가 나서 말을 안 걸었어요. 그리고 생활비를 달라는 소리도 않았네요."

"그럼 당신은 어떻게 문제를 해결할 겁니까?"

"제가 말을 걸면 되겠죠. 그런데 저도 화가 났다고요."

"해결하고 싶은 문제가 무엇이죠?"

"대화가 없는 거요. 생활비도 그렇고요."

"어떻게 문제를 해결하지 못했지요?"

"휴… 제가 말을 걸지 않았어요. 그리고 생활비는 제가 통장에서 빼쓰면 되는데 그렇게 하지 않았네요. 남편이 주길 기다리고 있었어요."

"그럼 당신은 어떻게 문제를 해결할 겁니까?"

"하… 제가 말을 걸면 되겠네요. 그런데 제 화는 어떻게 하지요?"

"어떻게 문제를 해결하지 못했나요?"

"제가 말을 걸지 않았어요."

"그럼 어떻게 문제를 해결할 수 있지요?"

"제가 말을 걸면 돼요. 사실 남편은 늘 그랬어요. 제가 말을 걸면 풀린다는 걸 저도 알고 있어요. 그런데 저도 화가 나서….

"어떻게 문제를 해결하지 못했지요?"

"저도 화가 나서 말을 걸지 않았어요."

"그럼 어떻게 문제를 해결할 수 있습니까?"

"제가 먼저 다가서면 됩니다."

"당신은 무엇이 변하길 바라시나요?"

"남편이 저에게 말을 걸어주었으면 좋겠어요. 사과도 하고… 생활비도 알아서 주고요."

"당신은 어떻게 문제를 해결하지 못했나요?"

"말을 걸지 않았어요."

"그럼 당신은 무엇이 변하길 원하시나요?"

"네, 제가 먼저 다가설게요. 그럼 될 것 같아요."

"당신은 언제 문제를 멈추실 겁니까?"

"이번 달 말까진 기다리려고요."

"당신은 어떻게 문제를 해결하지 못했지요?"

"네, 이제 다 내려놓아야겠습니다."

"당신은 언제 문제를 멈추실 겁니까?"

"이번 주요."

"당신은… 언제… 문제를… 멈추실 겁니까?"

"오늘이요. 사실 제가 지금이라도 말을 걸면 남편은 풀릴 겁니다. 다시 아무 일 없다는 듯 지낼 거예요."

"당신이 오늘 문제를 멈추겠다고 말했다는 건 당신에게 그런 능력이 있다는 겁니다. 그 사실은 당신도 알고 있고, 저도 알고 있어요. 당신에겐 그러한 경험과 그러한 경험을 통해 얻은 성공이 있습니다. 그렇지요? 당신은 이미 알고 있어요."

"네, 알고 있어요. 저에게 그런 능력이 있다는 것을요."

"문제를 언제 멈추실 거라고요?"

"오늘이요."

그녀는 웃으면서 상담을 마쳤다. 그녀 스스로 답을 알고 있었으며, 스스로 문제를 해결할 수 있는 주도권이 있다는 것도 알고 있었다. 문제는 남편이 자신의 화를 풀어주길 기다리는 마음이었다. 기다림을 포기하니 문제는 해결되었다.

미래를 바꾸는 다섯 번째 단추, 정체성의 변화 방향을 결정하기

이번 사례들은 '해결하지 못한 방법'에 관해 묻고 있다. 이런 식의 질문은 통찰과 해결 방향에 많은 도움을 준다. 상담 현장에서 자주 다루는 질문이며, 실질적인 변화 작업에서 사용하는 질문이기도 하다.

다시 남성 B의 사례로 돌아가자. 그의 정체성은 불쌍한 사람이었고, 인정받고 싶은 사람이었다. 그는 인정받고 싶기에 사람들이 다가오길 기다렸고, 인정받고 싶기에 사람들에게 다가서지 않았다. 인정받고 싶기에 더 힘든 모습을 보였고, 우울증을 활용했다. 다음은 그와 최면치유 중 나눈 대화 내용이다.

"'난 인정받고 싶은 사람이야'와 관련된 주요 사건, 최초 사건을 떠올려보세요. 출생 전입니까, 출생 후입니까? 어떤 장소에서 어떤 일이 일어나고 있나요?"

"출생 후예요. 2살 같아요. 집 마루에 제가 누워서 울고 있어요. 어머니가 절 바라보고 있고요."

"어머니의 눈을 바라보시죠. 어떻게 보입니까? 그리고 눈이 어떤 말을 하고 있는 것 같습니까? 어머니의 마음을 느껴보세요."

"어머니가… 제가 죽었으면 좋겠다고 생각하는 것 같아요."

"그때 당신이 바라는 건 무엇인가요?"

"슬퍼요. 차라리 제가 없어졌으면 좋겠어요. 나도 자식이라고… 날 인정해달라고… 나도 엄마 아들인데…."

"이제 하늘로 올라가서 그 장면을 바라보세요. 그리고 더 높이 올라갑니다. 우주까지 올라가서 바라보세요. 지구가 점처럼 작아질 때까지 하늘 위로 올라가세요. 아래에 무엇이 보이나요?"

"점이요."

"그럼 내가 사라졌으면 좋겠다, 자식으로 인정받고 싶다는 마음도 보이지 않겠네요?"

"네."

"그 위치에서 크게 호흡하세요. 그리고 편안함을 느껴보는 겁니다. 이제 떠오르는 대로 대답하세요. 당신은… 어떻게… 인정받지… 못했나요?"

"그냥 있었어요. 사람들이 날 인정해주길 기다리고 있었어요."

"이제 당신은 어떻게… 인정받는 사람이… 될 수… 있나요?"

"그냥 있는 그대로 바라보면 될 것 같아요. 오해하지 않고… 저도 사람들에게 먼저 다가서고… 아! 제가 먼저 다가서면 돼요. 그리고 사람들 이야기를 잘 들어주고… 그러면 돼요."

"좋습니다. 그 교훈을 가지고 2살 때 장면으로 다시 들어가 보세요. 그럼 장면이 다르게 보일 겁니다."

"어머니가 슬퍼 보여요. 아버지 없이 우리를 키우려니 고생하셨을 거예요. 이젠 제가 위로해드리고 싶어요."

"당신은 가족을 위로하는 사람이군요."

"네, 맞아요."

"당신에겐 아마 주변에 힘들어하는 사람들을 도와주어야 한다는 신념이 있을지도 모르겠군요."

"네, 평소 어려운 사람들을 지나치기 힘들었어요."

"당신은 실제로 그런 사람들을 돕는 능력도 있을 겁니다. 그런가요?"

"그러고 보니 아내가 저에게 무엇을 도와달라고 하거나, 아내를 위로해줄 때 좋았던 것 같아요."

"좋습니다. 상담이 끝나고 난 이후, 미래로 갑니다. 이번 생의 마지막 장면으로 갑시다. 어디서 어떻게 돌아가시나요?"

"병원인 것 같아요. 그냥 나이가 들어 자연사한 것 같고요. 주변에 사람들이 많아요. 사람들이 모두 슬퍼하고 있고… 제 죽음에 통곡하는 사람도 있어요."

"좋습니다. 그럼 혹시 이번 삶에서 한이나 풀지 못한 숙제가 있 나요?"

"없어요. 편안해요."

"미래의 당신에게 질문합니다. 당신은 상담이 끝난 후 어떻게 사셨기 에 미련도 없고, 후회도 없고, 사람들이 눈물을 흘리는 죽음을 맞이합 니까?"

"주변 사람들에게 잘했어요. 그들이 힘들어하는 걸 지나치지 않았고, 그들과 함께하려 했어요."

"그럼 당신은 주변 사람들을 잘 돕고, 그들을 도와주고, 그들과 함께 하는 사람이군요."

"네, 전 그런 사람이에요."

"어떻게 죽느냐는 삶의 평가가 될 수도 있습니다. 《목민심서》엔 이 런 이야기가 있습니다. '수령의 죽음에 백성들이 슬퍼하여 상여를 붙잡 고 울부짖고 오래도록 잊지 못한다면, 어진 수령의 유종의 미가 될 것 이다'라고요. 당신은 주변 사람들에게 존경받는 훌륭한 인생을 사셨음 이 분명합니다."

"그런가 봐요. 후회가 없어요."

우리의 무의식은 답을 알고 있다

최면, NLP 등의 변화 과정 중에 이런 암시를 하곤 한다.

"당신의 무의식은 당신을 위해 일하고 있으며, 문제를 해결할 답을 알고 있습니다. 당신의 무의식이 말하는 대로, 느껴지는 대로, 떠오르는 대로 저에게 말씀해주세요."

당신의 무의식은 이미 답을 알고 있다. 당신이 어떻게 문제를 해결하지 못했는지 당신은 이미 알고 있다. 이 사실은 당신도 알고 있고, 나도 알고 있지 않은가? 그 문제가 어떤 이득을 주고 있는지 당신은 알고 있지 않은가? 당신 스스로에게 질문하라. 어떻게 해결하지 못했는지를 말이다. 해결하지 못한 방법을 확인하라. 해결하지 못한 방법의 이득을 확인하라. 그리고 이득을 포기하고 방법을 뒤집으면 된다.

환경과 상황을 해결하려는 것이 아니라, 해결하지 못한 나의 방법을 해결해야 원하는 바를 얻을 수 있다. 해결하지 못한 방법과 그 방법의 이득을 포기하면 된다. 당신의 무의식은 이미 답을 알고 있다.

변화의 방법은
의외로 간단하다

"증상이 해결되었다고 병이 치료된 것은 아니다."

– 프로이트의 《정신분석 입문》 중

프로이트의 주장은 다양한 점을 시사한다. 같은 복통일지라도 어떤 사람은 위염일 수 있고, 어떤 사람은 심장이 안 좋은 경우일 수 있고, 어떤 사람은 장염일 수도 있다. 근본원인은 모두 다르다. 증상이 해결되었다고 병이 해결된 것은 아니다. 나와 같은 심리치료사들도 증상 해결에만 집중하는 오류를 범할 가능성이 있다. 증상을 유발하는 근본적인 원인을 해결하는 데 집중해야 한다. 겉으로 드러난 증상 뒤에는 우리가 몰랐던 더 큰 원인이 있다.

겉으로 드러난 증상의 세부원인은 다양하다. 하지만 개념적으로 구분하면 몇 가지로 요약될 수 있다. 다음은 인간의 욕구가 어떤 수준으로 안정되려 하는지를 표현한 그림이다. 이 그림은 심리학자 매슬로의 동기이론Maslow's Motivation Theory, 존 볼비John Bowlby의 애착이론Attachment Theory, 프로이트의 퇴행, NLP의 이득론, 그리고 나의 임상 경험을 종합한 결과다.

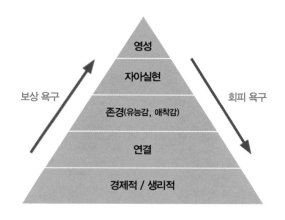

〈이재진의 욕구안정 위계〉

'욕구안정 위계'는 이득론에 입각하여 증상의 원인과 해결 방향을 명쾌하게 보여준다. 가장 하단에 있는 경제적/생리적 안정부터 설명해 보자. 경제적으로 빈곤하다고 모두 힘든 것은 아니다. 노숙인 중에는 노숙을 원하는 사람이 분명히 있을 수도 있다. 만약 그들이 궁핍함을 원한다면 그들의 고통에는 이득이 더 많다.

기초생활보장 수급자와 종종 상담을 하곤 한다. 이들은 상담 중에 극도의 저항감을 보인다. 만약 자신의 에너지가 긍정적으로 바뀐다면 일을 해야 한다. 그럼 기초생활수급이 끊길 위험이 있다. 노동을 통해 수입을 조금 더 얻는 것보다 사회복지 혜택을 받는 편이 수월한 것은 사실이다. 경제적 상황이 어렵다고 모두 힘든 것은 아니다. 진정 힘든 이들은 안정적인 사회활동을 원하는 사람들로 제한된다.

생리적 문제를 지녔다고 모두가 힘든 것도 아니다. 상담 중 '전 환자입니다' 또는 '저에겐 이런 병이 있습니다'라고 주장하는 내담자들을 만난다. 이들과의 상담은 무척 어렵다. 자신을 환자라고 주장하는 데에는 이유가 있다. 병을 통해 일을 하지 않을 수도 있고, 누군가와의 관계를 피할 수도 있다. 병이 있으면 사회보장제도를 통해 지원금을 받을 수 있고, 주변에 관심을 얻을 수도 있다. 스스로 환자가 되면 이런 이득을 얻기에 손쉽다. 생리적 문제로 힘들어하는 이들은 더 안정적인 관계와 더 안정적인 사회활동을 원하는 사람들로 제한된다.

경제적으로 궁핍하거나 병이 있다고 해서 모두 힘든 것은 아니다. 더 안정적인 관계, 더 안정적인 사회활동, 더 안정적인 사회적 연결을 바라는 사람만이 힘들다. 상위 위계를 추구하기에 힘들어한다.

애인과의 이별이 힘들어 상담을 받는 내담자가 의외로 많다. 이혼이 두려워 상담소를 찾는 내담자는 심리상담사의 주요 고객층이다. 잦은 이직을 하는 사람들도 주요 고객층이다. 이들은 극도의 분리불안을 호소하거나, 집착을 호소하기도 한다. 반대로 이들은 어디서든 도망치려는 사람들이기도 하다. 이들의 공통된 특징은 사회적 열등감과 분리감이다. 자신은 누군가와 연결될 수 없다는 불안감, 사회적으로 소외될 수 있다는 불안감이 이들을 지배한다. 이들이 현재 삶에 만족한다면 힘들지 않다. 그렇지만 힘들다. 상위 위계로 올라서길 바라기 때문이다. 존경을 더 원하기에 힘들어한다.

여기서 존경이란 '난 잘난 사람이야'라는 유능감과 '난 사랑받고 있어'라는 애착감을 의미한다. 그런데 사회적으로 존경받는 직업을 가져도, 돈이 많아도, 권력이 강해도 불만족스러운 경우가 있다. 여자, 아내, 엄마로서 충분히 사랑받고 존경받고 있어도 불만족스러운 경우가 있다. 꿈을 이루지 못한 경우다.

사랑받고 존경받고 있어도, 돈이 많아도, 권력이 있어도 부족한가? 그렇다면 더 높은 위계인 자아실현을 원하기 때문이다. 타인의 가치가 아니라, 내가 마음속에 숨겨두었던 본성의 실현을 원하기 때문이다. 자아실현을 원한다면 가진 것이 많아도 부족함을 느낀다.

원하는 것을 모두 이룬 사람이라고 힘들지 않은 것은 아니다. '도대체 나는 누구인가?'를 고민하고 해결하려는 사람도 있다. 한 여성 변호사는 나에게 이렇게 호소했다.

"전 원하는 것을 모두 이루었습니다. 가정도 안정적입니다. 부모님도 좋은 분이셨습니다. 그런데 제가 왜 법조인을 하고 있는지 모르겠습니다. 제가 왜 돈을 벌고 있는지도 모르겠고, 제가 왜 살고 있는지도 모르겠습니다. 교회에서도 답을 듣지 못했습니다."

보통 이런 경우라면 종교적, 사회적 활동을 하며 만족한다. 하지만 그것 또한 마음에 들지 않았다면 다른 이유가 있다. 그녀가 원하는 것은 자신을 초월한 삶, 즉 '사회의 일부분인 나'를 찾고 싶었던 것이다. '난 이번 생에 무엇 때문에 태어났는가?'에 답을 찾길 원했던 것이다. 이 질문의 답은 개인적 욕구를 초월한다. 개인의 욕구는 이루었지만 조국의 독립을 바라는 독립운동가의 정신과 그녀의 심리는 같다. 이들이 추구하는 것을 영성이라고 한다.

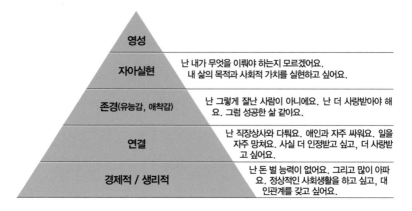

영성	
자아실현	난 내가 무엇을 이뤄야 하는지 모르겠어요. 내 삶의 목적과 사회적 가치를 실현하고 싶어요.
존경(유능감, 애착감)	난 그렇게 잘난 사람이 아니에요. 난 더 사랑받아야 해요. 그럼 성공한 삶 같아요.
연결	난 직장상사와 다퉈요. 애인과 자주 싸워요. 일을 자주 망쳐요. 사실 더 인정받고 싶고, 더 사랑받고 싶어요.
경제적 / 생리적	난 돈 벌 능력이 없어요. 그리고 많이 아파요. 정상적인 사회생활을 하고 싶고, 대인관계를 갖고 싶어요.

〈욕구안정 위계 보상 욕구의 예〉

보상 욕구로 인한 욕구 불안정은 고통을 준다. 히스테리, 분노, 불만으로 표현되기도 한다. 이 고통은 상위 위계의 욕구를 채우려는 목적이 있다. 따라서 이들의 히스테리를 진정시키기 위해 주변 사람들은 상위 위계를 공급한다. 타인이 먼저 다가서기도 하고, 가족은 더 많은 사랑을 주고 경제적으로 지원한다. 그들에게 충분한 심리적 안정을 주기 위해 직업을 구해주기도 한다. "난 왜 사랑받지 못해!"라고 호소하는 여자친구를 더 많이 사랑하려는 남자친구처럼 말이다. "우린 왜 이렇게 힘들게 살아!"라고 호소하는 자녀를 위해 더 열심히 돈을 버는 부모처럼 말이다. 보상 욕구로 힘들어하면 할수록 주변 사람들의 지원 가능성은 높아진다.

그렇다면 보상 욕구로 인한 고통의 해법은 무엇인가? 우선 이득을 포기해야만 성장할 수 있다. 주변의 지원을 끊는 것이다. 그리고 상위 위계를 당연하게 이룰 수 있는 사람이 되면 된다. 경제적 고통, 생리적(신체적, 심리적) 고통을 겪고 있는가? 사회적 연결을 희망하고 있는가? 주변의 지원과 지지를 끊어라. 그리고 당연히 연결될 수 있는 사람이 되어라.

직업, 대인관계, 사랑으로 고통받고 있는가? 그렇다면 주변 사람에게 불평불만 하지 말고, 스스로 존경받을 수 있는 사람이 되면 된다. 타인의 관심, 인정, 도움, 지원을 끊고 당연히 이룰 수 있는 사람이 되는 것이다. 그러면 대부분 문제는 자연스레 해결된다. 증상만 해결되었다고 문제가 해결된 것은 아니다. 상위 위계로 업그레이드되었을 때 진정 문제가 해결되었다 할 수 있다.

앞선 설명은 상위 수준의 안정을 원하기에 힘든 사례다. 그런데 반대의 경우도 있다. 상위 수준으로 가기 싫기에 힘들 수도 있다. 고통은 회피의 이득도 선물한다.

직장 생활을 하지 않는 좋은 방법이 있다. 애초에 경제적 능력을 만들지 않는 것이다. 군대에 가지 않는 좋은 방법이 있다. 신체 어느 한 곳에 큰 병이 나면 된다. 육아를 회피할 수 있는 좋은 방법이 있다. 극도의 산후우울증을 앓는 것이다. 대인관계를 맺지 않는 좋은 방법이 있다. 대인공포증을 앓는 것이다. 조현병을 앓으면 더 효과적이다. 사회활동 능력 부재, 경제활동 능력 부재, 신체적 고통, 심리적 고통은 '연결의 노력'을 회피할 수 있다.

타인으로부터 존경을 받으려면 일정한 노력이 있어야 한다. 높은 성과를 얻어야 하고, 타인을 배려하는 노력도 필요하다. 일정한 시간과 노력을 쏟으면 잘난 사람이 되고 사랑받는 사람이 된다. 그런데 그 노력이 귀찮을 수 있다. 또한 인정, 사랑, 존경에 대한 부정적 인식이 있을 수도 있다. 그럼 애초에 유능하거나, 사랑받는 능력이 없어야 한다. 잦은 갈등이 있어야 하고, 대인관계 기술도 부족해야 한다. 그러면 상위 위계를 회피할 수 있다.

자아실현에는 '주체성'이라는 전제조건이 따른다. 누가 대신 나의 꿈을 이뤄주는 것은 아니지 않은가? 따라서 주체성을 포기하면 자아실현도 포기된다. 대신 수동성을 선택할 수 있다. 타인의 인정, 타인의 사랑과 관심, 타인으로부터의 지지와 물질적 풍요 말이다. 스스로를 무능하다고 여기고 사랑이 부족하다 여긴다면, 상위 위계를 회피할 수 있다. 꿈을 포기한다면 편안하고 안전하다. 불안정함을 회피할 수 있다. 실패를 회피할 수 있다. 타인이 주는 물질과 사랑을 더 많이 채울 수 있다. 자아실현의 포기는 많은 이득을 준다.

공공의 이득이 개인적 이득으로 연결되리란 보장은 없다. 영성을 따르는 것은 나의 욕구보다는 공공의 가치, 나의 기준보다는 공공의 기준, 나의 발전보다는 공공의 발전을 추구해야 한다. 개인적 욕구를 포기해야 한다. 공공의 이득을 회피하기 위해서는 '삶이 목적'을 몰라야 한다. 내가 이번 생에 이뤄야 할 공공의 가치를 알아선 안 된다. 모르면 도전하지도 못한다. 공공의 가치를 회피해야 개인의 욕구를 더 채울 수 있다. 삶의 목적과 영성에 무지하다는 것은 개인의 욕구를 채울 수 있는 긍정적 의도가 있다.

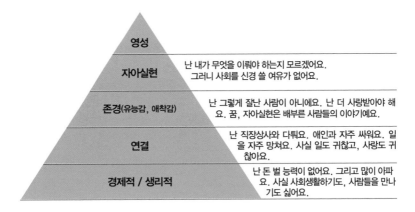

〈욕구안정 위계 회피 욕구의 예〉

회피 욕구로 인한 욕구 불안정은 고통을 준다. 이 고통은 상위 위계를 피하려는 동기가 있다. 숨고 싶고, 도망치고 싶고, 움직이지 않고 한자리에 머무르려 한다. 따라서 이들의 정상적이고 더 많은 활동을 위해 주변 사람들이 상위 위계를 공급한다. 사회복지사가 찾아가고, 친구가 찾아가고, 가족이 찾아간다. 그리고 상위 위계의 활동을 하길 지지한다. "난 어차피 사람들과 어울리지 못해요. 그냥 혼자 있고 싶어요"라는 은둔형 외톨이를 찾아가는 사회복지사처럼 말이다. "난 사랑이 귀찮아!" 하며 도망치려는 남자친구에게 "내가 더 열심히 노력할게"라고 호소하는 여자친구처럼 말이다. 회피 욕구로 힘들어하면 할수록 주변 사람들의 지원 가능성은 높아진다.

그렇다면 회피 욕구로 인한 고통의 해법은 무엇인가? 우선 이득을 포기해야 성장할 수 있다. 상위 위계로 가는 것이 진심으로 싫다면, 이득을 포기하는 것만으로도 마음은 편안해진다. 고통을 통해 주변에 대신해달라고 호소할 필요도 없고 오르지도 않을 것이니 얼마나 편하겠는가?

만약 주변인들이 주는 이득을 포기하지 못하겠다면 당신은 인정해야 한다. 겉으론 싫다고 하지만 사실 원한다는 것을 말이다. 노력을 싫어하는 당신을 말이다. 누군가 대신해주길 원했던 당신을 말이다. 이득을 포기하라. 타인의 관심, 인정, 지원, 지지를 끊어라. 끊고 당연히 상위 위계를 이룰 수 있는 사람이 되면 된다. 그럼 대부분 문제는 해결된다. 증상만 해결되었다고 문제가 해결된 것은 아니다. 상위 위계로 업그레이드되었을 때 진정 문제가 해결되었다 할 수 있다.

미래를 바꾸는 마지막 단추, 단 하나의 포기와 익숙함

이제 어려운 이야기는 생략하고 쉬운 예를 들어보자. "밥을 먹고 싶은데 난 젓가락질을 할 수 없어! 그래서 밥을 못 먹겠어!"라고 투정부리는 아이가 있다. 그럼 부모는 아이 밥그릇에 반찬을 올려주고 밥을 떠먹여 준다. '하고 싶은데 할 수 없다'고 호소하면 부모가 대신 밥을 먹여준다. 보상 이득이 생긴다. "밥 먹기 싫어!" 하고 투정부리는 아이가 있다. 그럼 부모는 아이가 안쓰러워 쫓아다니며 밥을 먹여준다. 어떻게 해서든 한 수저라도 더 먹이려 한다. 하기 싫다고 호소하면 부모가 대신 밥을 먹여준다. 회피 이득이 생긴다.

해법은 명확하다. '떠먹여 주는 밥'을 포기하는 것이다. 이득을 포기하는 것이다. 그리고 스스로 차려 먹으면 된다. 스스로 밥을 차리는 행동, 스스로 밥을 먹는 행동에 익숙해지면 된다.

"전 그렇게 할 수 있는 능력이 없습니다. 못 할 것 같습니다."

"당신이 할 수 없다는 건 어떻게 아시나요? 혹시 하기 싫은 건 아닌가요?"

"그런 마음도 조금 있습니다."

"능력이 없는 것이 아니라, 하기 싫다는 의미군요. 그럼 이득을 포기하세요. 그럼 됩니다."

"그런데 해본 적도 없습니다. 그래서 자신이 없습니다."

"그럼 할 수 없다는 것이 아니라, 경험이 없다는 이야기군요."

"네, 경험이 없습니다."

"그럼 경험하세요. 당신이 고통받고 있다는 건 더 높은 것을 원하기 때문입니다. 적극적으로 원하든, 수동적으로 원하든 말이죠. 그렇지요? 그리고 더 높은 것을 원한다는 건 당신도 높아지려는 욕구가 있음이 분명합니다. 이는 당신도 알고 저도 알고 있는 사실입니다."

"…."

"단 하나만 포기하세요. 이득을 끊는 겁니다. 물론 아쉬울 겁니다. 하지만 당신은 아쉬움 끝에 더 높아진 당신이 있다는 걸 알고 있습니다. 그리고 단 하나에 익숙해지는 겁니다. 높아진 당신에 행동에 익숙해지는 거죠. 마치 젓가락질에 익숙해지는 시간이 필요한 아이처럼, 마치 자전거에 익숙해지는 아이처럼, 마치 운전에 익숙해지는 초보운전자처럼 익숙해지는 시간이 필요합니다. 당신은 알고 있어요. 젓가락질에 익숙해진 경험이 있고, 자전거에 익숙해진 경험이 있고, 운전에 익숙해진 경험이 있다는 것을요. 익숙해진 경험이 있다는 건 익숙해지는 능력이 있다는 의미입니다. 상상해보세요. 당신이 원하는 삶이 젓가락질하듯, 자전거 타듯, 운전하듯 익숙해지는 시간을 말이죠. 그리고 이내 익숙해진 당신의 모습을 말입니다. 당신은 익숙해진 경험과 능력이 있기에, 당신의 높아진 삶에도 익숙해질 수 있습니다. 당신은 이미 알고 있어요. 당신이 무엇을 해야 하고 무엇에 익숙해져야 한다는 걸, 그리고 무엇에 익숙해질 수 있다는 걸 말이죠. 변화는 얼마나 쉽습니까? 단 하나만 포기하고, 단 하나에 익숙해지면 되는 일이니까요. 그렇지요?"

에필로그

나무처럼 산다면 이미 충분하다

나무의 생의 목적은 물과 양분을 먹고 크면서 씨를 뿌려 자신의 종을 퍼트리는 일이다. 이 두 가지 과업 이외에 더도 덜도 없다. 나무의 개인적인 욕구는 그렇다. 그럼에도 우리는 이런 나무를 사랑한다. 우리가 나무를 사랑하는 이유는 나무의 개인적인 욕구 때문이 아니다.

나무는 의도치 않게 주변에 많은 이득을 주고 있다. 공기를 정화해주고, 그늘을 만들어주고, 물을 맑게 해주며, 열매를 준다. 눈을 즐겁게 하고, 다양한 생물의 먹이가 되기도 한다. 심지어 죽은 뒤엔 땔감이 되고, 의자가 되며, 생활의 도구가 된다. 나무는 의도하지 않았지만 우리를 포함한 자연에 다양한 이득을 준다. 이러한 영향력이 있기에 우리는 나무를 원한다.

공기를 탁하게 하는 나무, 그늘을 줄 수 없는 나무, 물을 탁하게 하는 나무, 생태계를 교란시키는 나무, 독이 있는 열매를 맺으며 흉측하게 생긴 나무, 땔감으로 쓸 수도 없고 도구로 쓸 수도 없는 나무… 이런 나무를 우리는 사랑할까? 그렇지 않다. 하지만 이 나무들도 분명 물과 양분을 먹고, 덩치를 키우며, 종을 퍼트리는 자신의 과업에 충실할 것이다.

이렇게 하는 일이 같아도 주변에 긍정적 영향력을 줄 수 없는 나무를 우리는 나무라 부르지 않을 것이다.

　나무 같은 사람들이 있다. 어떤 엄마는 육아가 순수하게 즐겁기에 자녀가 가치 있는 인간으로 성장하는 데 영향을 준다. 어떤 교사는 가르치는 것이 순수하게 즐겁기에 학생들이 지식과 지혜를 깨우치는 데 영향력을 주고 있다. 어떤 사업가는 일이 순수하게 즐겁기에 사회와 경제가 발전하는 데 영향을 준다. 어떤 의사는 병을 치료하는 일이 순수하게 즐겁기에 국민이 건강해지는 데 영향력을 주고 있다. 개인적인 욕구를 뛰어넘는 그들의 긍정적 영향력이 있기에 우리는 그들을 존경하고 사랑한다.

　우리의 마음가짐과 선택, 더 나아가 인생 전체는 개인적인 욕구에 충실할 수밖에 없다. 순전히 이타적이라 할 수 있는 행동도 사실 '이타심'이라는 개인적 욕구라는 것은 변함없다. 우리는 필연적으로 이기적일 수밖에 없다. 하지만 그 이기심이 나쁜 것은 아니다. 나무를 보자. 생존하고, 성장하고, 종을 퍼트리는 이기심의 결과는 우리에게 긍정적인 영향을 준다. 우리 이기심의 결과가 주변에 긍정적인 영향을 줄 때, 우리는 사랑받을 가치가 있다. 우리는 나무 같은 인생을 살아야 한다.

　사랑과 관심이 부족하고, 인정이 부족한가? 그렇다면 당신은 나무 같은 사람이 되어야 한다. 사랑받으려는 욕구, 관심받으려는 욕구, 인정받으려는 욕구를 포기하라. 그리고 나무처럼 주변에 긍정적 영향을 줄 수 있는 사람이 되어야 한다. 주변에 긍정적 영향을 주는 그 일에 익숙해져야 한다. 그러면 당신의 영성은 회복될 것이고, 정체성도 변할 것이며, 주변 사람들은 당신이 있기에 행복하다 할 것이다. 노력하지 않아도, 애쓰지 않아도, 사랑과 관심, 인정과 성공을 독차지할 것이다.

당신은 이미 나무 같은 사람이 되었기 때문에, 사람들은 당신의 그늘 밑에서 휴식을 취하려 한다. 나무와 같은 영향력을 줄 수 있다면 당신의 삶은 어디에 있어도, 어디로 가고 있어도 이미 충분하다.

내가 알고 싶지 않은 내 행동의 진짜 이유
마음의 역설

초판 1쇄 발행 2016년 9월 10일
초판 4쇄 발행 2020년 12월 30일

지은이 이재진

펴낸이 민혜영
펴낸곳 카시오페아
주소 서울시 마포구 월드컵로14길 56, 2층
전화 02-303-5580 | **팩스** 02-2179-8768
홈페이지 www.cassiopeiabook.com | **전자우편** editor@cassiopeiabook.com
출판등록 2012년 12월 27일 제2014-000277호
편집 최유진, 위유나, 진다영 | **디자인** 고광표, 최예슬 | **마케팅** 허경아, 김철, 홍수연
외주디자인 김태수

ISBN 979-11-85952-54-3 (03180)
이 도서의 국립중앙도서관 출판시도서목록 CIP 은 서지정보유통지원시스템 홈페이지 http://seoji.nl.go.kr 와
국가자료공동목록시스템 http: //www.nl.go.kr/kolisnet 에서 이용하실 수 있습니다.
 CIP제어번호: CIP2016021135

• 잘못된 책은 구입한 곳에서 바꾸어 드립니다.
• 책값은 뒤표지에 있습니다.

이 책은 한국출판문화산업진흥원 2016년 우수출판콘텐츠 제작 지원 사업 선정작입니다.